8349

Les Crimes de sang

ET LES

Crimes d'amour

AU XVIIe SIÈCLE

PAR

Edmond LOCARD

A. STORCK & Cie, IMPRIMEURS-ÉDITEURS. LYON
PARIS, 16, Rue de Condé, près l'Odéon

—

1903

Le travail que j'offre aujourd'hui au public n'est pas une œuvre entièrement nouvelle : je reviens sur les questions que j'ai déjà abordées dans le **XVIIe siècle** médico-judiciaire, paru il y a un an, et depuis longtemps épuisé. J'ai cherché à présenter l'étude de la criminologie sous un jour qui intéresse le grand public et non pas seulement les érudits et les criminologistes. C'est pourquoi j'ai éliminé nombre de documents et de détails techniques pour étendre la partie historique et anecdotique. J'adresse ici mes plus sincères remerciements à tous ceux qui ont bien voulu m'aider de leurs conseils et de leurs lumières et aux critiques qui m'ont permis de corriger ou de compléter certains points de détail de mon précédent ouvrage, et en particulier à MM. les professeurs Lacassagne et Florence et à MM. les Drs Cabanès, Drivon, Prieur et Tournier.

PRÉFACE

Une représentation théâtrale vue de la
coulisse présente trois phases bien distinctes :
La première, c'est la préparation : le rideau
est baissé, la rampe éteinte, quelques herses
seulement sont allumées, les machinistes
plantent les décors, tendent les ciels, dressent
les portants, agencent les trucs des dessous :
le régisseur, le metteur en scène circulent,
vont de l'un à l'autre, voient tout, préparent
tout. C'est un sombre fouillis de gens en
guenilles, ou presque, qui sortent on ne sait
d'où, plongent dans la nuit, glissent comme
des larves. Mais les trois coups sont frappés,
l'orchestre prélude, tout s'illumine, la vie
apparaît, éclate, factice mais intense, la scène
est pleine de personnages joliment fardés,
brillamment vêtus : le drame se déroule au

milieu des applaudissements des spectateurs. Puis tout à coup la toile baisse, le silence se fait, la nuit revient, et l'on ne voit plus que des ombres écroulant cette mise en scène éblouissante dont il ne reste que le souvenir.

Nulle comparaison ne peut rendre plus exactement ce qu'a été le xviie siècle : mise en scène organisée par Richelieu et Mazarin, apothéose avec Louis XIV, puis, brusquement, décadence et nuit, cette fin de règne, sombre, avec le peuple qui hurle la faim, et le roi qui se cache, impotent et morne, le corps épuisé par la maladie, l'âme déprimée par l'austère contact de la veuve du bouffon et les exhortations des confesseurs jésuites.

Dans ce drame, un personnage domine, grand premier rôle, écrasant tout de sa personnalité, plus grand par la force des choses que par sa valeur propre. Le règne de son père n'est que la préparation du sien. Richelieu organise, Louis le Grand recueille. De la guerre de trente ans qui commence le siècle il n'a connu que les triomphes, non le début, la période grandiose, héroïque de cette guerre de géants : Tilly, Gassion, Rantzau, le brigand Wallenstein, et le Siegfried de l'histoire Gustave-Adolphe, qui les pousse, qui les mène ? Richelieu. Il mourra à la peine, mais il a forgé l'épée enchantée, infaillible, qui vaincra partout. Et l'enfant qui hérite de lui monte sur le trône au bruit des canons de Rocroy : la médaille commémorative de son avénement porte l'exergue : *Puer trium-phator*. Désormais, en effet, les années se comptent par les triomphes : Fribourg, Nordlingen, Lens ; une victoire par an, c'est la devise de Condé. La paix de Westphalie n'est que le prélude des traités qui vont en cinquante ans annexer dix provinces : l'Europe épuisée cède sur tous les points : les Pyrénées, Nimègue sont moins étonnants que l'annexion de la Franche-Comté en pleine paix.

A l'intérieur, après cette guerre de chansons qu'est la Fronde, Louis XIV a le bonheur de voir mourir ou disparaître la bande des pillards qui pêchèrent dans l'eau trouble de la minorité, les Particelli, les Fouquet, surtout l'illustrissimo facchino Mazarini ; l'étoile du Grand Roy lui fait rencontrer ces ministres et ces diplomates incomparables : Colbert, Lionne, Louvois, comme elle lui avait suscité des généraux toujours vainqueurs : Enghien, Turenne, Vauban. Et comme il était dit qu'aucune gloire ne manquerait à ce règne, la plus belle floraison de grands hommes qu'aucun siècle ait jamais vu naître vient mettre la plus noble des couronnes sur le front du monarque : Pascal, Descartes, Corneille sont autour de son berceau ; La Fontaine, Racine, Sévigné, Boileau, La Bruyère, Bossuet, Fénelon, Nicolas Poussin, Philippe de Champaigne, Gassendi constituèrent l'incomparable figuration de cette apothéose, que domine la grande figure de Molière, la plus haute incarnation de l'esprit français. A leur contact, l'élite de la nation prend cet esprit, cette finesse, cette grâce, qui fait de la Cour de Versailles le modèle du bon ton et de l'élégance. Et tout cet éclat, cette gloire illumine l'auguste figure du Roy Soleil : le xvii° siècle devient le siècle de Louis XIV. Ce n'est plus un roi, c'est un héros, un demi-dieu, c'est le Grand Alcandre, il a ses adorateurs : Dangeau, Lauzun, Saint-Aignan ; il a même un autel : La Feuillade fait de sa statue une chapelle ardente, l'encense et se prosterne.

Était-il donc supérieur aux hommes qui l'entouraient? A un Lauzun, à un Guiche, sans doute, mais à Molière? Certes non, seulement il avait pour lui ce mérite d'être né à propos, lui, l'enfant du miracle, le fils inattendu d'un père impuissant. le Dieu-donné, et cette force de conserver une ignorance robuste, volontaire; tenu loin des affaires par Mazarin, par Anne d'Autriche, ce roi de France ne savait pas l'histoire de France; il s'était fait à l'idée qu'il contenait une parcelle de la volonté de Dieu, qu'il était vraiment l'homme du droit divin. De là son incomparable majesté, sa dignité souveraine. Il s'imposait à l'admiration, ne s'en étonnait jamais, s'en jugeait digne : l'encens ne pouvait le griser; il se savait le plus beau gentilhomme de la cour et le plus grand roi du monde : orgueil et froideur, voilà la formule suivant laquelle cette âme avait été faite ; il n'a jamais aimé que lui : ses maîtresses n'ont été que des caprices parfois longs, jamais tendres ; il s'attachait davantage à celles qui l'aimaient le moins : la pleureuse La Vallière était une souffre-douleurs, la grasse Montespan, matérielle, pleine d'ambition, mais incapable d'aimer, le retenait davantage ; et c'est enfin la frigide Maintenon, une des plus antipathiques figures de l'histoire, qui sut le prendre et le tenir, non par la tendresse, mais par l'austérité et l'expiation.

Nous avons dit ce qu'avait été la splendeur de ce siècle : élégance, gloire littéraire, victoire partout.

Au revers de la médaille deux choses :

Une tache de boue, une tache de sang : la persécution religieuse, l'affaire des Poisons.

Délire momentané, folie du meurtre, envahissement de toutes les classes de la société par une subite poussée criminelle, nous verrons plus loin et avec détail ce que furent l'affaire des Poisons et le procès de la Chambre ardente ; mais la tare véritable de cette grande époque, c'est l'intolérance progressivement croissante, poussant aux plus folles entreprises : la conversion de l'Angleterre qui aboutit au renversement des Stuarts, la guerre de Hollande qui fut pour le roi toujours vainqueur un premier avertissement du Ciel : *In meo conspectu stetit sol*, avaient pu dire les Pays-Bas. A l'intérieur, c'est pis encore : c'est la barbarie des enlèvements d'enfants, c'est la condamnation aux galères des protestants qui ont gardé leurs chapeaux aux processions ; ce sont les dragonnades, c'est surtout l'abominable révocation de l'Édit de Nantes qui fit reculer d'un siècle la civilisation et, premier acte de la Maintenon, présage les ultimes catastrophes et la déchéance.

D'ailleurs, le xviie siècle n'est qu'une longue guerre religieuse, non plus sanglante comme la Saint-Barthélemy, mais oratoire ; le siècle cependant commençait bien : Pascal assène un coup terrible sur ceux qu'un médecin d'alors appelait la vermine loyolitique. On espérait qu'ils ne s'en relèveraient pas. Bien au contraire Port-Royal est vaincu, les jansénistes chassés, puis la bataille reprend entre gallicans et romains cette fois, puis contre le quiétisme. Enfin l'orthodoxie triomphe et les dragons s'en mêlant, ce sont les protestants qui paient les frais de la guerre, ils sont chassés du royaume et avec eux disparaît la prospérité industrielle et commerciale.

Néanmoins, pour la postérité, le xviie siècle restera toujours la période la plus brillante de l'histoire de France ; le siècle des *Provinciales*, du *Cid*, du *Discours sur la Méthode*, d'*Andromaque*, de *Tartufe*, des *Caractères* peut-il être comparé à nul autre ? Jamais, à aucune époque, on ne retrouve pareil faisceau de chefs-d'œuvre. Jamais la France ne fut plus grande, plus influente, plus enviée, plus rayonnante, plus prospère. Certains mêmes des défauts de l'époque sont des défauts aimables ; l'esprit de caste avait son bon côté, et d'ailleurs, sous ce rapport qu'y a-t-il de changé et qu'a-t-on gagné à tant de révolutions ? L'aristocratie de la naissance valait bien celle de l'argent ; ils disaient : Ça n'est pas né, on dit maintenant : Ça n'a pas le sou ; l'égalité n'a guère progressé, et, somme toute, on peut, sans être taxé de réactionnaire, préférer le siècle de Louis XIV au siècle de M. Prudhomme. Il est évident aussi que la race avait alors des qualités de virilité, d'énergie, de vigueur, de gaieté qui semblent disparaître. On était moins à genoux devant le veau d'or parce qu'on avait davantage le culte de cette généreuse chimère : l'honneur.

Mais en définitive, le plus grand mérite du xviie siècle et ce qui constitue son meilleur titre à la reconnaissance de la postérité, c'est d'avoir été avant tout le Grand Siècle

littéraire, c'est d'avoir transformé la langue ;
il a créé une arme, une lumière : le français ;
l'arme la plus forte, la plus souple, celle que
la pensée humaine doit choisir quand elle
veut frapper juste et pénétrer vite ; la lumière
la plus limpide, la plus enveloppante, celle
qui a montré à tous les peuples le chemin de
la liberté et de l'affranchissement. La langue
du xviiᵉ siècle, c'est « la raison parlée ».

C'est l'envers de ce siècle que je me suis
proposé d'étudier ici ; c'est non pas l'histoire
officielle uniquement faite de diplomatique et
de stratégie, du récit des grandes campagnes
et du commentaire des traités de paix ; mais le
côté criminologique, celui qui est du domaine
du médecin ou pour mieux parler, du biologiste. C'est une voie que depuis quelques
années, on explore résolument. Las de con-
templer les solennelles façades que les historiens professionnels montraient en la pompe
de leur rhétorique, nombre de bons esprits
ont voulu voir ce qu'il y avait dans la maison.
L'histoire aujourd'hui appartient à tous, elle

apparaît polymorphe, non plus immuable en la forme que la tradition avait pour ainsi figée : elle devient une série de discutables problèmes, de questions à résoudre, et pour l'œuvre de définitive lumière, chacun : juriste, sociologue, médecin, doit apporter sa part de contribution.

L'esprit de critique scientifique et d'analyse a fait du champ de l'histoire un laboratoire véritable, d'où les traditions sortent émondées de leur part d'exagération populaire, contrôlées et vérifiées par la libre discussion. L'art du chroniqueur devient une science véritable parce qu'il s'aide désormais du concours des sciences positives.

C'est de l'histoire ainsi comprise que se réclame le livre que voici. Je n'étudie point les beaux côtés du siècle, ni les côtés glorieux : cette époque d'héroïsme et de génie n'était point exempte de tares ; d'ailleurs est-il un bon tableau sans ombre ? Comme les siècles qui ont précédé, comme ceux qui ont suivi, comme le nôtre même, mais avec des caractéristiques qui l'individualisent, le xvıı siècle a eu, et nous allons le voir, ses crimes d'amour et ses crimes de sang.

CHAPITRE PREMIER

L'Homicide

La faim et l'amour mènent le monde, a-t-on dit. C'est en effet à ces deux facteurs étiologiques que l'on peut rattacher l'origine de l'à peu près totalité des crimes ou délits déférés à la justice humaine. Ces crimes ou délits peuvent se présenter sous deux aspects différents : crimes de sang, affaires de mœurs. On a dit qu'il y avait une balance constante entre la fréquence des uns et la rareté des autres : c'est assez douteux. Ce qui est évident, c'est qu'au XVII° siècle les crimes de sang étaient infiniment plus fréquents qu'aujourd'hui, et que, par contre, les poursuites pour affaires de mœurs étaient relativement rares.

Le crime de sang présente différents degrés : il peut y avoir simplement coups et blessures, ou bien meurtre, ou enfin assassinat.

La définition du meurtre n'a pas varié : on a toujours entendu par là l'homicide volontaire. Celle de l'assassinat a passé par des phases diverses. L'article 296 du Code pénal dit : « Tout meurtre commis avec préméditation ou guet-apens est qualifié assassinat. » Au XVII° siècle, on voit ce mot employé dans les acceptions les plus variés. Le *Commentaire à l'ordonnance criminelle* (p. 43) le définit : « Meurtre qui se fait volontairement avec avantage ou par trahison. » Dans le dictionnaire de droit de Ferrière, nous lisons : « On entend par assassinat les excès ou mauvais traitements qui ont été faits à quelqu'un à main armée et avec avantage, quoique la mort ne s'en soit pas ensuivie. Ainsi un homme qui donne des coups de bâton à un autre qui est sans défense, celui-ci est en droit de demander en justice vengeance de cet assassinat. » Par abus de langage on désignait aussi par ce nom le viol, l'homicide volontaire sans préméditation, les coups et blessures ayant causé la mort sans intention de la donner, et même, parfois, de simples coups. C'est ainsi que nous lisons dans le réquisitoire de l'affaire Jean Bramoullé, de la terre de Kergoff, contre François Kewella de la terre de..., qui dans une discussion l'a pris aux cheveux et frappé : « il ne fut jamais plus surpris que de se voir *assassiné* par le dit François Kewella, lequel le prit par les cheveux, lorsqu'il sortit de la maison d'un sieur Bernard, et le terrassa, le frappant à coups de pieds et de poings (1). »

Remarquons d'ailleurs que le verbe *massacrer* subissait alors des variations de sens analogues et s'employait fréquemment pour frapper, battre, etc.

C'est un fait d'observation courante que les coups et blessures sont d'autant plus fréquents et plus graves, que la prohibition du port d'armes est moins rigoureuse. On ne s'étonnera pas, dès lors, de voir les crimes de sang se produire journellement à une époque où la plupart des citoyens portaient l'épée ; ce serait une grossière erreur de supposer que l'épée était réservée aux gentilshommes et aux militaires ; tous les bourgeois en portaient, ou peu s'en faut, les jeunes gens surtout. Quant aux écoliers, on ne les rencontrait pas sans rapière.

L'édit de 1666 défend aux soldats de sortir avec épée ou autres armes, le soir. L'ordonnance de 1670 précise encore cette injonction. Louvois, qui ne plaisantait point avec la discipline, dut être fort sévère sur cette question. Mais si la très apparente colichemarde dut être abandonnée par les soudards, d'autres armes moins encombrantes leur restaient ; le poignard joue un grand rôle dans les rapports d'expert du règne de Louis XIV.

(1) Armand CORRE et Paul AUBRY : *Documents de criminologie rétrospective* (Bretagne, XVII⁰ et XVIII⁰ siècles) in Bibliothèque de Criminologie XII, 1 vol. in-8°, Lyon, Storck, 1895.

L'arme, d'ailleurs, varie suivant les provinces ; Corre et Aubry ont insisté sur la fréquence, en Bretagne, des attaques à coup de pen-baz, sorte de bâton renflé à son extrémité.

La législation des coups et blessures et du meurtre présente quelques particularités curieuses que nous allons exposer brièvement. Les poursuites pouvaient être intentées, soit directement par le parquet, soit sur la demande de la victime ou de ses ayants droit. Mais, dans le cas d'intervention d'une partie civile dans une affaire criminelle, il ne pouvait plus y avoir réquisition d'une peine afflictive.

L'instruction comportait, outre les preuves testimoniales, l'interrogatoire et la question, un procédé légué par le moyen âge, et qui, au XVIIe siècle, tend à disparaître. Je veux parler de la *cruentation* (1).

C'était une croyance universellement répandue au moyen âge que le sang de la victime bouillonnait hors des plaies si le cadavre était mis en présence du meurtrier. Et, même si l'assassinat avait été perpétré au moyen de la submersion, de la strangulation ou de l'empoisonnement, le sang s'écoulait devant le criminel ; mais alors c'est par les orifices naturels (oreilles, narines, bouche) qu'il se répandait. On se souvient de la scène classique

(1) Cf. PAULI ZACCHIÆ : Romani totius status ecclesiastici protomedici generalis. *Questionum medico legalium tomi tres.* Edition de Lyon. 1 vol. in fol., 1200 p. Lyon, Germain Nanty, 1674. L'edition princeps est d'Amsterdam, 1651.

V. pour la cruentation *Ibid.*, lib. V. titre II, q. VIII, p. 38 et article Cruentation dans le *Dictionnaire de Dechambre*

où Shakespeare décrit ce phénomène. Libavius, qui a écrit un traité *De cruentatione cadaverum*, prétend trouver dans la Bible l'origine de cette croyance : de fait, le Deutéronome parle simplement de l'exposition des cadavres, et de la confrontation avec le meurtrier supposé, mais non de la cruentation.

En Allemagne, certains tribunaux reconnaissaient le coupable aux hémorragies dont il était pris lui-même en face de sa victime. C'est ainsi que l'épistaxis a pu être une maladie mortelle.

Au XVIIIe siècle, et d'ailleurs dès la Renaissance, on avait fortement battu en brèche de pareilles superstitions. Bien souvent d'irréfutables témoignages étaient venus confondre un criminel que sa victime n'avait point désigné par l'effusion de son sang. Les magistrats avaient en vain demandé à la science d'expliquer le phénomène, et l'Eglise n'avait pas voulu admettre que chaque cruentation fût un miracle accompli par un acte spécial de la volonté divine. Aussi, la croyance à la cruentation s'en allait rejoindre tout le vieil attirail des superstitions médiévales : et seuls quelques margraves du Saint-Empire conservaient cette pratique, malgré les railleries des savants, et les plaintes des innocents injustement condamnés.

Avant de parler des pénalités encourues pour les crimes de sang, nous mettrons sous les yeux de nos lecteurs le résumé de la question constitué par un tableau synoptique d'un des juristes les plus éminents de cette époque, Brun de la Rochette.

Homicide ou meurtre		
1 Avec la main par	Espée. Poignard. Pistolets. Épieux. Arbalestres.	
2 Avec la langue	Par faux témoignages. Par conseils. Par commandement de tuer.	
3 Par consentement	Avant l'exécution du meurtre. En l'exécution. Après l'exécution.	
4 Par signes. Par sortilèges. Par poison. Se tuant soy-même.		
5 Permis pour	Guarantir sa vie. Ses moyens. Son honneur. Ses parents et amis.	
6 Est tenu	Le seigneur à la défense du vassal, *et contra* le serviteur du maitre. Le fils du père, le frère du frère.	
7 Est permis	Au père de la fille adultérante. Au mary du ruffien et adultère.	
8 Impunément est permis.	En guerre ouverte contre l'ennemi. Au capitaine du soldat rebelle. Quand il y a édit du prince.	

« La peine de l'homicide est la mort par le dernier supplice, au noble par l'épée, au roturier par le licol.

> ... nec enim lex æquior ulla est
> Quam necis artifices arte perire sua (1).

(1) Aucune peine n'est plus juste que celle qui frappe le meurtrier d'un châtiment semblable à son crime. (OVIDE : *De l'art d'aimer.*)

Et ne doit la peine estre allégée par la qualité du délinquant, soit de noblesse, antiquité de race, ou autrement, veu que tels grades et honneurs demeurent obscurcis par la gravité du délit. »

Dans le cas de crimes commis avec des circonstances particulièrement horribles, les gentilshommes mêmes pouvaient se voir décerner des peines roturières. Ils pouvaient être condamnés à être rompus vifs comme il arriva aux assassins de la marquise de Gange : celle-ci avait fait un testament, obtenu d'ailleurs par violence et menaces, où elle léguait sa fortune, qui était considérable, à son mari. Le marquis de Gange l'envoya alors dans un château éloigné, où il la fit assassiner par ses deux frères : l'abbé et le chevalier de Gange. Après deux tentatives d'empoisonnement, l'une avec de la crème arséniée, l'autre avec une purgation mêlée d'eau-forte, qui n'aboutirent point, les deux criminels se résolurent à agir franchement. La marquise, qui était au lit, vit entrer un matin l'abbé tenant d'une main un pistolet et de l'autre un verre plein d'une liqueur noire, trouble, épaisse, suivi du chevalier qui avait l'épée à la main. — Madame, dit l'abbé, il faut mourir ; choisissez le feu, le fer ou le poison. A toutes ses supplications ils ne répondirent qu'en l'engageant à se hâter ; elle tendit alors la main pour prendre le poison, et l'avala d'un trait, tandis que le chevalier lui présentait la pointe de l'épée contre la poitrine, et que l'abbé lui mettait le canon du pistolet sur la tempe. Ce dernier s'aperçut qu'elle laissait au fond du verre le plus épais de ce breuvage, composé d'arsenic et de sublimé en suspension dans de l'eau-forte ; il rassembla ce reste avec un petit poinçon d'argent, et l'ayant mis au bord du verre, il força la marquise à le prendre : elle eut la présence d'esprit de le garder dans la bouche sans l'avaler et de se rouler la tête sous son drap, où elle le recracha. Elle s'écria : « Au nom de Dieu, puisque vous voilà satisfaits en me ravissant la vie, ne poussez pas votre barbarie jusqu'à vouloir perdre mon âme : envoyez-moi un confesseur, afin que je meure en chrétienne et non en désespérée. »

Ils se retirèrent alors, et lui envoyèrent un prêtre qui était du complot. Au moment où celui-ci entra, la marquise sautait par la fenêtre dans la cour. Il lui jeta sur la tête une grosse cruche remplie d'eau, mais trop tard, elle s'était enfuie. Dès qu'elle se vit à l'abri, elle mit promptement le bout de la tresse de ses cheveux fort avant dans le gosier : elle réussit sans peine à vomir parce qu'elle avait beaucoup mangé. Elle parvint ensuite à s'évader du château, par les écuries, grâce à l'aide d'un palefrenier ; et, toujours poursuivie par les deux frères, que l'abbé avait prévenus de sa fuite, elle se réfugia dans une maison voisine. Là, elle prit de l'orviétan ; elle allait être sauvée, quand ses bourreaux la découvrirent : avant qu'on ait pu l'en empêcher, le chevalier lui porta trois coups d'épée à la poitrine. Puis tous deux s'enfuirent.

Les soins qu'on lui prodigua ne purent sauver la marquise qui mourut quelques semaines plus tard, dans d'affreuses souffrances.

Le chevalier et l'abbé de Gange, contumaces, furent condamnés à être rompus vifs. Le marquis, dont la complicité était des plus vraisemblables, fut banni, dégradé de noblesse, et vit tous ses biens confisqués. Il trouva la mort peu de temps après, ainsi que le chevalier, dans une mine qui sauta, au siège de Malte.

«La loy civile toutefois et la loy naturelle ont permis l'homicide en quatre divers cas. Le premier lorsque l'on se deffend pour garentir sa vie, contre les aguets et violente invasion de son ennemy, que l'on ne peut autrement éviter sans estre tué. Le second, quand il s'agit de la nécessaire deffence de nos biens, que l'on nous ravit et emporte violemment. Le troisième pour la tuition, manutention et deffence de nostre honneur et entière réputation. Le quatrième pour sauver nostre proche parent ou intime amy, lequel sans nostre secours ne pouvoit éviter la force qui luy estoit faicte, et par conséquent d'estre meurtry ; tous lesquels cas s'appellent deffence forcée et nécessaire (1). »

Notons à propos de la légitime défense que, dans ce cas, l'homicide était excusé, jusqu'en 1670, si l'accusé jurait n'avoir pas été l'agresseur, ou n'avoir pas frappé volontairement. Après l'ordonnance de 1670, le procès suivait son cours, mais il pouvait y avoir lettre de grâce (2).

---

(1) BRUN DE LA ROCHETTE : *Les Procez civil et criminel.*

(2) PAPON : (*Trias judiciel du second notaire*) ne distingue pas moins de treize cas où l'homicide doit être excusé. En voici l'énumération :

1° Pour venger l'adultère commis en la personne de sa femme ou de sa fille, et encore cela à grande difficulté doibt être passé à l'accusé, pour l'intolérable desplaisir que ce luy est d'estre ainsi afformé.

2° Pour repousser la force qui t'est proposée, mais

L'homicide est permis « quand il y a commandement exprès du prince souverain, comme fut celui du pape Sixte V, qui donnoit impunité, récompense et rappel de ban, à tous les bannis

c'est en faisant paraître que sans occire tu n'eusses pu échapper d'être occis...

3° Si par cas fortuit le cas est advenu... Sera joint à ce cas autre qui tient pareillement de la fortune. C'est que, si celuy qui se défend, et par nécessité du salut de sa vie combat avec son agresseur, sans y mal penser, au lieu d'occire sondit ennemy, occit autre qui se trouve au même endroit.

4° Si sans y mal penser, néantmoins par imprudence et à faute d'avoir prévu à tout ce que je devois et que tout homme eut prévu, par grande coulpe j'ay faict chose dont la mort d'aucun soyt ensuyvie, partant ne serai-je puni sy en moy ny a eu ny dol ny volonté...

5° Pour arrêter le voleur en flagrant délit « noctu, si cum clamore testificetur ; diurnu vero, si se telo defendat. » Vulpian conseille de les arrêter « sans donner coup qu'il faudra toujours éviter le plus que faire se pourra, à fin qu'on puisse rendre à justice larrons entiers. »

6° Si en un lieu public de lutte, d'escrime ou tournoy, l'un sans surpasser ce qui peut estre faict en tels actes et sans y mal penser, imprudemment ou par fortune, occit l'autre.

7° Si l'homme dormant, surprins de vin et yvre, furieux, enfant ou impubère bien peu au dessus de sept ans ont occis, sera présumé et jugé que c'est sans dol et sans malice ou volonté.

8° Si en noise et querele soudain esveillée de parolles entre deux, dont ils sont mis en querelle, procède homicide, il sera pour cause de ladite collère rémissible.

9° Si pour l'exécution d'une prinse de corps contre malfaiteurs sont empeschés gens qui pour trouver lesdicts malfaiteurs rebelles en tuent aucuns, sera tel meurtre impuni, pourvu qu'il fut impossible les prendre vifs.

10° Si de plusieurs iouans à la balle ou paume, l'un vient par véhémence à choquer l'autre, qu'il fait choir et mourir, pourvu que tel choc ne soit faict exprès et hors du jeu, mais visiblement selon le jeu.

11° Le onzième cas est, non pour dire l'homicide impuni, mais pour mouvoir le Prince à le pardonner. C'est que si celuy qui a occis est homme rare et excellent en sa vocation, et dont la mort seroit dommageable à la république comme armurier singulier, peintre, maçon, charpentier, médecin, chirurgien ou autrement fameux d'Italie (que le vulgaire du lieu appelle *banditi* ou *fuor usciti*) qui luy aporteroient la teste d'un banny. Ce qu'il fit pour les mettre en deffiance les uns des autres, afin qu'ils se dissipassent d'euxmesmes, comme ils firent ; car au moyen de ceste ordonnance qu'il observa exactement de sa part, il en purgea toute l'Italie » (1).

« Le *parricide* qui tue ou fait tuer et assassiner ses père, mère, enfans, frère ou sœur, doit estre cousu vif dans un sac de cuir, avec un chien, un coq, un singe et un serpent, et jetté dans la mer ou dans le courant d'un grand fleuve, à fin que privé de tout usage des élémens, la veüe du ciel luy soit desniée vivant et la terre après sa mort (2). »

Cette jurisprudence n'avait d'ailleurs rien de constant. Dans l'affaire Morineau, la condamnation fut d'un tout autre genre. Jeanne Morineau, avec la complicité de son mari François Jacqueau et de son beau-frère François Dagault, avait fait assassiner son père pour l'empêcher de se remarier. Les deux hommes furent condamnés à être roués et

sur tous autres asseurés d'expérience... Bellarbre pour être vaillant, et soldat en son tems renommé, obtint du Roy François Ier, autrement fort difficile à remettre, grâce de XVII meurtres pour sa vaillance connue ailleurs, dont advint mal, car soudain se mit à continuer, et devint le plus renommé et premier voleur de son temps.

12° Le douzième cas sera de même, d'un homme vieil qui aura toute sa vie bien versé, sans être noisif, quereleux ni batteur ; s'il vient à occire, semblera avoir fait ce d'un malheur et ne sera raisonnable de le faire mourir.

13° Le treizième sera que si l'homicide a demeuré vingt ans sans être recerché, ne sera ouï l'accusateur.

(1) BRUN DE LA ROCHETTE, *loc. cit.*, p. 49, § VIII.

(2) BRUN DE LA ROCHETTE : *les Procez civil et criminel* (Lyon, 1628), p. 173. Cf. RAOUL : *le Parricide*, thèse de Lyon, 1902.

ensuite brûlés vifs. Quant à Jeanne Morineau, non seulement elle devait être rompue et brûlée vive (c'est le seul cas connu d'une femme condamnée à la roue), mais encore elle devait être tenaillée aux mamelles (1).

.·.

La tentative d'assassinat, ou, comme on disait alors, le complot d'assassinat, était réputée pour le fait, et punie en conséquence, pourvu qu'il y eut un commencement d'exécution. L'intention seule ne suffisait pas, comme le prouve la maxime : « Les volontés ne sont point punies en France » ou « Personne ne subit la peine d'un crime renfermé dans sa pensée. » Le commencement d'exécution est indiqué comme nécessaire dans l'ordonnance de Blois (art. 196) : « Pour le regard des assassins et ceux qui pour prix d'argent ou autrement se louent pour tuer ou outrager, excéder aucuns, ou recourre prisonniers criminels des mains de Justice, ensemble ceux qui les auront loués ou induits pour ce faire ; nous voulons la seule machination et attentat être punis de peine de mort à tous, encore que l'effet ne s'en soit pas ensuivi, dont nous n'entendons donner aucune grâce ni rémission. Et où aucune par importunité seroit octroyée, défendons à nos juges d'y avoir aucun égards, encore qu'elle

(1) La sentence ne fut pas exécutée, Jeanne Morineau s'étant enfuie. Au bout de trente ans, couverte par la prescription, elle eut l'audace de plaider en restitution de ses biens confisqués. Elle fut déboutée de sa demande.

soit signée de notre main, et contresignée par un de nos secrétaires d'Etat. »

L'ordonnance criminelle de 1670 (titre XVI, art. IV) contient une disposition analogue : « Ne seront données aucunes lettres d'abolition pour les duels, ni assassinats prémédités, tant aux principaux auteurs, qu'à ceux qui les auront assistés, pour quelque occasion ou prétexte qu'ils puissent avoir été commis, soit pour venger les querelles ou autrement ; ni à ceux qui à prix d'argent, ou autrement, se livrent et s'engagent pour tuer, outrager, excéder, ou recourre des mains de la justice les prisonniers pour crimes ; ni à ceux qui les auront loués ou induits pour ce faire, encore qu'il n'y ait eu que la seule machination ou attentat, et que l'effet n'en soit ensuivi... Et si aucunes lettres d'abolition ou rémission étoient expédiées pour les cas ci-dessus, nos cours pourront nous en faire des remontrances, et nos autres juges représenter à notre Chancelier ce qu'ils estimeront à propos. »

C'est en vertu de cette assimilation de la tentative d'assassinat à l'assassinat lui-même que fut condamnée Mme Tiquet dont le procès fit si grand bruit en 1699.

Nicole Carlier avait épousé pour sa fortune un conseiller au Parlement nommé Tiquet. Le ménage ne fut pas longtemps heureux ; bientôt divisé par des questions d'intérêt, il acheva de se désunir par l'introduction d'une tierce personne, le sieur de Mongeorge, capitaine aux gardes. Une séparation de biens fut prononcée. Envenimée par ce procès, et par une jalousie sans cesse grandissante, la haine des deux époux devint telle que Mme Tiquet se

résolut à faire assassiner son mari. Elle découvrit
un spadassin à gages nommé Cattelain, qui, aidé
du portier de l'hôtel, se chargea, moyennant une
commission honnête, de la débarrasser de son conjoint. Une embuscade dressée, au coin de la rue où
habitait le conseiller, avorta, celui-ci ayant eu le
temps de rentrer chez lui avant d'être atteint. Le
rôle du portier lui ayant semblé louche en cette
occurence, il le congédia et prit le parti de pourvoir à sa propre sûreté en conservant pour lui seul
la clef de son domicile : il se mettait ainsi en garde
contre une aggression nocturne, et aussi contre les
incursions du beau capitaine dans les appartements
de Mme Tiquet.

Quelque temps après, une tentative d'un autre
genre fut faite, sans un meilleur résultat. Une
tasse de bouillon empoisonné devait être remise
au conseiller. Le valet qui se doutait des effets
qu'elle devait produire, simula un faux pas, et
répandit le poison. Mme Tiquet se résolut alors
à recourir pour la seconde fois au guet-apens. Un
soir que Tiquet rentrait tard chez lui, il fut attaqué
par une bande de coquins masqués qui lui tirèrent
plusieurs coups de pistolet, dont trois l'atteigni-
rent. Il se fit porter chez un voisin, tandis que la
troupe détalait sans qu'aucun pût être pris.

Le conseiller n'hésita pas à accuser sa femme du
crime commis, et dès qu'il fut en état de répondre
au juge enquêteur, le procès commença. Mme Tiquet, bien qu'elle en fût sollicitée vivement, avait
refusé de s'enfuir, comptant bien qu'aucune preuve
certaine ne pourrait être relevée contre elle. Et,
de fait, on ne put établir qu'elle eût trempé dans

le dernier guet-apens. Au moment où elle allait être relâchée. Cattelain qui avait été son complice dans la première tentative vint se remettre entre les mains de la justice, avoua tout et dénonça Mme Tiquet et le portier. La Cour prononça la peine de la décapitation contre la coupable, et de la pendaison contre son complice principal. La sentence fut exécutée.

**

L'examen du cadavre d'un homme assassiné, dit Zacchias, ne peut se faire sans qu'il y ait un médecin. Lorsque plusieurs témoins affirment que quelqu'un est mort d'une blessure, et que deux médecins se trouvent d'accord pour affirmer le contraire, il faut croire plutôt les médecins (1). Ceux-ci doivent aussi être consultés quand il s'agit d'apprécier l'impotence fonctionnelle résultant des blessures, quand il faut savoir si le blessé est mort de ses plaies ou d'une affection intercurrente, quand il s'agit enfin de diagnostiquer une plaie d'un ulcère.

Nous n'insisterons pas sur les considérations générales de Zacchias sur la nature et la gravité des plaies ; il ne s'agit là que de variations sur ce thème connu : on peut mourir d'une très petite plaie, on peut guérir avec une plaie que tous les médecins ont déclarée mortelle. La seule chose originale qu'ait découvert le médecin du pape c'est que la

____

(1) FARINACIUS : quæst. CXXVII part. IV, num. 116. Cf. GUAZZIN : def. I, cap. XII, num. 12.

bessure est plus ou moins grave selon les pays : ainsi les plaies de tête guérissent mieux à Florence qu'à Rome ou à Raguse. C'est peut-être que les médecins étaient plus habiles à Florence. Zacchias qui est Romain ne s'est pas arrêté à cette peu flatteuse explication.

La part de responsabilité du médecin traitant dans la mort des blessés a naturellement fort préoccupé les experts, à une époque où l'absence de l'antisepsie pouvait faire d'une écorchure l'origine d'une septicémie ou d'une gangrène mortelle. Ils se basent surtout sur le temps qui s'est écoulé entre l'accident et l'issue fatale. Si le temps est court, le malade est bien mort de sa blessure : si, longtemps après avoir été vulnéré, et bien qu'il y ait eu une amélioration momentanée, une rechute mortelle se produit, on peut discuter la question d'impéritie de l'homme de l'art (1).

Le pronostic de léthalité se basait sur les aphorismes suivants : La nature de la région blessée fait la gravité de la plaie. La gravité est en raison directe de la grandeur et du nombre des blessures. Les coups portés avec une arme en acier sont les moins dangereux (!!!) (*vulnera ære inflicta tutiora*). Il est juridiquement indifférent que le blessé soit mort de sa plaie, ou d'un accident secondaire à sa plaie. Un coup donné à un infirme, et amenant la mort, bien que la blessure n'eût pas été mortelle sur un autre individu, est qualifié meurtre. *Un*

---

(1) Jamais dans les expertises il n'est question de la diminution de la capacité au travail. L'agresseur est puni pour la faute commise envers la société, non pour le dommage causé à autrui.

*blessé ne peut être présumé mort de sa blessure,
lorsque les médecins ont déclaré que la plaie n'était
pas mortelle de sa nature.* Mais avant tout, on
devait se préoccuper de savoir si la blessure était
ou n'était pas empoisonnée (2).

Enfin, un point fort important de l'examen des
blessures sur le cadavre, est de savoir si les plaies
ont été faites avant ou après la mort. Il est intéressant de constater que cette question avait été fort
bien mise au point dès le XVI° siècle par Ambroise
Paré. Il indique deux signes de la blessures post
mortem ou au moins agonique : la plaie faite sur le
cadavre est blanche, non cruentée; celle faite sur le
vivant est rouge et sanglante. D'autre part, les
lèvres de la plaie sont flasques et blanchâtres dans
le premier cas, tuméfiées et livides dans le second.
Paré expliquait ce phénomène par l'apport du sang
et des humeurs vers la partie lésée chez le vivant,
afflux qui ne peut pas se produire chez le mort.
Zacchias a ajouté à ces deux signes un troisième : la
présence du sang dans les veines lorsque les coups
ont été portés au cadavre, la vacuité des vaisseaux
lorsque les plaies ont été faites ante mortem.

Ajoutons en terminant que dans nombre d'affaires de sang, les magistrats s'en rapportaient à
leurs propres lumières, et les médecins experts
n'étaient point consultés.

(2) V. plus loin ch. III. de l'Empoisonnement.

CHAPITRE II

Suicide et duel

Mori licet cui vivere non placet.

Maxime stoïcienne.

. . . ., Puis des riens à foison.
De trente huguenots, on a fait pendaison.
Toujours nombre de duels. Le trois, c'était d'Angennes
Contre Arquien, pour avoir porté du point de Gênes,
Lavardin avec Pons s'est rencontré le dix,
Pour avoir pris à Pons la femme de Sourdis.
D'Humières avec Gondi pour le pas à l'église,
Et puis tous les Brissac contre tous les Soubise,
A propos do pari d'un cheval contre un chien.
Enfin Caussade avec Latournelle, pour rien,
Pour le plaisir ; Caussade a tué Latournelle.

V. Hugo : *Marion Delorme*, acte II, sc. 1

Le suicide est-il un acte de courage ou une
lâcheté, une action d'éclat ou un crime ? Voilà une
question à laquelle on a fait des réponses singulièrement variées depuis l'antiquité jusqu'à nos jours.
Nulle part le principe « Autres temps, autres
mœurs » ne trouve de plus exacte application. Les
stoïciens glorifiaient le suicide ; le moyen âge l'iden-
tifiait avec le meurtre, et suppliciait le coupable
s'il avait survécu, ou son cadavre s'il avait suc-
combé. Au XVI° siècle, l'influence de l'antiquité

païenne se fait sentir. Montaigne cite avec
éloge les Romains morts pour échapper au déshonneur. Sous le grand roi, le suicide est considéré par l'opinion publique comme une action
infamante ; par les juristes, comme un crime. Il
semble d'ailleurs avoir été extrêmement rare, et
quand on a cité Vatel se passant son épée au
travers du corps parce que la marée va manquer,
on se trouve à court d'exemples historiques. En
Angleterre, cependant, grâce au spleen, au *tædium
vitæ*, le suicide se produit de temps à autre. C'est
Elisabeth se laissant mourir de faim pour ne pas
survivre au comte d'Essex qu'elle a fait décapiter ;
c'est, en 1692, Charles Blount, le traducteur apprécié de la *Vie d'Apollonius de Tyanes*, se tuant
parce qu'on lui a refusé l'autorisation d'épouser
la veuve de son frère. Mais, même en Angleterre,
on ne trouvait pas alors ces épidémies de suicide
qui se sont produites au XVIIIe et au XIXe siècles. Ce
n'était pas encore la mode de s'aller jeter dans un
des cratères du Vésuve comme lord Castlereaght,
ou de s'ouvrir la gorge dans un café comme Isaac
Moser.

A quelles causes doit-on attribuer la rareté
extrême des suicides au XVIIe siècle ? (1). Tout
d'abord, semble-t-il, à l'imprégnation des esprits
par la doctrine catholique, qui repousse le suicide
comme un péché mortel irréparable : nous retrou-
vons cette donnée dans toutes les législations de
l'Europe ; en outre, la littérature du siècle de

(1) Nous manquons absolument de documents sur les
suicides dans les cloîtres, probablement assez fréquents.
Voyez plus loin, au chapitre Sorcellerie, ce qui concerne
les démonolâtres.

Louis XIV, plus saine qu'à toute autre époque, ne pose nulle part des suicidés en exemples et en modèles ; c'est certainement l'admiration de Saint-Preux et de Werther qui a poussé toute une génération au suicide. Au XVIIe siècle, les rares livres où la mort volontaire soit admise sont écrits par des philosophes pour un public restreint. Tels Jean Duvergier de Hauranne, abbé de Saint-Cyran, qui permet le suicide dans le livre intitulé : *Question royale où est montré en quelle extrémité, principalement en temps de paix, le sujet pourrait être obligé de conserver la vie des princes aux dépens de la sienne* (1609), ou Louis Barbieri qui, dans sa *Dissertazione intorno alla filosofia degli Stoïci*, admet le suicide pour éviter un malheur rapproché ou éloigné de nous et dit que recevoir ou se donner la mort sont la même chose. Mais c'était là des cas isolés et dont l'influence s'est bien peu fait sentir.

La législation du suicide telle qu'elle est appliquée avant l'ordonnance criminelle de 1670 est empruntée aux coutumes du moyen âge. Nous citerons comme exemple la commune de Beaumont en Argonne : « La personne qui se défoit d'elle-même, le corps doibt estre trahinez aux champs aussi cruellement que faire se poulra, pour montrer l'expérience aux autres, et le corps doit estre afourchez (pendu), et les pierres de dessoubs les issues des chaussées par où il faut qu'il passe et sorte de la maison estre arrachez, car il n'est pas digne de passer dessus. »

La coutume de Bretagne : « Si aucun se tüe à son escient, il doit estre pendu par les pieds, et traîné comme meurtrier, et sont ses biens meubles acquis à qui il appartient. »

Et l'ordonnance de 1270 *d'hom ou de femme qui se pend ou se noie ou s'occit en aucune manière :* « Se il avenoit que aucuns hom se pendit ou noiast ou s'occit en aucune manière, si meubles seroient au baron et aussi de la fame. »

Ce principe de la confiscation avait été règlementé par Charles V : la confiscation se fait au profit du seigneur quand le suicide a eu lieu pour échapper au supplice ; mais les héritiers d'un suicidé succéderont à ses biens, sans qu'on puisse alléguer aucun usage ou coutume contraire, toutes les fois que celui-ci se sera donné la mort pour échapper à une simple punition corporelle, ou par l'effet d'une maladie, de mélancolie, de faiblesse d'esprit ou de quelque autre infirmité semblable : dans tous les cas les cadavres étaient privés de sépulture.

Or, cette législation vieille de quatre siècles est exactement celle qui est en vigueur au xviie. Il suffit pour s'en convaincre de consulter Brun de la Rochette ou tout autre jurisconsulte :

« Le juge qui a à faire le procez à un corps mort qui s'est homicidé doit commencer par le procez-verbal du lieu où le deffunct a été trouvé s'estre pendu ou autrement tué, *faire visiter le corps par les chirurgiens*, informer à la requeste du procureur du roy, et d'office, de la vie et mœurs de celuy qui s'est occis et comme il s'est précipité à la mort, s'il estoit furieux, malade ou sain ; et de la cause pour laquelle il s'est défait. Après fera appeler ses plus proches parents et héritiers à son de trompe, pour luy pourvoir d'un deffendeur. Eux non comparans, il créera un curateur au corps, contre lequel il instruira le procès du deffunct, l'interrogeant sur le procez-verbal, charge et informations, recolera les témoins et les confrontera au curateur, qui alléguera tout ce qui luy sera possible pour la justification du mort ; donnera ses atténuations contre les conclusions du procureur du roy, ce fait jugera le procez. »

Et plus loin : « Celuy qui s'est mis les mains violentes sur soy-mesmes, et s'est essayé de se tuer, *ores qu'il n'aye exécuté son dessein*, et accomply sa volonté, sinon par impatience de sa douleur, par violente maladie, par désespoir ou par fureur survenue, ne doit éviter la mort violente qu'il s'est voulu donner (1). »

L'ordonnance de 1670 bien loin de réformer cette jurisprudence la confirme de tous points.

Titre **XXII**

De la manière de faire le procès au cadavre ou à la mémoire d'un défunt.

ARTICLE I. — Le procès ne pourra estre fait au cadavre, ou à la mémoire d'un défunt, si ce n'est pour crime de lèze-Majesté divine ou humaine, dans les cas où il échet de faire le procès aux défunts ; duel, homicide de soy-mesme, ou rébellion à justice avec force ouverte, dans la rencontre de laquelle il aura esté tué.

ARTICLE II. — Le juge nommera d'office un curateur au cadavre du défunt, s'il est encore extant, sinon à

---

(1) BRUN DE LA ROCHETTE : *les Procez civil et criminel* (Rouen, 1663), p. 43 et p. 174.

sa mémoire, et sera préféré le parent du défunt, s'il s'en offre quelqu'un, pour en faire la fonction.

Article III. — Le Curateur sçaura lire et écrire, fera le serment, et le procès sera instruit contre lui en la forme ordinaire : sera néanmoins debout seulement, et non sur la sellette, lors du dernier interrogatoire ; son nom sera compris dans toute la procédure, mais la condamnation sera rendue contre le cadavre, ou la mémoire seulement.

Article IV. — Le Curateur pourra interjeter appel de la sentence rendue contre le cadavre ou la mémoire du défunt. Il pourra mesme y être obligé par quelqu'un des parens, lequel en ce cas sera tenu d'avancer les frais.

Article V. — Nos cours pourront élire un autre curateur que celuy qui aura esté nommé par les juges dont est appel.

La loi était donc formelle : supplice infligé au cadavre ou au survivant, confiscation des biens. Etait-elle toujours appliquée : il est permis d'en douter. Comment croire qu'à une époque aussi civilisée on traînait encore dans les rues des cadavres attachés derrière une charrette, de manière que la tête rasât le pavé ? Le corps était ensuite pendu puis jeté à la voirie. Comme le corps était placé sur la sellette et figurait au procès, on était souvent obligé de le saler, l'été surtout, et quand l'affaire allait en appel. Au XVIIe siècle, on cite une bien jolie réflexion de Mercier dans son *Tableau de Paris* : « On ne traîne plus à la claie, dit-il, ceux que des lois ineptes poursuivaient après leur trépas. C'était d'ailleurs un spectacle horrible et répugnant qui pouvait avoir des suites dangereuses *pour une ville peuplée de femmes encein-*

tes » ! Cette considération de la fécondité des Parisiennes a dû avoir une grande influence sur la suppression de cette coutume barbare !

La confiscation, qui se pratiquait impitoyablement, était faite au profit du roi. Nous lisons dans les mémoires de Dangeau : « Aujourd'hui, le roi a donné à madame la Dauphine un homme qui s'est tué lui-même, il espère en tirer beaucoup d'argent. » Cela rappelle le mot de Voltaire : « Un Welch, dégoûté de la vie, s'avise, et souvent avec grande raison, de séparer son âme de son corps : pour consoler le fils ou donne son bien au roi, qui en accorde presque toujours la moitié à la première fille d'opéra le faisant demander par un de ses amans. L'autre moitié appartient de droit aux fermiers généraux (1). »

****

Nous avons exposé dans le chapitre consacré aux asphyxies les idées des médecins légistes du XVII° siècle sur les différents *modes de suicide*. Disons à ce propos que la pendaison, la noyade et l'arme blanche sont à peu près les seuls modes de suicide dont il soit parlé : on ne cite pas d'empoisonnement-suicide, pas de mort volontaire par les armes à feu. D'ailleurs le silence gardé par les experts concorde exactement avec ce que nous avons dit de la rareté des suicides, à cette époque. Citons un rapport de Devaux (2) :

(1) Cf. sur l'histoire du suicide, l'excellent livre de LEGOYT : *le Suicide ancien et moderne*. Paris, 1881.
(2) DEVAUX : *L'Art de faire des rapports en chirurgie* (1703).

Raport de visite du Cadavre d'une Femme qui s'était défaite elle-même par Suspension.

Nous avons visité le cadavre d'une femme qui étoit âgée d'environ soixante-huit à soixante-dix ans, ayant la langue noire, épaisse, sortant un peu hors de la bouche, avec un excrément gluant, rougeâtre et visqueux venant tant de la bouche que du nez. Nous avons trouvé ledit cadavre droit, l'extrémité des pieds à fleur de terre, et attaché par le cou à une solive, qui sert de soutien à une soupente, par le moyen d'un cordon composé de deux rubans de fil de différente étendue, l'un large d'un pouce, et l'autre plus étroit, faisant les deux ensemble plus de six aunes de longueur, avec un gros nœud composé de plusieurs : lequel cordon pendant en bas, formoit une anse qui passoit entre le menton et le larynx, par-dessous les angles de la mâchoire inférieure et entre les oreilles et les apophyses mastoïdes, et par derrière sur les parties moyenne et latérale de l'occiput ; ayant fait une profonde impression à toutes ces parties, et notamment au-dessous de la symphise du menton, où étoit le nœud qui unissoit tous les bouts du licol, audessus duquel étoit encore une autre petite corde, faisant encore six tours autour du cou sans le comprimer. De sorte qu'ayant examiné toutes les circonstances ci-dessus énoncées, aussi bien que celles qui sont insérées au Procès-Verbal du sieur commissaire et après avoir examiné toutes les parties dudit cadavre, tant intérieures qu'extérieures, les unes après les autres, nous avons reconnu que la seule cause de la mort de cette femme a été celle du licol, qu'elle s'étoit elle-même préparée selon toutes les apparences.

(A Paris, ce 7e jour de mars 1690) (1).

(1) DEVAUX : *loc. cit.*, p. 525.

.˙.

Si le suicide a été rare au XVIIe siècle, par contre peu d'époques ont été plus fécondes en duels. Partant de cet indiscutable principe qu'aucun code ne peut régler les affaires d'honneur, les gentilshommes ne s'en remettaient qu'à eux-mêmes du soin de venger leurs offenses : « Et bon épée et bon courage », était la devise de tout ce qui portait un nom. La lâcheté bourgeoise d'un siècle abâtardi fait proscrire actuellement le duel, prostitué d'ailleurs par des rencontres politiques où l'honneur n'a rien à voir. On comprenait mieux au XVIe et au XVIIe siècles que « si la loi punit la voie de fait, la menace caractérisée, elle ne peut rien contre l'insinuation perfide, la calomnie ; si elle punit l'adultère consommé, elle est entièrement désarmée contre les privautés qui le préparent, les persiflages qui le commentent, les chuchotements railleurs du monde (1) ».

Sous les Valois, le duel, qui depuis longtemps avait disparu, fort heureusement, de la pratique judiciaire, était du moins très bien vu en cour. Cependant, après la mort de Schomberg, Quélus et Maugiron, tués par les Angevins Nogaret, Livarot et Ribérac, Henri III interdit le duel. Parole vaine : jamais les combats singuliers ne furent plus fréquents. Dès l'aurore du XVIIe siècle, Henri IV intervint par les édits de 1602 et de 1609,

(1) Cf. Ch. Teissier : *Du duel au point de vue médico-légal*. Lyon, 1890.

mais la lutte véritable entre les duellistes et l'autorité royale ne commença qu'avec Richelieu.

C'est en grande partie à ses édits contre le duel que l'Homme-Rouge dut son impopularité : les menaces des édits du 14 juillet 1617, du 2 août 1623, des 25 et 26 juin 1624 contenaient en germe des orages qui éclatèrent terriblement sur les fronts des coupables. Le supplice de Montmorency-Boutteville fut le prélude d'une série d'exécutions. La peine de mort était prononcée, non seulement contre les combattants, mais même contre les seconds et assistants, « encore qu'ils n'eussent pas mis l'épée à la main ». Le Parlement d'ailleurs confirmait ces édits par ses arrêts, 16 mars 1621, 25 juin 1625, 5 février 1626, 29 mars 1634 (1).

Sous Louis XIV, la sévérité était bien moins grande. Malgré les déclarations des juristes, malgré les édits de 1651, 1653, 1679, les condamnations sont rares. Dans l'ordonnance de 1653, on lit : « Sur ce qui nous a été ordonné par ordre exprès du Roi, et notamment par la déclaration de Sa Majesté contre les duels, de nous assembler incessamment pour dresser un règlement le plus exact et distinct qu'il se pourra sur les diverses satisfactions et réparations d'honneur que nous jugerons devoir être ordonnées, suivant les divers degrés d'offense ; et de telle sorte que la punition contre l'agresseur et la satisfaction à l'offensé soient si grandes et si proportionnées à l'injure reçue qu'il n'en puisse renaître aucune plainte ni querelle nouvelle : pour être ledit règlement invio-

(1) Cf. Hanotaux : *Richelieu.*

lablement suivi et observé à l'avenir par tous ceux qui seront employés aux accommodements des différends qui toucheront le point d'honneur et la réputation des gentilshommes. »

C'était la substitution obligatoire du tribunal d'honneur à la rencontre à main armée.

L'ordonnance de 1670 classe le duel parmi les cas royaux (tit. I, art. II). Dans l'édit de 1679, Louis XIV déclare que « ni en faveur d'aucun mariage de princes ou princesses de sang royal, ni pour les naissances des princes ou enfants de France, ni pour quelque autre considération générale, il ne permettrait sciemment être expédiée aucune lettre contraire à cet édit ».

Enfin en 1689, les articles 40-44 de l'ordonnance sur les armées navales et arsenaux de marine enjoignent à tous les officiers commandant dans les ports de faire arrêter les officiers soupçonnés de s'être battus en duel, aux prévôts d'informer sur-le-champ de ces sortes de combats, d'en donner avis au procureur général de Parlement « dans le ressort duquel le combat aura été fait » et de remettre après l'information les prisonniers entre les mains du commissaire au parlement envoyé sur les lieux ; *aux chirurgiens* appelés à panser les blessés, *d'avertir le commandant* et l'intendant de la marine au port, *sous peine de cassation et de bannissement* ; à l'autorité maritime de récompenser la dénonciation des soldats « de la somme de 150 livres, et de l'octroi immédiat d'un congé ». Et cependant, malgré ces édits et ces ordonnances réitérées, les duels n'étaient pas rares, et les duellistes n'étaient guère inquiétés. Il suffit de parcourir les mémoires de l'époque pour voir qu'à la cour et à la ville on se battait à propos de tout et à propos de rien. Saint-Simon parle d'un duel de son père avec le comte de Wardes. Celui-ci fut blessé grièvement et envoyé à la Bastille. M. de Saint-Simon ne fut même pas inquiété. Guy Patin rapporte l'histoire de deux femmes qui se battent : « On parle à Paris de deux dames de la cour qui se sont battues à coups de pistolet. Le roy a dit en riant qu'il n'en avait fait la défense que pour les hommes. »

Mais, nous le répétons, les poursuites judiciaires pour crimes de duel, fréquentes sous Louis XIII, sont rares à la fin du siècle.

CHAPITRE III

Les Empoisonnements

Une Canidie qui a de si beaux secrets,
qui promet aux jeunes femmes de secondes
noces, qui en dit le temps et les circonstances.

LA BRUYÈRE : *les Femmes.*

Perdait-on un chiffon, avait-on un amant,
Un mari, vivant trop au gré de son épouse,
Une mère fâcheuse, une femme jalouse,
Chez la devineresse, on courait...

LA FONTAINE.

Nous sommes en 1673. Gloire littéraire, gloire
artistique, gloire militaire, rien ne manquait à
l'auréole de celui que déjà l'on appelait le Grand
Roy. Victorieuse partout, la France dominait l'Europe : *le Cid*, *Andromaque*, *Tartufe*, tant d'autres
chefs-d'œuvre faisaient du siècle de Louis XIV
l'égal des siècles fameux de Périclès, d'Auguste,
de Léon X. Versailles était le cerveau du monde :
jamais on n'avait vu cour si brillante, si policée,
élégante et luxueuse plus que toute autre avec
Dangeau, Guiche, Villeroy, Saint-Aignan ; incomparablement intellectuelle avec Molière, Bossuet,
Racine, Boileau ; mêlant le plus heureusement du

monde l'éclat du talent à celui de la race. Quelle splendeur peut approcher de celle de ce règne ? N'est-ce pas l'âge d'or ?

Mais quel est ce frisson qui parcourt la foule enrubannée des gentilshommes ? Pourquoi la pâleur succède-t-elle au sourire sur le visage des courtisans ? Quel est ce mot que l'on prononce tout bas, que l'on chuchote ? L'on a parlé de poison. Un homme du peuple a sans doute immolé son ennemi avec cette arme des lâches. Un homme du peuple ? Non pas ! Une femme de grande maison. Le scandale s'étend et rejaillit sur la noblesse entière : est-ce une vengeance qu'elle exerçait ? Non, elle a assassiné son père par basse cupidité, pour hériter plus vite. On va l'arrêter, la juger. Elle mourra. Elle a des complices. Nul n'est plus en sûreté ; les plus grands noms du royaume ont été prononcés. Terrible procès, horrible scandale, tache de sang et de boue qui va défigurer le siècle de gloire, le siècle du grand roi. Cette femme, c'est la Brinvilliers ; ce procès, c'est l'affaire des Poisons (1).

Marie-Marguerite de Dreux d'Aubray, fille d'un lieutenant au Châtelet de Paris, avait épousé en 1651 Antoine Gobelin, marquis de Brinvilliers. Le

(1) Il est fort probable qu'il y a eu au XVII° siècle des empoisonnements antérieurs à ceux dits de l'affaire des Poisons. On a parlé d'un problématique empoisonnement de Louis XIII, de tentatives faites sur Richelieu ; on a élevé des doutes sur la maladie à laquelle succomba Marie de Médicis. Cela est fort possible. Les empoisonneurs si répandus en France au temps des derniers Valois, et de l'arrivée de la noire Catherine, n'ont pas dû disparaître tout d'un coup. Nous croyons savoir d'ailleurs qu'un ouvrage important dû à un de nos confrères lyonnais doit mettre au point certaines de ces questions.

ménage était peu uni ; vers 1659, le marquis commença une vie de désordre ; il se sépare de sa femme. Celle-ci se console avec le chevalier Gaudin de Sainte-Croix, avec qui elle vit publiquement. Le père de la marquise, M. d'Aubray, après avoir vainement tenté à plusieurs reprises de faire cesser ce scandale, obtint une lettre de cachet, et fit enfermer à la Bastille l'amant de sa fille. Et ici se passe le fait essentiel, celui d'où découle toute l'affaire des Poisons : il faut que cet homme assoifé de vengeance rencontre à la prison un empoisonneur qui possède le secret du poison des Borgia. Il se lie avec Exili, et quand au bout d'un an ils quittent l'un et l'autre la Bastille, l'ère des empoisonnements va commencer. L'Italien apprendra au Français l'art de tuer sans se compromettre : la vénalité de l'un viendra à l'appui de la haine de l'autre. C'est de l'officine de leur ami Glazer, apothicaire du faubourg Saint-Germain que part en 1661, le poison qui tuera Dreux d'Aubray. La marquise était complice ; trouvant insuffisante sa part d'héritage, c'est elle qui guidera la main des assassins et fera périr ses deux frères.

On chargea un laquais nommé La Chaussée de l'empoisonnement de l'aîné, le lieutenant civil. On lui promit cent pistoles. Le désir d'exécuter promptement et sûrement la mission qui lui était confiée lui fit manquer son coup la première fois. Il présenta au lieutenant civil un verre d'eau et de vin empoisonné. Mais la dose était trop forte, et à peine le magistrat y eut-il touché des lèvres qu'il s'écria : « Ah ! misérable, que m'as-tu donné ? je crois que tu veux m'empoisonner. » Il le présenta à son secrétaire, qui après en avoir essayé dans une cuillère, dit qu'il avait senti de l'amertume, et une odeur de vitriol. La Chaussée ne perdit point contenance et sans laisser échapper aucun signe de la surprise qui déconcerte ordinairement un coupable pris en flagrant délit, il se saisit promptement du vase, renversa la liqueur et s'excusa en disant que le valet de chambre du conseiller avait pris une médecine dans ce verre, ce qui donnait ce mauvais goût. Il en fut quitte pour une réprimande sur sa négligence, et l'on ne soupçonna rien de plus. On en fut quitte pour recommencer.

En avril 1670, Antoine d'Aubray tombe malade après avoir mangé de la tourte de béatilles. Il meurt le 17 juin. Au mois de novembre, son frère cadet disparaît à son tour. Les circonstances étranges où ces morts répétées se sont produites amènent la famille à demander l'autopsie. Mais les médecins ne songent guère au poison. Pour le premier, ils ne trouvent « rien d'anormal ni d'extraordinaire ». Pour le second, on dit bien que « la poitrine est ulcérée et desséchée, et que le cœur et le foie étaient flétris », mais quant au diagnostic, il n'en est même pas question.

Le marquis de Brinvilliers était moins que personne à l'abri de pareille aventure. Mme de Sévigné écrivait : « La Brinvilliers voulait épouser Sainte-Croix, et empoisonnait souvent son mari à cette intention. Sainte-Croix, qui ne voulait point avoir une femme aussi méchante que lui, donnait du contre-poison à ce pauvre mari ; de sorte qu'ayant été ballotté de cette sorte, tantôt empoisonné, tantôt désempoisonné, il est demeuré en vie. »

C'est ici que se place un événement dramatique, théâtral même, fait d'une part de réalité, et d'une part plus grande de fiction populaire. En 1672, Gaudin de Sainte-Croix préparait dans son laboratoire un de ses poisons les plus subtils, quand son masque de verre se détache ; il tombe foudroyé par l'inhalation des vapeurs qui s'échappent de ses creusets. La morale populaire veut que tout empoisonneur soit victime de ses poisons : tels les Borgia. Quoi qu'il en soit, Sainte-Croix mourut subitement, et quand on vint poser les scellés on découvrit une cassette contenant diverses drogues toxiques (1), et des lettres fort compromettantes à tous points de vue pour Mme de Brinvilliers. Celle-ci, sentant l'orage gronder, n'attendit pas qu'il l'atteignît. Elle se réfugia en Angleterre. L'arrestation de La Chaussée qui avait été placé par Sainte-Croix chez Dreux d'Aubray et y était resté jusqu'à la mort de celui-ci, amena les révélations complètes. La Chaussée fut rompu vif et expira sur la roue (24 mars 1673). Trois ans plus tard la marquise était arrêtée dans un couvent à Liège.

Cette arrestation est un véritable roman : Desgrais, exempt de la maréchaussée, fut envoyé à Liège. Il était escorté de plusieurs archers, et muni d'une lettre du Roi adressée au Conseil des Soixante de cette ville, par laquelle le roi réclamait la criminelle pour la faire punir. Après avoir examiné la procédure dont on avait pris soin de

(1) Sublimé corrosif, opium, régule d'antimoine, vitriol romain, vitriol **calciné**.

munir Desgrais, le Conseil lui permit d'arrêter
la marquise, pour la conduire en France. Elle
s'était retirée dans un couvent ; l'exempt ne crut
pas devoir tenter de la saisir dans cet asile, il
aurait pu manquer son coup ; Desgrais eut donc
recours à l'artifice ; il se déguisa en ecclésiastique
et fut rendre visite à la marquise, sous prétexte
qu'étant Français, il n'avait pas voulu passer par
Liège sans voir une femme si célèbre par sa beauté
et par ses malheurs. La marquise avait le cœur
sensible : le faux abbé eut le don de plaire, et joua
son rôle d'amoureux en comédien consommé. Un
couvent n'est pas un lieu commode pour les tête-
à-tête de deux amants, Desgrais proposa une pro-
menade hors de la ville, qui fut acceptée. A peine
était-il hors de portée des regards du public, que
l'amant se changea tout à coup en policier. Les
archers étaient apostés alentour. On n'eut plus
qu'à monter en carrosse.

On trouva sur elle sa confession, où elle s'accusait d'un nombre inimaginable de crimes de
toutes sortes. « Mme de Brinvilliers nous apprend
dans sa confession, écrit Mme de Sévigné, qu'à
sept ans elle avait cessé d'être fille ; qu'elle
avait continué sur le même ton ; qu'elle avait
empoisonné son père, ses frères, un de ses enfants ;
elle s'empoisonna elle-même, afin d'essayer un
contre-poison. Médée n'en avait pas tant fait. Elle
a reconnu que cette confession était son écriture :
c'est une grande sottise, mais qu'elle avait la fièvre
chaude quand elle l'avait écrite, que c'était une
frénésie, une extravagance qui ne pouvait être lue
sérieusement. » Elle ajoute dans la lettre suivante :

« On ne parle ici que des discours, des faits et gestes de la Brinvilliers. Si elle a écrit, dans sa confession, qu'elle a tué son père, elle craignait sans doute d'oublier de s'en accuser. Les peccadilles qu'elle craint d'oublier sont admirables. »

Le 16 juillet 1679 elle était condamnée à faire amende honorable sur le parvis de Notre-Dame, puis à être décapitée en place de Grève. Le 17 la sentence fut exécutée. Son corps fut brûlé sur un bûcher, et les cendres jetées au vent.

La cassette de Sainte-Croix n'avait pas compromis que la marquise. Le nom de Penautier, receveur général du clergé et du Languedoc, se trouvait également dans les papiers et sur les sachets et bouteilles de poison. La veuve de Saint-Laurent qui avait possédé les mêmes emplois avant Penautier, accusa celui-ci d'avoir empoisonné son mari, pour rendre plus tôt vacantes des places auxquelles il aspirait. Penautier fut arrêté et passa neuf jours dans le cachot de Ravaillac. On y était fort mal paraît-il. La protection de l'archevêque de Paris et de Colbert l'en tira. Il sortit blanc comme neige de sa comparution au Châtelet. Les mauvaises langues prétendirent d'ailleurs que sa libération lui avait coûté cent mille écus, et comme tout en France finit par des chansons, on fit sur lui le couplet suivant :

> Si Penautier, dans son affaire
> N'a scu trouver que des amis
> C'est qu'il avait scu se défaire
> De ce qu'il avoit d'ennemis.
> Si pour paraître moins coupable
> Il fait largesse de son bien
> C'est qu'il prévoit bien que sa table
> Ne lui coûtra jamais rien.

Mme de Sévigné ne semble pas non plus croire le moins du monde à son innocence. Le cardinal de Bonzy qui payait plusieurs pensions imposées sur son archevêché de Narbonne, survécut à tous ses pensionnaires et disait que « c'était son étoile qui vouloit qu'il les enterrât ». Madame de Sévigné le voyant un jour dans son carrosse avec Penautier, dit « qu'elle avait vu l'archevêque de Narbonne avec son étoile ».

La mort de Sainte-Croix et de la Brinvilliers ne devait pas amener la cessation des empoisonnements qui prenaient une allure véritablement épidémique. Entre l'arrestation et l'exécution de la marquise, de nombreux crimes s'étaient produits, qui révélaient l'existence d'une bande organisée : Locuste était-elle ressuscitée, revenait-on aux mœurs de la Rome impériale ? L'ombre de Lucrèce Borgia semblait planer sur la France. Et de fait, c'était bien à l'introduction des mœurs et des idées italiennes que l'on doit cette explosion de lâche criminalité : on n'emprunte pas impunément ses arts et son luxe à un peuple corrompu, il ne donne un reflet de sa civilisation qu'avec une part de ses vices. Lentement, le poison italien avait infiltré la France ; notez la succession des noms en i qui ; officiellement ou occultement sont à la tête du gouvernement depuis un siècle : Médici, Concini, Mazarini. C'est à Exili, prisonnier à la Bastille, que Sainte-Croix a emprunté la recette de la *poudre de succession*. Dès lors, à quoi bon chercher d'autres causes ? Michelet signale la débâcle des mœurs et accuse le quiétisme et l'influence des moines espagnols. Legué parle de suggestion :

« On tuait, dit-il, pour le plaisir de voir râler les êtres et bleuir la peau humaine ; on tuait parce qu'on subissait la suggestion de cette volonté qui s'affirmait dans son rôle implacable, dans sa surnaturelle puissance, dans son écrasante et terrifiante domination. » A quoi bon tout cela ? Non, tout le mal peut se dire d'un mot : la France était italianisée, elle devenait superstitieuse, croyait à saint Nicolas de Tolentin, patron des femmes malheureuses en ménage, faisait tirer des horoscopes, consultait des sorcières comme la Voisin, allait à la messe noire de l'abbé Guibourg ; elle devenait lâche et préférait le poison à l'épée. Qu'est-ce à côté de cette cause générale qui imprégnait les mœurs de tout le pays, que les causes communes et banales que l'on a citées : la jalousie, le besoin d'argent, cela expliquerait le cas de Mme de Brinvilliers, non ce terrible ensemble, cette monstrueuse poussée criminelle qu'est l'affaire des Poisons.

Et comme l'exemple venait de haut, de la Cour, il fut suivi. Nass l'a très bien dit : « Les mauvais exemples sont toujours les mieux suivis, les sujets imitèrent les maîtres, et sous ces règnes néfastes, à ces périodes tourmentées, patriciens et plébéiens, courtisans et vassaux, prélats et clercs, furent empoisonneurs avant d'être victimes. »

Le métier était bon d'ailleurs : la Voisin y gagne cent mille livres. Elle vend cinquante louis à la Montespan un philtre d'amour, trente pistoles à la Leféron une eau de pavots qui lui avait coûté deux sols, cent louis à la même de la poudre de diamant. La Bosse gagne dix mille francs en une année.

Aussi tout le monde s'en mêle : les verriers qui ont le droit d'avoir de l'arsenic, les apothicaires qui empoisonnent les lavements, les alchimistes, les sorcières, les sages-femmes. Bachimont, assassin et faux-monnayeur, chez qui l'on découvre une série de poisons, répond qu'il faisait de l'alchimie : « A l'égard du sublimé, il servait pour purifier l'or quand il en voulait faire le sel, et pour l'arsenic, c'était pour jeter sur le cuivre ou le salpêtre, afin de l'aigrir pour être propre à se convertir en argent. »

Il arriva que l'on ne vit plus que crimes et empoisonnements et que les morts les plus naturelles furent attribuées à l'acquetta. En 1680, Fouquet meurt dans sa prison, Mme de Sévigné écrit : « Fouquet est mort de convulsions, de maux de cœur sans pouvoir vomir. » Puis c'est la mort de Mme de Fontanges. Mais à cette époque l'immense procès était déjà en partie instruit ; les coupables passaient sur la sellette de la Chambre ardente. C'est que les chevaliers de l'arsenic n'avaient pas reculé devant la plus audacieuse des tentatives. Ils avaient désigné une victime sacro-sainte : la Montespan avait payé les empoisonneurs pour la venger du Roy. Guibourg l'avait avoué ; on avait préparé un charme pour faire périr Louis XIV (1).

La tentative eut-elle lieu, oui ou non ? est-ce au poison qu'il faut attribuer les morts successives qui frappèrent la famille royale ? Legué le croit : « La dynastie des Bourbons semblait prête à mourir, non pas sur un champ de bataille comme ses

_____

(1) Cf. Biblioth. nat. Interrogatoire de Guibourg, mss 7608.

glorieux ancêtres, mais dans une agonie sans noblesse et sans grandeur, qui la montrait évacuant sur une chaise percée, entre les convulsions du bas-ventre et les nausées de l'estomac. »

Quoi qu'il en soit, Louis XIV effrayé, craignant pour sa propre vie, institua un tribunal d'exception : la Chambre ardente.

Créée par lettres patentes du 7 avril 1679, et gratifiée d'une amplification de pouvoirs le 24 février 1680, la Chambre ardente était composée de quatorze membres, dont huit conseillers d'Etat et six maîtres des requêtes (1). Elle avait à juger 337 accusés dont 218 eurent à subir la détention préventive. On relève sur cette longue liste d'empoisonneurs les noms les plus disparates. Des prêtres comme Guibourg, Cotton, de Barges, Deshayes, mêlés à des sorcières comme la Filastre, la Bosse, la Lepère, la Chéron, et quelles sorcières ! entremetteuses, sages-femmes, faiseuses d'anges, empoisonneuses, tireuses de cartes, tout métier leur était bon pourvu qu'il rapportât. Avec cela des chevaliers d'industrie comme Vanens l'alchimiste, et Bachimont le faux monnayeur, des femmes du monde, des gentilshommes, des magistrats. Mais la figure qui domine cette tourbe et se détache avec un vif éclat, c'est celle de la Voisin ; étrange créature que cette fille intelligente, en relation avec

_____

(1) Conseillers d'Etat : Boucherat, de Breteuil, de Bezons, Voisin, de Fieubert, Le Pelletier, Pommeret, Dargouges.

Maîtres des requêtes : de Fortid, de la Reynie, Turgot, de Sène, de Thuiz, d'Ormesson.

Procureur : Robert. Substitut : de Perez. Greffier : Sagot.

Experts : Fresquier et Dugué, médecins ; Simon et Geoffroy, apothicaires.

les épicuriens comme Chaulieu et le duc de Vendôme, instruite mieux qu'une des femmes savantes de Molière, ayant accompli les crimes les plus abominables, et gardant sur la sellette et à la torture le respect le plus absolu de la vérité, se refusant à charger ses complices pour se mieux défendre : bien mieux, ayant la notion et le culte du secret professionnel : curieuse discrétion, étrange vertu, dans une profession pareille.

Et quelle clientèle aristocratique : sa liste semble un compte rendu d'une fête royale. On croirait plutôt lire l'énumération des gentilshommes et des dames qui se pressaient un soir de réception dans la galerie des Glaces, que celle des assassins qui demandaient conseil dans le taudis de l'empoisonneuse. Tout d'Hozier est là : Antoinette Mesmes, femme de Louis-Victor de Rochechouart, duc de Mortemart et de Vivonne ; Marie-Anne Mancini, femme de Godefroy Maurice de la Tour, duc de Bouillon ; le maréchal duc de Luxembourg ; Jacqueline de Beauvoir de Rimoard du Roure, femme de Louis-Armand, duc de Polignac ; Madeleine d'Angennes, femme du maréchal duc de la Ferté ; Marie-Louise de Luxembourg, princesse de Tingry ; Marguerite-Félicie de Lévis-Ventadour, duchesse de Duras ; Marie-Louise Pot de Rhodes, duchesse de Vitry ; Olympe Mancini, femme d'Eugène, prince de Carignan, comte de Soissons. J'en passe et des meilleurs.

Le mal était si répandu, qu'il n'y eut pas l'explosion d'indignation et de mépris à laquelle on serait en droit de s'attendre. Même en dehors de la France, cet énorme scandale fit peu de bruit : les

littératures étrangères ne nous révèlent rien sur
l'impression produite chez les grandes puissances
européennes. Détail typique, quand Saint-Simon
parle de l'affaire des Poisons, au sujet du maréchal
de Luxembourg, son mortel ennemi, il ne lui jette
pas à la face cette épithète d'assassin et de lâche,
que plus que tout autre, il avait si bien méritée :
non, il lui reproche simplement d'avoir manqué
de dignité en répondant, lui, pair de France, sur
la sellette commune aux accusés autres que les
ducs. Voici ce curieux passage :

« Il se trouva enveloppé dans les affaires de la
Voisin, cette devineresse, et pis encore, accusée de
poison, qui par arrêt du Parlement, fut brûlée à
la Grève (le 22 février 1680) et qui fit sortir la comtesse de Soissons du royaume pour la dernière fois,
et la duchesse de Bouillon sa sœur. On reproche à
M. de Luxembourg d'avoir oublié en cette occasion
une dignité qu'il avait tant ambitionnée. Il répondit sur la sellette comme un particulier, et ne
réclama aucun des privilèges de la pairie. Il fut
logtemps à la Bastille et y laissa de sa réputation. »

Comment expliquer cette indifférence relative
de contemporains en face d'un pareil ensemble de
crimes ? Notons d'abord l'heureux effet de l'absence
des journaux, qui viennent chaque jour surexciter
la curiosité et les passions de la foule, tandis qu'au
XVII° siècle les nouvelles mettaient un temps considérable à se diffuser, arrivaient défraîchies et ne
provoquaient par conséquent que l'émotion tempé-
rée que l'on éprouve à l'annonce d'une chose déjà
ancienne. Et puis, la morale du XVII° siècle n'est
pas celle de maintenant, il ne faut pas juger de

l'une par l'autre. Sous Louis XIV, on tuait un homme pour un soufflet : au XX⁰ siècle, c'est un geste tarifé 15 francs en correctionnelle. Par contre, on n'a pas, de nos jours, d'épithètes assez méprisantes pour flétrir certains moyens d'existence à dénomination ichtyologique, tandis qu'au XVII⁰ siècle un gentilhomme, partant pour les Flandres ou la Franche-Comté, aurait manqué à tous les usages en cherchant un autre bailleur de fonds que sa maîtresse pour payer son harnachement de guerre.

Chose à retenir, les empoisonnements si fréquents à Paris sont infiniment rares en province à cette époque. Il faut voir là une preuve de plus de cette loi criminologique si bien mise en évidence par le professeur Lacassagne : Il y a non seulement une criminalité rurale et une criminalité urbaine, mais encore une criminalité parisienne. La capitale a été de tout temps le tourbillon où ont trouvé un refuge les coupables qui, dans la calme vie provinciale, auraient été rapidement remarqués et pris. De là l'indiscutable attraction que Paris exerce sur tous les criminels ; ils y opèrent plus facilement ; ils s'y cachent plus sûrement. L'affaire des Poisons est restée un crime essentiellement et purement parisien.

Bien que le procès ait tourné court, et que la Chambre ardente ait été dissoute avant d'avoir examiné toutes les accusations portées devant elle, ou plutôt, avant d'avoir eu le temps de juger la principale affaire : la tentative d'assassinat du Roy par la Montespan, elle prononça néanmoins un nombre considérable de condamnations. Trente-six inculpés furent condamnés à mort : c'étaient d'ailleurs des gens de basse extraction : les entremetteuses Filastre, Voisin, Leroux, Ferry, Bosse, Chéron, Lepère, Philbert, les abbés Cotton et de Barge, etc., Vanens fut envoyé aux galères, Bachimont et l'abbé Lesage subirent la détention perpétuelle. Le bannissement fut prononcé contre Mme Leféron, Mme de Poulaillon, l'abbé Deshaye. Deux grandes dames : la duchesse de Polignac et la présidente Lescalopier, furent exécutées en effigie : elles en furent quittes pour aller porter leur industrie ailleurs. D'autres, comme la duchesse de Bouillon, furent acquittées.

Justice incomplète, sans doute, justice partiale même, mais qui eut cependant un résultat suffisant : l'ère des empoisonnements était close. Un reste de la bande travaillait encore, après l'arrestation de la Voisin, sous la direction de Barenton, simple laboureur de Beauce, qui s'était institué de sa propre autorité vétérinaire, rebouteur et jeteur de sorts. Son commerce d'arsenic, de poudre de mouches d'amour et de liqueurs pour les jaloux ne tarda pas à péricliter.

Si la Chambre ardente fit une lumière complète sur un grand nombre d'affaires d'empoisonnement, elle en laissa, par ordre, un certain nombre, et non des moindres, dans une ombre voulue. Comme ces problèmes ont fait à notre époque l'objet de débats passionnés dans le monde médical comme dans celui des historiens, nous ne pouvons nous dispenser d'en exposer rapidement les éléments. Nous voulons parler de la mort de Madame, de celles de Mlle de Fontanges, de la Du Parc, et de la reine d'Espagne, Marie-Louise d'Orléans.

*
* *

Alfred de Vigny l'a dit : Il y a deux choses que l'on conteste bien souvent aux rois : leur naissance et leur mort. On ne veut pas que l'une soit légitime et l'autre naturelle. Ce principe est surtout applicable à une époque où la fréquence des morts criminelles fait paraître suspectes toutes les morts rapides. La façon foudroyante dont fut frappée la petite-fille d'Henri IV prêtait évidemment à des soupçons. Dans la nuit du 29 au 30 juin 1660, Henriette d'Angleterre était prise de douleurs terribles à la suite de l'ingestion d'un verre d'eau de chicorée. A 3 heures du matin elle succombait. « O nuit désastreuse, ô nuit effroyable où retentit tout à coup, comme un éclat de tonnerre, cette étonnante nouvelle : Madame se meurt, Madame est morte !... Madame a passé du matin au soir ainsi que l'herbe des champs. Le matin elle fleurissait, avec quelle grâce, vous le savez : le soir nous la vîmes séchée... Quelle diligence ! en neuf heures, l'ouvrage est accompli ! »

Toutes les apparences étaient pour un empoisonnement criminel : la haine de Monsieur pour sa femme à la suite de l'exil du chevalier de Lorraine, le fait que celui-ci avait choisi et désigné le maître-d'hôtel de Madame, les circonstances de la mort. Madame, quelques instants avant de mourir, disait au maréchal de Grammont: «On m'a empoisonnée, mais par mégarde. » En Angleterre, la conviction était absolue, à tel point que Charles II envoya

des chirurgiens anglais assister à l'autopsie de
sa sœur. Cette autopsie fut faite devant quinze
médecins ou chirurgiens anglais ou français. Bien
entendu, les conclusions en furent négatives, du
moins dans le procès-verbal officiel ; car, depuis,
on a exhumé d'autres pièces, d'autant plus impor-
tantes qu'elles n'avaient pas été destinées au
public. Ce sont : 1° *la relation de la maladie, mort
et ouverture du corps de Madame, par M. l'abbé
Bourdelot, médecin* ; 2° le rapport de Vallot qui
avait assisté à l'autopsie ; ce document fut porté
officiellement à Londres par le maréchal de Belle-
fonds ; 3° *le Mémoire d'un chirurgien du roy
d'Angleterre qui a été présent à l'ouverture du
corps* (ce chirurgien, qui n'est autre qu'Alexandre
Boscher, est loin de conclure dans le même sens
que le procès-verbal officiel) ; 4° une relation de
Hugues Chamberlain, médecin ordinaire du roi
d'Angleterre, qui assista à l'opération.

C'est en s'appuyant sur ces pièces que les critiques modernes ont tenté d'établir un diagnostic
rétrospectif.

Nous ne pouvons entrer dans le détail de la discussion ; rappelons seulement que Walckenaer,
Paul Lacroix, Ravaisson et Legué ont été les tenants
de la mort criminelle, et qu'au contraire Mignet,
Loiseleur, Littré et tout récemment Funck-Brentano, s'appuyant sur une consultation de Brouar-
del et Legendre, ont conclu à la mort naturelle,
due probablement à un ulcère de l'estomac avec
péritonite suraiguë. Notre opinion serait d'un
poids bien mince auprès de pareilles autorités ;
citons seulement le mot de Saint-Simon : « M. Joly

de Fleury tenait du maître-d'hôtel de Madame (Furnon) que le poison fut envoyé par le chevalier de Lorraine, d'Italie (1). »

* *

La mort de Mlle de Fontanges, survenue en 1681, pour avoir été moins dramatique que celle de Madame, n'en fut pas moins fort brusque. En outre, elle se produisit au moment où la mode de la poudre de succession battait son plein. La Chambre ardente avait fait avouer à Romani qu'en mars 1679, il avait cherché à entrer, sur les indications de la Voisin, chez Mlle de Fontanges, pour lui montrer des étoffes de soie, des gants de Grenoble et de Rome. On crut à une seconde tentative de la part des empoisonneurs, à tel point que Louis XIV écrivit de Chaville au duc de Noailles en juillet 1681 : « Sur ce que l'on désire de faire ouvrir le corps, si on le peut éviter, je crois que c'est le meilleur parti. » L'autopsie fut faite cependant: elle semble démontrer que Mlle de Fontanges, qui souffrait depuis quelque temps déjà d'une métrite hémorragique, succomba à une pleuro-pneumonie intercurrente. Les contemporains ne furent guère convaincus par les rapports des chirurgiens : on continua à croire qu'une femme assez jolie pour avoir conquis dès la première rencontre le cœur du roi ne pouvait être morte que par un

---

(1) Cf. LEGUÉ : *Médecins et Empoisonneurs,*
FUNCK-BRENTANO : *l'Affaire des Poisons*

crime payé par ses rivales. Saint-Simon et la Palatine sont d'accord sur ce sujet. La pauvre Fontanges avait cependant quitté la cour depuis quelque temps : sa joliesse, faite de fraîcheur et de charme naïf plutôt que de beauté véritable et régulière, avait disparu déjà sous l'influence de la maladie qui la minait ; et ce n'était certes pas par son esprit et son intelligence qu'elle eût pu retenir son royal amant ; ce sont des côtés par où elle ne brillait point.

Voici les passages les plus saillants du rapport des médecins chargés de l'autopsie :

... Hydropisie dans la poitrine, contenant plus de trois pintes d'eau avec beaucoup de matières purulentes dans les lobes droits du poumon dont la substance était entièrement corrompue et gangrenée et adhérente de toute part. Les lobes de l'autre côté seulement un peu altérés, le cœur un peu flétri, de l'eau sur la membrane qui l'enveloppe en trop grande abondance et de mauvaise odeur. Le ventricule s'est trouvé fort sain et net. Le foie d'une grandeur démesurée et sa partie droite non seulement altérée, mais sa substance corrompue et sa couleur fort changée. La rate et les reins, les intestins et le mésentère dans une disposition naturelle, excepté quelques glandes au côté droit fort dures et tuméfiées. La matrice et la vessie très saines et naturelles.

Ce rapport présente bien le tableau clinique d'une tuberculose pulmonaire avec pleurésie et péricardite, foie gras et engorgement des ganglions mésentériques. On aurait pu dire ce que Saint-Simon dit si aimablement de Madame : « Elle était un peu pourrie. » Les experts concluent :

« La cause de la mort de la dame doit être uniquement attribuée à la pourriture totale des lobes droits du poumon qui s'est faite ensuite de l'altération et l'intempérie chaude et sèche de son foie qui ayant fait une grande quantité de sang bilieux et âcre, lui avait causé les pertes qui ont précédé. »

Ce beau diagnostic est signé de Belley, Petit, Moreau, Thuillier et Vezon.

*
* *

Les contemporains ont accusé la comtesse de Soissons (1), la noire Olympe, qui avait prévenu une arrestation imminente en s'exilant, d'avoir empoisonné la reine d'Espagne, Marie-Louise d'Orléans, fille de Madame. Le fait semble avéré. Citons à ce sujet une lettre de l'ambassadeur de France datée du 12 février 1689.

« Franchini, son médecin, dit que, dans l'ouverture du corps et dans le cours de la maladie, il avait remarqué des symptômes extraordinaires, mais qu'il y allait de sa vie, s'il parlait. Le public se persuade présentement du poison, et n'en fait aucun doute, mais la malignité de ce peuple est si grande que beaucoup de gens l'approuvent, parce que la Reine n'avait pas d'enfants, et ils regardent le crime, malgré les horreurs de cette mort, comme un coup d'État qui a leur approbation. »

(1) Olympe Mancini, nièce de Mazarin, femme d'Eugène, prince de Carignan, comte de Soissons.

* *

Ce n'est certes pas le côté le moins intéressant de la critique historique que de découvrir, dans la liste des criminels d'une affaire retentissante, des noms que l'on nous avait montrés dans notre enfance, au cours de nos études classiques, comme des exemples d'une vie pure et modeste unie au talent le plus éclatant, des noms enfin pour lesquels on avait forcé notre admiration en nous condamnant à les vénérer, malgré notre secrète et instinctive répulsion. L'affaire des Poisons va nous mettre en présence d'une des figures les plus parfaitement antipathiques de l'histoire littéraire, d'un homme que l'on expose aux yeux des enfants et des femmes derrière un masque de chasteté, de probité, d'austérité et de modestie, que l'on nous montre vivant saintement au milieu de sa famille, écrivant des cantiques à ses moments perdus, quittant, pour l'amour du ciel, le théâtre en pleine gloire, en plein succès, renonçant ainsi à Satan, à ses pompes et à ses œuvres, en immolant son orgueil aux pieds de Dieu. Comment ne l'a-t-on pas canonisé ? Mais voici que l'histoire arrache ce masque du tartufe. Quelle révélation ! Quelle surprise ! Le vertueux père de famille entretient une actrice ; ce modèle de désintéressement a volé des bijoux ; le saint homme connaît le secret de l'acquetta. Tout compte fait, ce poète angélique est un voleur, un avorteur et un assassin. Nous avons nommé Jean Racine.

Nous lisons dans l'interrogatoire de la Voisin, en date du 21 novembre 1679 :

— Qui lui a donné connaissance de la Du Parc (1), comédienne ?

— Elle l'a connue, il y a quatorze ans, étaient très bonnes amies ensemble, et elle a su toutes ses affaires pendant ce temps. Elle avait eu l'intention de nous déclarer, il y a déjà du temps, que la Du Parc devait avoir été empoisonnée et que l'on a soupçonné Jean Racine. Le bruit en a été assez grand. Ce qu'elle a d'autant plus lieu de présumer, que Racine a toujours empêché qu'elle, qui était la bonne amie de la Du Parc, ne l'ait vue pendant tout le cours de la maladie dont elle est décédée, quoique la Du Parc la demandât toujours ; mais qu'elle y alla pour la voir, on ne l'a jamais voulu laisser entrer, et ce, par l'ordre de Racine, ce qu'elle a su par la belle-mère (2) de la Du Parc, appelée Mlle de Gorle, et par les filles de la Du Parc, qui sont à l'hôtel de Soissons, qui lui ont marqué que Racine était la cause du malheur...

— Ce que de Gorle lui a dit, et interpellé de le déclarer précisément.

— De Gorle lui a dit que Racine, ayant épousé secrètement Du Parc, était jaloux de tout le monde, et particulièrement d'elle, Voisin, dont il avait beaucoup d'ombrage, et qu'il s'en était défait par poison et

---

(1) La Du Parc avait eu pour amants : Molière, les deux Corneille, La Fontaine. « Il ne lui manqua, pour compléter cette brillante série littéraire et classique, que Boileau, mais on sait que la nature avait mis le grand satirique à l'abri de pareilles faiblesses. » (Fauvelle.)

Racine avait été auparavant l'amant de la Champmeslé qui le quitta pour le duc de Clermont-Tonnerre. On sait le mot qui courut à ce sujet : « La Champmeslé, disait-on, a été déracinée par le tonnerre. » Voyez au sujet de la Du Parc, BLETON : *le Séjour de Molière à Lyon.*

(2) La seconde femme du chirurgien de Gorla, Du Parc s'appelait de son véritable nom, *Marquise Thérèse de Gorla.*

à cause de son extrême jalousie, et que pendant la maladie de Du Parc, Racine ne partait point du chevet du lit, *qu'il lui tira de son doigt un diamant de prix et avait aussi détourné les bijoux et principaux effets de Du Parc qui en avait pour beaucoup d'argent*, que même, on n'avait pas voulu la laisser parler à Manon, sa femme de chambre, qui est sage-femme, quoiqu'elle demandât Manon et qu'elle lui fît écrire pour venir à Paris la voir, aussi bien qu'elle, Voisin.

Et à l'interrogatoire pendant la torture :

— Si elle sait autre chose de ce qu'elle a dit au procès sur l'empoisonnement de la Du Parc.
— Elle a dit la vérité et tout ce qu'elle sait sur ce sujet.

Citons encore ce passage d'une lettre de Louvois (11 juin 1680) à Bazin de Bezons, conseiller d'Etat : « Les ordres du roi nécessaires pour l'arrêt du *sieur* Racine vous seront envoyés aussitôt que vous les demanderez. »

Funk-Brentano fait très justement remarquer que la Voisin par une curieuse discrétion professionnelle s'efforce toujours de garder le silence sur les crimes de ses clients et de ses clientes, et que jamais ses accusations n'ont été trouvées mensongères.

Boileau (1), l'ami de Racine, a prétendu que la Du Parc était morte d'un accouchement. Legué s'est rattaché à cette hypothèse : Racine, pour lui, serait coupable, non d'empoisonnement, mais d'avortement criminel. Du Parc serait morte de péritonite, d'origine abortive.

(1) Cf. Mémoires de Brossette.

En tout cas, Racine alla à la Bastille. Bientôt relâché sur l'ordre du roi, il renonça au monde et au théâtre, sous couleur de dévotion. C'est ce qui explique sa disparition après *Phèdre* et cette retraite étrange à trente-huit ans, en pleine maturité de talent (1).

* *

On conçoit, d'après ce que nous venons de dire, que le diagnostic d'empoisonnement devait être pour le médecin légiste du XVIIᵉ siècle la partie capitale de son art, et que nulle science ne devait lui être plus familière que la toxicologie. Nous allons voir qu'il n'en était malheureusement rien, et que l'expert s'est constamment montré au-dessous de sa tâche, désarmé devant les morts foudroyantes, répétant les bruits publics, tremblant devant les menaces des assassins bien en cour, jouant, somme toute, un rôle assez piteux.

Mais d'abord qu'entend-on, au XVIIᵉ siècle, par poison ? La définition d'Ambroise Paré est celle que tous les experts ont adoptée :

(1) On a fort contesté l'opinion que j'émets ici, après Funck-Brentano, d'ailleurs, sur la criminalité de Racine. Les différents critiques qui ont bien voulu analyser mon *XVIIᵉ siècle médico-judiciaire* se sont montrés fort sceptiques sur cette question. On a objecté que la Voisin a pu accuser Racine au hasard, et seulement pour avoir du répit pendant la torture. Il n'en reste pas moins que toutes les accusations portées par elle se sont trouvées exactes. On ne peut vraiment pas admettre qu'elle n'ait menti qu'au sujet du seul Racine. Celui-ci n'était d'ailleurs pas un personnage tellement sympathique, et il ne semble pas que ses contemporains l'aient fort défendu.

Et dirons premièrement que venin ou poison est une chose laquelle étant entrée ou appliquée au corps humain, a la vertu de combattre et de vaincre ; non plus, ny moins que le corps est victorieux de la nourriture qu'il prend journellement, qui se fait par qualitez manifestes ou par propriétez occultes ou secrettes. Le Conciliateur, au livre qu'il a fait des venins, dit que le venin pris dans le corps, de toutes ses propriétés est du tout contraire à la viande de laquelle nous sommes nourris. Car comme la viande se convertit en sang, et rend toutes les parties semblables aux membres, lesquels principalement elle nourrit, se mettant au lieu de ce qui, continuellement, s'écoule de notre corps, se résout et se consomme. Aussi, le venin, tout au contraire, transume le corps et les membres qu'il touche en une nature particulière et venimeuse ; donc, ne plus ny moins que tous animaux et que tous fruits que la terre produit, pouvant se convertir en aliments, si nous les mangeons, se tournent en nourriture ; aussy, à l'opposite, les choses venimeuses prises dedans le corps rendent tous les membres de notre corps venimeux. Aussy le venin, par sa plus grande force, surmonte notre substance et la convertit en sa nature venimeuse.

Nous n'insisterons pas sur les différents modes de classification proposés. Quelques-uns sont assez curieux. Zacchias, par exemple, divise les poisons en substances toxiques *secundum tota*, comme la ciguë, et substances toxiques *secundum partem*, comme le chat, poison par son cerveau, le cerf par le bout de sa queue, la chauve-souris par son cœur et sa langue.

La toxicologie de cette époque n'est guère complexe. Nass l'a exposée d'une façon très détaillée dans sa thèse consacrée à l'affaire des Poisons.

La substance la plus employée était l'arsenic, le roi des poisons, comme on disait alors : les symptômes de l'intoxication aiguë ou chronique étaient méconnus des experts ; à l'autopsie ils n'ont aucun moyen de constater son existence. En outre, l'arsenic a été de tout temps facile à se procurer sous les espèces et apparences de la mort-aux-rats. C'est avec l'arsenic que la marquise de Brinvilliers tenta d'empoisonner son époux. « Elle donna du poison à son mari, écrit le jésuite Pirot (1), et très légèrement et de telle manière qu'elle nous dit que cela était tombé sur les jambes, dont il a guéri comme d'une fluxion sur les jambes, par Baurin, apothicaire ; et ce poison était de l'arsenic, dont elle lui a donné gros comme un petit bouton, et elle nous a remarqué qu'il n'en fallait pas donner trop à la fois, afin qu'on ne s'aperçût pas que cela fit de l'effet, et que cela fût trop précipité. » On sait le rôle des tourtes de béatilles arséniées dans cette affaire. On employait également des chemises préparées au savon arsenical : ce procédé avait le gros avantage de provoquer des ulcérations d'apparence chancreuse qui permettaient de mettre sur le compte du mal napolitain une mort criminelle. C'est ainsi que disparut M. de Poulaillon, maître des eaux et forêts de Champagne. Le secret de cette lingerie spéciale a été perdu, car les expériences de Nass n'ont pas abouti à une vérification concluante. Mais le meilleur emploi de l'arsenic, c'est le pro-

(1) Le jésuite Pirot était le confesseur de la marquise de Brinvilliers depuis son arrestation. C'est lui qui l'accompagna au supplice. Il a laissé un mémoire fort intéressant sur sa pénitente.

cédé des Borgia. Il consistait à ouvrir un porc et à saupoudrer ses entrailles d'arsenic. On recueillait les liquides de putréfaction. Une série d'inoculations successives permettait d'obtenir une gamme ascendante de virulence. Ceci prouve que le crime peut engendrer des idées géniales. Les Borgia avaient en effet découvert ainsi ce groupe de bases organiques que Selmi devait retrouver trois siècles et demi plus tard, et baptiser du nom d'amines. Les liquides de putréfaction recueillis par Alexandre VI et ses enfants n'étaient autre chose que ces alcaloïdes appelés leucomaïnes, ptomaïnes ou toxines bactériennes suivant qu'ils sont engendrés par des fermentations physiologiques ou pathologiques.

Importé en France, le procédé Borgia fit fortune. Belot, garde du corps, empoisonnait des tasses d'argent en y mettant un crapaud qui avait pris de l'arsenic. « Tous ceux qui y boivent, y crèvent », disait-il.

On lit dans l'interrogatoire de la Chéron (8 juin 1679) : « On donne des coups de pointe au crapaud, que l'on tirait cependant pour lui faire ouvrir la bouche, dans laquelle, à mesure qu'il l'ouvrait, on jetait du vert-de-gris dedans. »

Et dans celui de la Bosse : « Par ce moyen, on obtient un excellent poison dont on donnait 200 louis d'or. » Elle ajouta plus tard que c'était celui de la Brinvilliers. C'était là probablement l'*eau rousse* de la cassette de Sainte-Croix ; elle aurait été inventée par Glazer.

L'abbé Guibourg enterrait des crapaud dans une boîte percée de trous ; les fourmis entraient et tuaient le crapaud, mais plusieurs mouraient de son venin. On faisait une pommade contenant de l'acide formique et des alcaloïdes de putréfaction.

Citons encore parmi les poisons minéraux employés le réalgar, l'orpiment (que la Voisin appelle le père des poisons), le sublimé qu'on donnait en lavements, l'eau forte qui fut essayée sur le marquis de Brinvilliers, et l'antimoine découvert par Bachimont.

Parmi les substances végétales, notons l'opium (la présidente Leféron utilisait l'eau de pavots, sans succès d'ailleurs ; la Poulaillon ne réussit pas mieux avec les grains d'opium), la mandragore et l'ivraie, utilisées, l'une comme philtre d'amour, l'autre pour amener l'ébriété ; la ciguë, dont la Bosse n'eut pas à se louer, et enfin la morelle. Au sujet de ce dernier poison, on lit dans l'interrogatoire de la Voisin : « Elle se souvient que la Lepère lui demanda un jour de la morelle pour en tirer de l'eau et lui dit qu'elle pourrait en donner à son mari pour s'en défaire, et croit que la Lepère y ajoutait un peu d'arsenic pour rendre l'eau claire. » Quel étrange procédé pour éclaircir les solutions !

Quant aux poisons animaux, le venin de crapaud et l'extrait de cantharides furent seuls employés.

Il faut joindre à cette liste les pseudo-poisons, comme la poudre de diamants que la présidente Leféron employait pour produire des lésions de l'estomac, les rognures d'ongles, la poudre d'écrevisses, toutes substances dont la toxicité reste à démontrer (1).

(1) Cf. Nass : thèse de Paris, 1898.

Les experts se sont inquiétés de savoir si l'on pouvait empoisonner un individu en lui faisant manger la chair d'un animal empoisonné. Zacchias répond négativement en faisant observer que les étourneaux et les cailles se nourrissent de ciguë et peuvent cependant être mangés sans inconvénient. Les poulets eux-mêmes, qui sont une des bases de l'alimentation, ne mangent-ils pas souvent des serpents et des crapauds ?

*
* *

A quel signe reconnaîtra-t-on qu'un malade a été empoisonné ? « Les poisons se dénoncent d'eux-mêmes, dit Zacchias, par leur odeur et leur goût, ils ont tous une odeur infecte et abominable et une saveur horrible ; la Nature l'a voulu, pour que les hommes s'en gardent plus facilement ; il y a cependant des exceptions, comme cette poudre qui fit mourir Alexandre VI, et comme la colchique dont le goût attire par son charme exquis. En outre, presque tous les poisons, au moment de leur absorption, brûlent la bouche (1) et la gorge, font grincer des dents, sont difficilement déglutis et amènent des nausées et des vomissements ; *la Nature elle-même*, sans même que l'animal en soit *conscient, a horreur du poison*. Les vomissements sont répétés, ils ne soulagent pas le malade,

_____

(1) « Et partant, ceux qui craignent d'être empoisonnés, comme souvent advient aux prélats et bénéficiers pour avoir leurs dépouilles, doivent se garder des sauces de haut goût. » (A. PARÉ.)

mais au contraire, laissent de la soif et de la douleur, ce qui ne se produit pas dans les autres cas.
Il se produit enfin des *accidents inconciliables*
comme la dysenterie unie à la difficulté de respi-
rer, les vomissements avec la teinte plombée des
ongles, la tuméfaction de la langue coïncidant avec
les urines brûlantes. Mais, somme toute, *aucun
signe n'est certain, on ne fait le diagnostic que par
l'ensemble.* »

Zacchias propose enfin de faire de l'expérimen-
tation en donnant à un animal des matières vomies.
La poule doit être rejetée parce que ce qui est toxique pour l'homme ne l'est pas toujours pour cet
oiseau. Le chien doit être préféré. Mme de Brinvilliers avait inauguré un système infiniment plus
rationnel ; elle essayait ses poisons, incorporés
dans des pâtisseries, sur les malades des hôpi-
taux (1).

(1) On a contesté ce fait sous le prétexte que la marquise de Brinvilliers n'en fait pas mention dans sa confession si complète d'autre part. L'opinion que j'expose
ici est la plus généralement admise. Je citerai à ce sujet
les *Causes célèbres* de Richet, édition du XVIIIe siècle :
« Cette malheureuse s'était assurée du succès de son parricide par des essais réitérés. Les animaux ne suffisaient
pas à sa rage, comme c'était à la vie des hommes qu'elle
en voulait, c'était sur des sujets humains qu'elle s'exerçait, elle craignait que les différences anatomiques ne
missent ses expériences en défaut. Elle donnait aux pauvres des biscuits empoisonnés, allait elle-même les distribuer à l'Hôtel-Dieu, et s'informait soigneusement, mais
sans se compromettre de l'effet qu'ils produisaient. Mais,
ne pouvant pas être témoin oculaire des progrès et des
synthèses du venin, elle en fit l'expérience sur Françoise
Roussel, sa femme de chambre. Cette pauvre fille reçut
de sa maîtresse à titre de régal, des groseilles et une
tranche de jambon. Elle en fut très incommodée, mais
elle n'en mourut pas. Ce fut une leçon pour Sainte-Croix
de rectifier un poison qui manquait son coup. » Mme de

*
* *

Devaux fait le tableau suivant de l'empoisonnement : « Si un homme est tout d'un coup attaqué de rots puants et d'un goût très désagréable, sans avoir fait aucune débauche, ou sans avoir usé, contre son ordinaire, d'aliments indigestes, comme sont les légumes cruds, le lait, l'ail, les oignons, les fruits d'été, les poissons frits, on peut alors avancer, sans crainte de se méprendre, que cet homme est empoisonné.

« Les autres signes du poison avalé sont les vomissements, le flux du ventre, l'intermission du pouls, la faiblesse, le resserrement du cœur, la lipothymie, les palpitations, les syncopes, la mort.

« Les poisons lents jettent les malades dans des maladies chroniques dont on ne peut pénétrer la cause, comme font l'aliénation d'esprit, la folie, l'épilepsie, la paralysie, les douleurs vagues, la phtisie, etc.

« Cardan a prétendu que l'on pouvait apercevoir dans le sang tiré quelques signes des poisons pris intérieurement, et cela quand il lui arrive un changement tout extraordinaire en sa couleur et en sa consistance, et il rapporte à ce sujet qu'il a vu plusieurs fois tirer du sang tout semblable à

Sévigné parle aussi de ces essais (lettre 292) : « La Brinvilliers empoisonnait des tourtes de pigeonneaux, dont plusieurs mouraient qu'elle n'avait pas dessein de tuer. Le chevalier du Guet avait été de ces jolis repas et s'en meurt depuis deux ou trois ans. »

la tisane, ou d'une couleur absolument verte ; qu'il en a vu deux fois qui étaient tout blanc ; qu'il en a vu tirer une seule fois qui était tout semblable au suc de poirée et que le sang qui paraissait dégénéré en toutes ces manières l'a toujours été par l'effet de quelque poison. Mais cela est douteux. »

Sur le cadavre on relève les signes suivants, d'après Devaux :

1° Extérieurement, rien.

2° Si l'on fouille dans l'intérieur du cadavre, on y peut apercevoir des signes évidents de l'impression de certains poisons qui agissent par leur vertu caustique et corrosive, principalement au gosier, le long de l'œsophage, au fond du ventricule, dans les intestins grêles et quelquefois dans les gros, lorsque les poisons ont été seringués avec les clystères. L'on peut encore apercevoir ces sortes d'impression dans les reins, dans les uretères et dans la vessie urinaire de ceux qui ont été empoisonnés par les cantharides : mais il y a d'autres poisons si subtils qu'en se glissant dans le corps par les pores du cuir, ou par les organes de l'inspiration et de l'odorat, ils éteignent la vie de ceux qui les prennent, sans laisser aucune marque certaine de leur action dans le cadavre que l'on ouvre.

3° Galien dit qu'un officier ayant été mordu d'une vipère, son corps changea tellement de sa couleur naturelle que toute sa peau devint de la couleur d'un poireau. Enfin, d'après Pline et Avicenne, les ongles sont noirs après la mort, les cheveux s'arrachent facilement et le cœur devient incombustible.

Un poison peut-il en détruire un autre ? Zacchias est très affirmatif sur ce sujet. Il rappelle l'histoire d'une femme adultère qui avait empoisonné son mari et qui, trouvant le poison qu'elle avait donné trop lent à agir, donna du mercure à sa victime et fut bien surprise de la voir guérir par ce moyen. C'est ainsi que la mandragore est le contrepoison de l'ellébore, et l'aconit du scorpion.

On parlait fort en Italie des poisons donnés pour tuer à une date fixée. C'est un procédé d'un grand effet au théâtre, mais que les experts du xviie siècle considéraient déjà comme une fable. Ils ne croyaient guère non plus aux fleurs et aux gants empoisonnés, dans le genre de ceux auxquels on attribuait la mort de Jeanne d'Albret. L'acide cyanhydrique était cependant déjà connu, sous le nom d'eau de fleurs de pêcher.

Par contre, ils admettaient, pour l'avoir vu, que l'on peut empoisonner en jetant une substance toxique sur des charbons ardents, en donnant un lavement arsénié (1), ou même en transformant en récipient à poison certaine cavité muqueuse destinée par la nature à un tout autre usage (2), procédé renouvelé du mari de la belle Ferronnière. Il est

____

(1) Assassinat du roi de Naples par Manfred.

(2) Zacchias prétend que Ladislas aurait été ainsi empoisonné. Sa maîtresse se serait laissé injecter une solution arséniée dans le vagin : le roi aurait absorbé le poison par son organe viril. Cf. LUTAUD : *Médecine légale*, p. 431.

vrai que celui-ci s'était contenté d'y inoculer un poison d'une autre nature.

On le voit, la toxicologie était extrêmement rudimentaire à une époque où elle aurait dû être la plus développée des sciences médicales. Les experts ne songeaient même pas à rechercher la nature du poison employé, ce qui rendait infructueux et le traitement de la victime et la recherche du criminel.

L'expertise consistait dans l'examen du malade ou du mort et dans l'analyse des drogues. « Dans l'eau, la pesanteur du poison le jette au fond ; le feu évapore, dissipe, consume ce qu'il y a d'innocent et de pur et il ne laisse qu'une matière âcre et piquante et qui seule résiste à son impression. » Malheureusement, le poison de la Brinvilliers « se joue de toutes les expertises, il nage sur l'eau, il est supérieur et fait obéir les éléments, il se sauve de l'expérience du feu et ne laisse qu'une matière douce et innocente ». On essayait aussi l'action des poisons acides sur des pièces de 4 sols.

Nous donnons ici quelques exemples de ces expertises. Ils ont rapport à l'affaire des Poisons. On verra combien ils sont peu scientifiques, presque enfantins, et de quel faible secours ils ont pu être pour les juges.

Détermination des poisons de la cassette de Sainte-Croix par Guy Simon, apothicaire.

... Première épreuve en versant quelques gouttes d'une liqueur trouvée dans une des fioles dedans de l'huile de tartre et dans l'eau marine, et qu'il ne

s'est rien précipité au fond des vaisseaux. La seconde
en mettant de ladite liqueur en un matras sur un
peu de sable ; il n'a été trouvé au fond dudit vaisseau
aucune matière acide ni âcre à la langue et presque
point de saal fixe. La troisième épreuve sur un poullet
d'Inde, un pigeon, un chien, et autres animaux ;
lesquels animaux estant morts quelque temps après
et le lendemain estant ouverts, on n'a rien trouvé
qu'un peu de sang caillé au ventricule du cœur.
Autre espreuve d'une poudre blanche donnée à un
chat dans un morceau de fressure de mouton, lequel
vomit pendant une demi-heure, et trouvé mort le
lendemain, et ouvert sans qu'on ait trouvé aucune
partie du poison. Une seconde épreuve ayant été
faite de la même poudre sur un pigeon, il en mourut quelque temps après et ne fut rien trouvé de particulier sinon qu'un peu d'eau rousse dans l'estomach.

*C'est un poison terrible, insaisissable et diaboli-
que* (1).

Procès-verbal de visites de poudres et drogues trouvées sous les scellés de la Filhastre.

L'an mil six cent quatre vingt, le vingt-cinquième jour
d'août, de relevée, par devant nous, Gabriel-Nicolas
de la Reynie... Guy Simon, et Mathieu-François Gef-
froy..., leur avons présenté une boîte de sapin... et
d'icelle tiré plusieurs paquets de drogues, lesquelles
avons mises entre les mains desdists experts, qui
après les avoir vues et visitées chacun séparément ont
déclaré que lesdites poudres et drogues sont indifférentes, à la réserve de ce qui s'est trouvé dans un
pacquet de papier gris où il y a deux onces ou
environ de jusquiame dont la quantité prise intérieurement est fort dangereuse, et plus que le suc du

(1) Information d'office faite sur l'épreuve des matières et liqueurs trouvées dans la cassette. Collect. Morel
de Thoisy.

pavot, et d'un petit grain d'extrait de laquelle ils ne peuvent dire la qualité sans en avoir fait l'épreuve. Ce fait, nous ayant été aussi présenté... un pacquet couvert d'une enveloppe de papier... en avons tiré deux petits pacquets de poudre, l'une de couleur brune, et l'autre grise que nous avons à l'instant mises entre les mains desdits experts, qui après les avoir examinées séparément, nous ont dit aussy chacun séparément que la poudre noire est une poudre d'herbe ou plante broyée dont on ne peut connaitre la qualité. Quant à la poudre grise qui est dans l'autre pacquet en petite quantité, lesdits experts ont dit qu'ils ne peuvent juger d'icelle. Avons aussi mis entre les mains des experts un petit pacquet de poudre de couleur grise, dont ils ne peuvent juger de la qualité, et que ce qui est dans un pacquet aussi trouvé dans ladite enveloppe est quelque plante desséchée avec quelques cantharides.... (1).

Modèle de raport de mort par le poison.

Avons visité le cadavre... la bouche duquel nous a paru pleine de sérositez et la lèvre inférieure retirée avec noirceur de tout le gozier, et avons remonté par l'ouverture de son corps, le fond de l'estomac marqueté de plusieurs noirceurs et déchirures vers son orifice supérieur, ce que jugeons lui être arrivé par du poison avallé, comme arsenic, sublimé, et autre drogue vénéneuse et bruslante (2).

Raport d'un corps trouvé défaict.
(Empoisonnement.)

... duquel ayant trouvé toutes les parties extérieures dans leur disposition naturelle, nous aurions

(1) Mss Arsenal 10, 349, 68 a... In thèse de NASS.
(2) In. GENDRY, *loc. cit.*

ensuite procédé à son ouverture... et ayant commencé par le bas-ventre, nous l'aurions trouvé tout cautérisé dans son fond, qui contenait environ plein un œuf de liqueur noire sablonneuse, qui ayant été par nous mise dans un vaisseau d'étain, la taché ainsi que font les liqueurs corrosives, et qui ayant été donnée en petites quantités à un chien, l'a fortement travaillé, ainsi que nous l'avons reconnu par ses cris d'hurlemens : ce qui nous fait juger que ladite Pernel a été empoisonnée avec l'arsenic ou le sublimé, ou autres tels poisons corrosifs du genre des minéraux : en quoi nous avons été encore confirmez par la bonne disposition de toutes les autres parties intérieures, tant du ventre que de la poitrine et de la tête dont nous avons pareillement fait ouverture et nous n'avons trouvé autre cause de mort (1).

L'affaire des Poisons prit fin avec la publication de l'ordonance de 1682. Nous donnons ici ce document :

Ordonnance de 1682.

(Édit pour la punition des empoisonneurs, devins et autres.)

. . . .

ART. 4. — Seront punis de semblables peines (la mort) tous ceux qui seront convaincus de s'être servis de vénéfices et de poisons, soit que la mort s'en soit suivie ou non, comme aussi ceux qui seront convaincus d'avoir composé ou distribué du poison pour empoisonner ; et parce que les crimes qui se commettent par le poison sont non seulement les plus détestables et les plus dangereux de tous ; mais encore beaucoup plus difficiles à découvrir, nous

____

(1) Rapport de Claude du Pradel, docteur en médecine nommé d'office par le lieutenant général à Lyon (28 septembre 1682). In BLÉGNY, *loc. cit.* On sait que les premiers livres de Blégny sont signés Abraham du Pradel.

voulons que tous ceux, sans exception, qui auront connaissance qu'il aura été travaillé à faire du poison, qu'il en aura été demandé ou donné, soient tenus de dénoncer incessamment ce qu'ils sauront à nos procureurs généraux ou à leurs substituts... à peine d'être extraordinairement procédé contre eux et punis... comme fauteurs et complices desdits crimes.

. . . .

Art. 5. — Ceux qui seront convaincus d'avoir attenté à la vie de quelqu'un par vénéfice et poison, en sorte qu'il n'ait pas tenu à eux que ce crime n'ait été consommé, seront punis de mort.

Art. 6. — Seront réputés au nombre des poisons, non seulement ceux qui peuvent causer une mort prompte et violente, mais aussi ceux qui en altérant peu à peu la santé, causent des maladies... et en conséquence défendons à toutes sortes de personnes à peine de la vie et surtout aux médecins, apothicaires ou chirurgiens, sous peine de punitions corporelles, d'avoir et de garder de tels poisons simples ou préparés...

Art. 7. — A l'égard de l'arsenic, du réalgar, de l'orpiment et du sublimé, quoiqu'ils soient poisons dangereux de toute leur substance, comme ils entrent et sont employés en plusieurs compositions nécessaires, nous voulons, afin d'empêcher à l'avenir les trop grandes facilités qu'il y a eu jusqu'ici d'en abuser, qu'il ne soit permis qu'aux marchands qui demeurent dans les villes d'en vendre et d'en livrer eux-mêmes seulement aux médecins, apothicaires, chirurgiens, orfèvres, teinturiers, maréchaux et autres personnes publiques, qui par leur profession sont obligés d'en employer : lesquels néanmoins écriront, en les prenant, sur un registre particulier tenu à cet effet, par lesdits marchands, leurs noms, qualités et demeure, ensemble la quantité qu'ils auront prise desdits minéraux.

. . . .

Art. 8. — Enjoignons à tous ceux qui ont droit par leur profession ou métier de vendre ou acheter les susdits minéraux de les tenir en lieux sûrs dont ils gardent eux-mêmes la clef. Comme aussi leur enjoignons d'écrire sur un registre particulier la qualité des remèdes où ils auront employé lesdits minéraux, le nom de ceux pour qui ils auront été faits et la quantité qu'ils y auront employée et d'arrêter à la fin de chaque année sur lesdits registres ce qui leur en restera, le tout à peine de mille livres d'amende pour la première fois, et de plus grande s'il y échet.

Art. 9. — Défendons aux médecins, apothicaires, chirurgiens, de distribuer desdits minéraux en substance à quelque personne que ce puisse être, et sous quel prétexte que ce soit, sous peine d'être punis corporellement, et sont tenus de compter ou de faire compter en leur présence par leurs garçons les remèdes où il devra rentrer nécessairement desdits minéraux qu'ils donnent après cela à ceux qui en demandent pour s'en servir aux usages ordinaires.

Art. 10. — Défenses sont aussi faites à toutes personnes autres qu'aux médecins et aux apothicaires, d'employer aucun insecte vénéneux, comme serpents, crapauds, vipères et autres semblables, sous prétexte de s'en servir à la médecine ou à faire des expériences, et sous quelque autre prétexte que ce puisse être, s'ils n'ont la permission expresse par écrit.

Art. 12. — Faisons très expresse défense à toutes personnes de quelque profession et condition qu'elles soient, excepté aux médecins approuvés, aux professeurs de chimie et aux maîtres apothicaires, d'avoir aucun laboratoire et d'y travailler à aucune préparation de drogues ou distillation, sous prétexte de remèdes chimiques, expériences, secrets particuliers, recherche de la pierre philosophale, conversion, multiplication ou raffinement de métaux, confection de cristaux ou même de couleurs, et autres semblables prétextes, sans avoir auparavant obtenu de nous, par lettres de grand sceau, la permission d'avoir lesdits laboratoires.

CHAPITRE IV

Attentats aux mœurs

Quatuor humani ingenii captum excedunt, quorum vestigia vix licet deprehendere : via colubri super terram; iter navis in pelago; via aquilæ in ære; et via viri in adolescentula (1).

Livre des Proverbes, ch. (1).

Le viol est une chose aussi difficile à prouver qu'à commettre.

VOLTAIRE.

S'il est une question où l'historien professionnel ait besoin de s'aider des lumières de la science positive, et d'étayer ses déductions sur les données fournies par le médecin, par le criminologiste, par l'anthropologue, par le biologiste, en un mot, c'est bien dans l'interprétation des mœurs d'une race ou d'un siècle. La vie sexuelle d'un peuple ou d'une époque n'est point du domaine du chroniqueur, elle relève directement, uniquement pour ainsi dire de l'homme de science : et cependant tous en parlent : romanciers et littérateurs, philosophes d'occasion et savants impromptus font briller sur

---

(1) Il est quatre choses qui dépassent la portée de l'esprit humain et dont on peut à grand'peine déceler l'existence : le sillon de la couleuvre sur le sol, la trace du navire sur la mer, le chemin de l'aigle dans l'air, et les marques du passage de l'homme chez la femme.

ces sujets délicats le rare mérite de leur éloquence et la fougue de leur haute moralité. Ils poursuivent le vice dans ses derniers retranchements, et plus il est immonde, plus ils tirent de gloire de l'avoir étalé au grand jour et d'avoir couvert d'opprobre ceux qui en étaient atteints. Ils scrutent les recueils d'anecdotes, commentent les mémoires, interprètent les documents et savent stigmatiser au fer rouge de leur docte mépris le péché caché, la honte inédite, sans soupçonner une seconde que ce qu'ils appellent crime n'est souvent que maladie, que ce qu'ils prennent pour une exquise recherche d'une luxure toujours en quête de raffinement nouveau, n'est que le résultat fatal, inéluctable, d'une lésion organique parfois innée. Ils croient voir dans tel criminel célèbre une exception, une monstruosité, sans comprendre qu'il n'est que le produit de la corruption du milieu dans lequel il vit ; que, semblables aux bouillons de culture portant, suivant leur composition, tels ou tels microbes, les diverses races enfantent telles ou telles sortes de luxure dont seuls les plus typiques exemples saillent à l'œil de l'historien, ou que, pour employer la forte expression du professeur Lacassagne, *les sociétés ont les criminels qu'elles méritent.*

D'où il suit qu'en bonne logique on pourra juger une époque par l'aspect spécial que prendront les manifestations de l'instinct sexuel pendant sa durée. Et ici une conclusion étrange va s'imposer avec la dernière évidence, c'est que le plus grand développement du vice est toujours lié aux apogées de civilisation : les époques chastes sont presque

toujours des époques de nullité ; toutes les périodes de vie intellectuelle intense et de surproduc-
tion sont des périodes de vice élégant ou grossier,
étalé ou secret, mais toujours raffiné. La Grèce,
centre du monde intellectuel et littéraire, modèle
de la société élégante, était aussi le foyer de corruption à qui tous les peuples purent emprunter des
exemples de débauche. Rome, maîtresse du
monde, la Rome des Césars, se reflète dans les
crudités de Suétone ou de Juvénal, dans la boue
du *Satyricon*. Au XVIᵉ siècle, la Renaissance présente l'éclosion superbe de l'art et des lettres, mais
comme revers de la médaille, offre à l'historien le
spectacle des courtisanes gouvernant la Rome
papale et du vice italien répandu dans toute l'Europe civilisée.

Au XVIIᵉ siècle, la courbe schématique du vice
semble baisser. Sommes-nous donc à une époque
de vitalité moindre ? Assistons-nous à une période
de repos après l'explosion de la Renaissance ? Ici
encore la loi de proportion entre le vice et l'énergie
doit se vérifier. Michelet n'hésite pas à dire que le
XVIIᵉ siècle est un siècle bâtard où, physiquement
et moralement, l'humanité est en décroissance.
Vraiment, on a peine à le croire : peut-on admettre
que le temps qui a vu naître Corneille, Molière,
Pascal, Bossuet, Lafontaine pour ne citer que des
Français, fût un temps d'impuissance ? Non, il faut
reconnaître là l'incurable parti pris de celui qui
a dit : « L'historien ne doit pas être impartial (1). »

(1) Michelet est classé par Lombroso (*L'homme de génie*, p. 367) parmi les *mattoïdes*, c'est-à-dire les demi-fous.
Après avoir parlé de la folie de Ferrari et de Bosisio, il

Il est plus rationnel d'admettre que si le XVII° siècle paraît plus chaste que les autres grands siècles de l'humanité, c'est qu'il a mieux caché ses vices. La réaction commencée sous Henri IV contre l'impudeur étalée sous les derniers Valois n'a abouti qu'à la dissimulation sous l'impuissant Louis le Chaste, et, après un moment de bouillonnement et de joie pendant la jeunesse de Louis XIV, à l'hypocrisie sous le masque de la dévotion officielle, pendant la vieillesse du Grand Roi.

.

La division des attentats à la pudeur, telle qu'on l'admettait au XVII° siècle, est parfaitement établie dans le tableau suivant que nous empruntons à l'un des jurisconsultes les plus appréciés de cette époque : Le Brun de la Rochette (1).

ajoute : « Et l'on devrait en dire autant de Michelet si l'on songe à son histoire naturelle de fantaisie, à ses obscénités académiques, à sa vanité incroyable et à ses derniers volumes de l'histoire de France, transformés en un confus bourbier d'anecdotes scandaleuses et de paradoxes bizarres : « Toute une littérature, disait-il, est née de mon *Insecte* et de mon *Oiseau*. *L'Amour* et *la Femme* restent et resteront comme ayant deux bases, l'une scientifique, la nature même, l'autre morale, le cœur des citoyens... J'ai défini l'histoire une résurrection, c'est le titre le plus approprié à mon quatrième volume... En 1870, dans le silence universel, seul je parlai. Mon livre fait en quarante jours, fut la seule défense de la patrie... » On y trouve des conclusions de ce genre : « De toute l'ancienne monarchie, il ne reste à la France qu'un nom, Henri IV, et deux chansons : Gabrielle et Marlborough. »

(1) LE BRUN DE LA ROCHETTE : *loc. cit.*, p. 8.

La paillardise, fille de l'oisiveté et du maquerellage, produit

1 La fornication	volontaire ou forcée	commise avec	la vierge incorrompue (est stupre) la vefve d'entière réputation.	
2 L'adultère qui a communication avec	le larcin l'homicide le parjure le sacrilège l'inceste la volerie l'idolâtrie	peut être poursuivie par	le mary. les parents.	
3 Le rapt de	la vierge. la nonnain. la femme mariée. la vefve. le fils de famille. la fiancée par son fiancé.			
4 L'inceste avec	la mère. la sœur. la fille. la niepce. la tante. la cousine germaine.			
5 La sodomie	par corruption de soy-même. avec l'homme ou la femme relicto naturali usu. avec la beste brute.			

Nous étudierons d'abord ce que le vieux légiste appelle la fornification volontaire ou forcée, c'est-à-dire la prostitution, le proxénétisme, la défloration, le viol, et l'outrage public à la pudeur. Un chapitre suivant sera consacré aux affaires de mœurs dans leurs rapports avec le mariage, c'est-à-dire à la séduction, au rapt, à l'adultère et à la bigamie. La sodomie, c'est-à-dire les diverses perversions de l'instinct sexuel, fera l'objet d'un troisième chapitre.

Quittant pour une fois le sentier battu de la doctrine catholique, la loi avait depuis longtemps été obligée de renoncer à poursuivre le péché de fornication. Les fautes contre la vertu de chasteté n'étaient pas déférées à d'autres tribunaux qu'à celui de la pénitence, et le confesseur était le seul juge qui en connût. Vraiment les magistrats eussent eu fort à faire si on leur avait déféré tous les cas de ce genre, à une époque où la virilité était plus brillante et d'ailleurs plus appréciée que de nos jours, et où, il faut bien en convenir, les mœurs étaient singulièrement relâchées. Néanmoins les jurisconsultes en parlent encore à côté des autres formes, des formes punissables, des outrages à la pudeur ; si la fornification n'est pas poursuivie de par le droit civil, elle l'est de par le droit divin et le droit canon, et ils réfutent, sans grande peine d'ailleurs, ce point étant généralement accordé comme non douteux, l'opinion de quelques mécréants d'après lesquels le coït, étant une chose naturelle et nécessaire, ne peut pas être un péché mortel. Ils en distinguent les degrés suivant qu'il s'agit d'une jeune fille (*mulier incorrupta*), d'une

femme entretenue (*concubina*), ou d'une courtisane (*meretrix*). Des procès de ce genre ont dû être
plaidés devant les tribunaux ecclésiastiques, la fornication étant poursuivie par le droit canon, et
étant un délit pour les clercs ; nous y reviendrons à
propos des grands procès de sorcellerie. Etait-ce
par hasard aux experts qu'on avait recours pour
décider de la gravité de la faute commise, selon
que la femme était plus ou moins séduisante ? La
morale catholique admet en effet qu'il est moins
grave de pécher avec une jolie femme qu'avec une
laide, le second cas prouvant un vice plus noir, et
des désirs moins excusables. On ne voit pas nettement Devaux ou de Blégny en Paris !

Il est une circonstance aggravante de la fornication qui la rendait poursuivable, non pas comme
un simple délit, mais comme un crime emportant
la peine capitale ; nous voulons parler de l'inceste.
On entendait par là le coït accompli soit avec un
parent, soit avec une personne consacrée à Dieu,
prêtre ou religieuse (nonna vestalis). La parenté
s'étendait, d'une part, aux père, mère, fils, fille,
frère, sœur, neveu et nièce ; d'autre part, aux alliés
(toro conjugali conjuncti) tels que beau-père et
belle-mère, beau-frère et belle-sœur, fils ou fille
d'un premier lit, et aux parents spirituels (parrain,
marraine et filleuls, compère et commère, confesseur et pénitente). L'inceste existait même dans le
mariage, si le coupable avait épousé sa nièce sans
dispense régulière du souverain pontife. La fornication avec une parente au 4° degré était aussi
considérée comme incestueuse et punissable; mais
dans ce cas le pape peut autoriser le mariage qui

supprime la peine (1). En principe le châtiment était la mort par pendaison ou décapitation, et par le feu si l'inceste était compliqué d'adultère. Telle est du moins la règle générale ; d'ailleurs, la jurisprudence est loin d'être constante, surtout en ce qui concerne les femmes ; parfois on les brûle; quelquefois on se contente de les faire « aumôner »; plus souvent on les enferme. Par exemple, le 8 février 1621, la Chambre criminelle de Paris condamne Berthier de la Rochelle, convaincu d'avoir commis un inceste avec sa propre sœur, à être brûlé, et sa sœur à une réclusion perpétuelle, au pain et à l'eau. Bien entendu tout cela ne concernait que les petites gens. Mme de Longueville et le prince de Condé, le Grand Roi et Henriette d'Angleterre ne relevaient que des satiriques de la cour, d'ailleurs bénins, et non des tribunaux.

Si la fornification simple et consentie n'était pas poursuivie judiciairement, elle était du moins réglementée ; Louis XIV, secondé par Colbert et la Reynie, a multiplié les ordonnances sur ce sujet (2);

(1) PAPON : *loc. cit.*, p. 456.

(2) La réglementation définitive est connue sous le nom de *Déclaration du roy Louis XIV donnée à Marly* ; nous en extrayons les passages suivants :

Nous avons dit et déclaré, disons et déclarons par ces présentes, signées de notre main, voulons et Nous plaît que, dans les cas de débauche publique et vie scandaleuse des filles ou des femmes, où il n'écherra de prononcer que des condamnations d'amendes ou d'aumône, ou des injonctions de vuider les lieux, ou mesme la Ville, et d'ordonner que les meubles desdites filles ou femmes seront jettez sur le carreau, et confisquez au profit des Pauvres de l'Hospital général du Chastelet, puis les commissaires, chacun dans leur quartier, recevoir les déclarations qui leur en seront faites et signées par les voisins, auxquels ils feront prêter serment ;... voulons qu'en cas d'appel... les parties procèdent en la Grande Chambre de la Cour du

il semble d'ailleurs qu'il y avait urgence, car si l'on se réfère aux mémoires de l'époque, la prostitution libre sous Henri IV et Louis XIII était l'occasion d'excès étrangement scandaleux, et la répression en était peu effective. Qui ne se souvient des lignes écrites par Lestoile en 1610 (1) : « Il y avait un égout dans Paris, les Filles-Repenties, où l'on entasse les coquines ramassées dans les mauvais lieux, lesquelles y continuent leur métier avec des prêtres. »

Les poursuites pour infractions aux ordonnances et règlements concernant les prostituées étaient naturellement des plus fréquentes. Le fouet, la marque, le pilori, l'amende, la prison pleuvaient comme grêle sur cette classe très misérable alors comme aujourd'hui, surtout en ses bas-fonds. Dans certaines villes, les ports en particulier, il se produisait de véritables batailles entre la police et les maisons de prostitution. Corre et Aubry ont

Parlement, encore... que la suite de la procédure ait obligé le Lieutenant Général de Police à ordonner que lesdites femmes ou filles seront enfermées pour un temps dans la maison de force de l'Hôpital Général et, en cas de maquerellage, prostitution publique et austres où il écherra peine afflictive ou infamante, ledit Lieutenant Général de Police sera tenu d'instruire le Procez aux accusés ou accusées, par le recollement ou confrontation suivant nos ordonnances et les arrêts et règlements de notre Cour, auquel cas l'appel sera porté en la Chambre de la Tournelle à quelque genre de peine que les accusés ou les accusées ayant été condamnez, le tout sans préjudice de la juridiction du lieutenant-criminel du Chastelet qu'il pourra exercer en cas de maquerellage, concurremment avec le Lieutenant Général de Police, auquel néanmoins la préférence appartiendra, lorsqu'il aura informé et décrété avec le Lieutenant Criminel ou le même jour.

Peut-on rêver plus beau nid à conflit de juridictions ?

(1) LESTOILE : édition Michaud, p. 561

exhumé une anecdote truculente, puisée dans les archives du Finistère (1).

La scène se passe à Brest, à la fin du règne de Louis XIV. Le commandant de la place envoie un officier, M. de la Fayol, à la tête d'une troupe formée de 12 hommes et 2 sous-officiers, assiéger une maison par trop hospitalière. On devra arrêter toutes les personnes trouvées dans la maison, mais dans le cas où il y aurait des officiers, on devra éviter de les malmener. Effectivement l'assaut est donné, et il ne semble pas que la résistance ait été fort vive : on capture la directrice de l'établissement : Isabelle Donnal, dite la belle Isabeau, et trois de ses femmes. Un jeune officier qui fait partie de la clientèle ordinaire de la maison, proteste avec la dernière énergie contre l'arrestation d'une de ces dames qui l'honore de ses particulières faveurs. Il écrit à ce sujet au procureur une lettre où il se porte garant de l'honorabilité de la jeune personne : « Monsieur, je vous écris pour vous dire que comme je prends intérêt à la fille ..., si l'on continue à la poursuivre davantage et si on luy cause le moindre chagrin, je vous prendray tous les deux à partie, le nepveu de M. le Sénéchal et vous, afin de rétablir l'honneur et la réputation de ces gens-là que voilà ternie par vos mauvaises procédures. Faites réflexion à ce que je vous dis et faites en sorte au plus tôt de faire cesser toutes ces poursuites si vous ne voulez pas que je vous entreprenne vous-mêmes. Voilà ce que j'ay à vous mander à ce sujet et suis tout à vous, De Sainte-

(1) Corre et Aubry : *loc. cit.*, p. 401.

Marthe, à bord de l'*Amiral*. Ce 26 septembre 1713. » Ces dames n'en furent pas moins marquées d'une fleur de lys à l'épaule, exposée avec une pancarte portant les mots « p... publique », et enfin fouettées et bannies de Brest, comme atteintes et convaincues du crime de « putanisme » et d'avoir « tenu b... ». La même peine fut appliquée, l'année suivante, à des filles chez qui des officiers s'étaient entretués. Il y avait eu deux morts : les femmes furent rendues responsables.

*
* *

La provocation habituelle de mineurs à la débauche était englobée au XVIIe siècle dans un délit, actuellement impoursuivi, et tout crûment désigné sous le nom de maquerellage ou maquerallage (*lenocinium*) ; nous dirions aujourd'hui proxénétisme (1). En vertu du principe *Copulatrices dæmonum sunt instrumenta*, les pourvoyeurs de chair vénale, les entrepreneurs de la traite des blanches, étaient poursuivis avec une rare sévérité, théoriquement du moins. Les considérants ne manquent pas de saveur : les maquerelles sont pires que des démons, car elles amènent parfois au péché d'honnêtes filles, des femmes vertueuses, des ecclésiastiques très continents par tempérament et par habitude, que le diable à lui seul n'aurait pu tenter. On doit punir avec une sévérité toute spéciale les mères

____

(1) Cf. Damhouder : *Praxis rerum criminalium*, cap. XCI, p. 264.

6

qui prostituent leurs filles, les maris qui vendent leurs femmes (1). La peine portée par les lois de la plupart des Etats européens est la peine de la hart. Mais pour qu'elle soit applicable, il faut que trois conditions soient réunies : d'abord que la femme ait été amenée à se prostituer par les prières ou les promesses de la proxénète, et non de son propre mouvement ; deuxièmement que l'inculpée en fasse métier et vive de sa profession d'entremetteuse ; troisièmement que dans l'affaire pour laquelle elle est poursuivie, elle ait agi non par complaisance, mais parce qu'elle a reçu ou qu'on lui a promis de l'argent. Ce métier n'est déshonorant qu'autant qu'il est rétribué, disait fort indulgemment un illustre personnage. Il suffit de deux faits réunissant cette triple condition pour constituer l'habitude du proxénétisme exigée par la loi. La peine de la hart sera donc applicable à quiconque aura favorisé par ses conseils ou son aide l'inceste, l'adultère, la défloration et le viol. En pratique, les entremetteuses étaient frappées plus doucement : l'exil, le pilori ou les verges étaient ordinairement leur fait ; la coutume du XVI° siècle de leur couper les oreilles semble être tombée en désuétude sous Louis XIV (2) les juges estimaient qu'elles étaient déjà grandement punies par le mépris public et par la colère divine qui ne manquerait pas de les livrer un jour au démon, dont elles étaient les suppôts et les plus précieux auxiliaires.

Le métier d'entremetteuse était d'ailleurs floris-

(1) Voyez sur l'Adultère, chap. X.
(2) Albert DU BOYS : Histoire du droit criminel, t. VI. p. 87.

sant à Paris comme à Versailles, ainsi que le prouvent nombre d'anecdotes. Nous n'en citerons qu'une, à cause du retentissement qu'elle eut, et de l'importance des personnages qui y furent mêlés (1).

C'était en 1675. Molière était mort depuis deux ans, et sa femme, engagée au théâtre de l'hôtel Guénégaud, continuait le cours des intrigues galantes autant que multiples et complexes qui avaient tant désespéré feu son époux. On faisait même courir sous le manteau la nouvelle de son prochain mariage avec un comédien de la troupe, nommé Guérin, dont la bonne mine lui revenait fort. On avait fait sur elle ce quatrain :

> Les Grâces et les Ris règnent sur son visage,
> Elle a l'air tout charmant et l'esprit tout de feu.
> Elle avait un mari d'esprit, qu'elle aimait peu ;
> Elle en a un de chair, qu'elle aime davantage.

Au moment où l'on venait de décider cette union, survint une étrange aventure qui pensa faire tout manquer.

(1) Cette anecdote nous a été conservée dans un pamphlet anonyme actuellement très rare, intitulé : *La fameuse comédienne ou histoire de la Guérin, auparavant femme et veuve de Molière.* Ce pamphlet qu'on a attribué à la comédienne Boudin, à Chapelle, à Boileau, à La Fontaine, et même à Racine, ce que rendrait vraisemblable la quantité de fiel qu'il contient, est dû probablement à Rosimont, qui fut acteur au temps de Molière. Il a été édité cinq fois en Hollande. Les éditions de 1688 et 1690 contiennent des interpolations nombreuses, dont une relative à Molière et à Baron, dont nous parlerons dans un prochain chapitre. Le bibliophile Jacob, Jules Bonnassies et Ch. Livet ont fait de ce pamphlet des réimpressions annotées.

Cf. aussi : TASCHEREAU : *Histoire de la vie et des œuvres de Molière*, P.-L. JACOB : *Curiosités de l'histoire de France*, et Ch. LIVET : *Les intrigues de Molière et de sa femme*.

Un président du Parlement de Grenoble, nommé Lescot, vint un soir au théâtre où jouait la Molière, et dès qu'il l'eût vue, en devint éperdument amoureux. Il chercha de tous côtés un intermédiaire complaisant qui voulût bien s'entremettre pour lui ménager un tête-à-tête avec cette séduisante personne. On lui indiqua la Ledoux, qui était alors la duègne à la mode, et par les mains de laquelle passait tout ce qui s'écrivait à Paris de poulets tendres et de billets parfumés. Sachant la Molière sur le point de convoler en justes noces, et peu susceptible par conséquent de lui faire gagner l'honnête commission qu'elle convoitait, la Ledoux s'avisa d'un stratagème qu'une conscience étroite eût peut-être estimé plus habile que licite, mais les pressants désirs du président et le concours des circonstances ne lui laissaient pas le choix des moyens. Elle connaissait dans le monde galant une fille peu farouche, nommée Marie Simonnet et qui se faisait appeler la Tourelle, dont la ressemblance avec la Molière était étrange et saisissante, telle qu'on en voit au théâtre dans les *Ménechmes* et dans la réalité parfois, ainsi que le démontre l'Affaire du Collier. On prit rendez-vous chez la duègne. La Tourelle arriva vêtue d'une toilette fort simple, comme une personne qui appréhende d'être connue. Elle affecta la toux éternelle de la Molière, ses airs importants, parla de ses vapeurs, et joua si bien son rôle qu'un homme plus connaisseur y eût été trompé. Elle lui fit valoir l'obligation qu'il lui avait d'être venue. Le président lui dit qu'elle n'avait qu'à prescrire la reconnaissance qu'elle voulait qu'il en eût : La Tourelle fit fort l'opulente, et ne demanda qu'un collier pour sa fille ; conduite sur le quai des Orfèvres, elle en choisit un d'un prix médiocre : ces façons magnifiques étonnèrent grandement l'amoureux et le charmèrent tout à fait. Ils se virent plusieurs fois, au même lieu : mais elle lui recommanda de ne la point reconnaître ni saluer au théâtre, à cause de la malignité de ses camarades.

Tout allait donc au mieux, lorsque le président apprit la liaison de la Molière avec Guérin et leurs projets de mariage. Transporté d'une fureur jalouse, il fait à sa maîtresse les reproches les plus amers. La Tourelle, qui d'abord ne comprend rien à ce qui lui arrive, ressaisit pourtant ses esprits, calme son amant par des dénégations et des serments réitérés, et part en lui donnant un nouveau rendez-vous auquel elle se garde bien de paraître. Le président, inquiet d'abord, puis outré, s'en prend à la Ledoux que la Tourelle avait oublié de mettre au courant, et qui se morfond, sentant qu'il est trop tard pour conjurer la catastrophe, et lui déclare qu'il ira au théâtre s'expliquer avec l'infidèle. En effet, à l'issue d'une représentation de *Circé*, il pénètre dans la loge de la comédienne et l'accable de reproches, auxquels, comme bien on pense, elle ne comprend goutte. On arrive au bruit, le président s'emporte devant le mutisme de la Molière qui persiste à ne pas le reconnaître et le prend pour un fou : « Après m'être venue trouver vingt fois dans un lieu comme celui où je vous ai vue, s'écrie-t-il, il faut que vous soyez la dernière de toutes les créatures pour m'oser demander si je vous connais. » Et se tournant vers les personnes

accourues, il proteste avec mille serments qu'il l'a
vue plusieurs fois dans un lieu de débauche, et que
le collier qu'elle porte au cou est un présent qu'il
lui a fait. La garde arrive et mène Lescot en prison, où il passe la nuit.

Le lendemain, on relâche le président sous caution, et on confronte la Molière avec le marchand
du quai des Orfèvres. Il affirme la reconnaître. Elle
était inconsolable que son innocence ne pût être
reconnue, quand on arrête la Ledoux, et sur la
dénonciation de cette dernière, la Tourelle. Tout
s'expliquait enfin. L'étrange ressemblance stupéfia
tout le monde et le président plus que personne.
Après avoir quelque temps balancé, il s'aperçut
qu'il était toujours amoureux, mais que ce n'était
pas de la comédienne. Il parvint à faire évader la
Tourelle du Châtelet où elle était enfermée, et
l'emmena en Dauphiné où l'on ne put la reprendre.

Une sentence du Châtelet, du 17 septembre 1675,
condamne le président Lescot à déclarer, au greffe,
en présence de la Molière et de quatre personnes
telles que cette dame les voudrait choisir, que :
« par inadvertance et méprise, il aurait usé de voies
de fait contre elle, et tenu des discours injurieux
mentionnés au procès, et l'ayant prise pour une
autre personne », et à payer la somme de 200 livres
pour tous dommages et intérêts, frais et dépens. La
Ledoux, « dûment atteinte et convaincue d'avoir
produit, sous le nom de ladite Molière, ladite Si-
monet », et la Tourelle, « convaincue d'avoir
pris le nom de ladite Molière pour raison de cette
prostitution, » furent condamnées à être fustigées
nues devant la principale porte du Châtelet et

devant la maison de Mlle Molière : elles étaient bannies de Paris pendant trois ans, sous peine de la hart en cas de rupture ban, et devaient payer 20 livres d'amende au roi, et 100 livres à Mlle Molière.

La Tourelle restant introuvable, la Ledoux subit seule la peine corporelle et la peine pécuniaire. Le fouet qu'elle reçut publiquement en sommaire toilette dut lui faire faire de salutaires réflexions sur les inconvénients qu'il y a à s'entremettre en les amours d'autrui (1).

*
* *

Passons aux attentats aux mœurs commis avec violence.

On se plaint beaucoup actuellement de l'absence de définitions qui rend si complexe l'application des articles 331, 332, 333 et 334 du Code pénal ; que dira-t-on alors de la jurisprudence du XVIIe siècle qui non seulement ne définit rien, mais encore est multiple et punit un même crime des peines les plus variées ? Il semble d'ailleurs qu'on ait con-

(1) La similitude, ou, si l'on aime mieux, le parallélisme de cette curieuse affaire et de la dramatique affaire du Collier est étrange et saisissante. Dans la seconde comme dans la première, il s'agit de l'amour d'un débauché, servi par une entremetteuse qui le trompe à l'aide d'une ressemblance inouïe. Seulement, la Tourelle deviendra la d'Oliva, le président Lescot s'appellera le cardinal de Rohan ; la Ledoux sera la comtesse de Lamothe-Valois, et enfin la victime de l'intrigue ne sera plus la comédienne Armande Béjart, elle se nommera Marie-Antoinette, reine de France.

fondu bien souvent l'attentat commis avec violence
et le viol proprement dit. Rappelons les définitions
de ces termes (1) :

L'*attentat à la pudeur*, en ce qui concerne le point
de vue matériel, c'est-à-dire la lésion des organes
sexuels, est l'ensemble de tous les désordres possibles, en tant, toutefois, que la membrane hymen
restera complètement intacte.

La *tentative de viol* est l'attentat à la pudeur, plus
un commencement, peu ou beaucoup, de rupture
de la membrane hymen, assez considérable pour
s'apprécier sans le moindre doute par les caractères
physiques ordinaires, insuffisant cependant pour
laisser pénétrer complètement dans la cavité vaginale un membre viril en érection.

Le *viol*, enfin, c'est la rupture de la membrane
hymen, assez complète pour laisser pénétrer libre-
ment le membre viril dans la cavité vaginale ; c'est,
en tout cas, rupture à part, *la pénétration violente,
inaccordée, du membre viril dans la cavité vaginale*.

Cette distinction si précise n'existait certainement pas au xviie siècle, et il semble que médecins
et juristes n'aient vu que deux cas possibles (comme d'ailleurs l'Eglise n'en voyait que deux, l'intention étant réputée pour le fait) : d'une part le viol
de la vierge, péché plus grave, d'autre part le coït
inaccordé de la femme antérieurement dévirgini-
sée, péché moins grave. Et d'ailleurs, ces sortes de
questions n'avaient pas alors l'intérêt que leur donnent aujourd'hui leur fréquence et la répétition des

(1) LACASSAGNE : *Précis de médecine judiciaire*, p. 485.

procès où elles sont en cause. Il est profondément regrettable que l'on ne puisse pas établir la courbe schématisant la progression des outrages à la pudeur commis avec violence, depuis la Renaissance jusqu'au XX° siècle. Nulle progression géométrique n'est aussi régulièrement croissante. Est-ce que ces attentats deviennent réellement chaque jour plus nombreux ? N'est-ce pas plutôt que la police de M. de la Reynie ne valait pas celle de Fouché, qui ne valait pas celle de M. Lépine ? Ce qu'il y a de certain, c'est que, premièrement, la moyenne de l'âge des victimes va en diminuant, et que, deuxièmement, ces crimes, qui étaient exceptionnels en 1600, constituent maintenant près des trois cinquièmes des affaires jugées correctionnellement ou en Cour d'assises.

D'ailleurs voici des chiffres :

En 1859 on trouve 226 attentats commis sur les adultes, et 718 sur les enfants, soit un total de 944.

En 1869, 946 attentats sur les adultes, 710 sur les enfants. Total 1.656.

En 1879, 130 attentats sur les adultes, 812 sur les enfants. Total 942.

Pour ces dernières années, nous avons par exemple :

1895, en correctionnelle 3.885 ; en Cour d'assises 567.

1896, en correctionnelle 4.025 ; en Cour d'assises 577.

Soit un total de 4.452 condamnations pour la première année et 4.602 pour la seconde.

Or, de 1540 à 1692, c'est-à-dire en une période de cent cinquante-deux ans, le Parlement de Paris n'a prononcé que quarante-neuf condamnations pour attentats aux mœurs. Et la juridiction de ce Parlement s'étendait aux dix-sept provinces suivantes : Ile-de-France, Beauce, Berry, Sologne, Auvergne, Forez, Beaujolais, Nivernais, Anjou, Angoumois, Champagne, Brie, Maine, Touraine, Poitou, Aunis et Rochelois (1).

Si les condamnations étaient rares, par contre elles étaient sévères. En France, la peine de mort était appliquée indistinctement à la défloration sans violence, au viol, à l'attentat sur les petites filles. De même en Angleterre. En Flandres et dans le Saint-Empire, les peines étaient moins redoutables : le déflorateur pouvait être obligé, soit d'épouser la victime, soit de lui constituer une dot. C'était là, d'ailleurs, la jurisprudence constante des tribunaux ecclésiastiques. Si, dans l'intervalle qui séparait l'attentat de la plainte, l'un ou l'autre des intéressés venait à se marier, cette union était valable, et la demande de la famille de la victime tendant à exiger la réparation par le mariage avec le déflorateur n'était point recevable. L'assimilation du viol au vol à main armée n'existait guère que dans les codes, et la peine capitale était généralement commuée en celle de la confiscation de la moitié des biens au profit de la victime, quand le coupable était gentilhomme, et du fouet suivi de la relégation et de l'exil pour les manants.

La tentative d'intromission sur une petite fille impubère (de dix ou onze ans, précise l'auteur du

<hr>

(1) Cf. Bibliothèque nat., mass. suppl. français 10969 et 10970. V. aussi Desmazes : *Histoire de la médecine légale*.

Præxis, incapable d'admettre le coït normal (1), était punie de l'exil dans certaines régions, d'un châtiment proportionnel à la qualité de la victime, dans d'autres. En général les mines, c'est-à-dire quelque chose d'équivalent aux travaux forcés, s'appliquent aux vilains ; l'exil était pour les nobles (2).

Des circonstances aggravantes pouvaient provenir de la position du déflorateur ou du violateur par rapport à sa victime. Le tuteur qui abusait de la pupille commise à sa garde, même si elle était consentante, subissait l'exil ou la déportation, et la confiscation de tous ses biens. Un crime de cette sorte participait de l'inceste. Si un seigneur couchait avec la fille de son vassal, celui-ci était relevé de toutes les obligations du vasselage, le droit de cuissage ne s'étendant pas aux filles avant le sacrement. Si au contraire un vassal déflorait la fille de son seigneur, il perdait la jouissance de tous les biens qu'il tenait de lui, sans préjudice des peines corporelles dont le seigneur ne devait vraisemblablement pas se montrer parcimonieux en pareille occurrence.

Notons que le serment de la vierge déflorée avait force de preuve contre l'accusé.

En résumé, on le voit, le viol était assez sévèrement frappé ; cependant les condamnations à mort furent rares, sauf peut-être en France. Citons com-

---

(1) Les petites filles ne peuvent subir le viol avec pénétration. Ainsi que M. le professeur Lacassagne l'a démontré, il y a seulement coït périnéal antérieur, éjaculation entre les cuisses (Cf. thèse de Paul BERNARD).

(2) DU BOYS : *Histoire du droit criminel*, t. IV.

me exemple l'affaire Perrichon en 1613, où par arrêt du Parlement en date du 20 juillet, le coupable fut pendu et étranglé, sur la place publique de Montbrison, jusqu'à ce mort s'ensuivît, pour avoir commis une série d'attentats à la pudeur ; des dommages-intérêts furent alloués aux victimes.

La loi ne distinguait pas, avons-nous dit, l'attentat aux mœurs du viol. Nulle part on ne trouve de définition de ces termes. Cependant la jurisprudence établissait quelque nuance au point de vue pénal entre ces différents crimes. Avant d'aborder l'étude de la défloration, nous citerons quelques procès où les coupables furent poursuivis et punis pour outrage public à la pudeur.

Une curieuse affaire de cette espèce mit en émoi la cour et la ville, à la fin du XVIIe siècle. Ces sortes d'aventures se dénouant rarement devant les tribunaux, du moins à l'époque qui nous intéresse, on eut quelque peine à définir la nature du crime, à choisir la juridiction dont il ressortissait, et à en déterminer les peines.

D'ailleurs voici l'affaire dans son détail :

Une demoiselle de Lannoy, fille d'un traitant fraîchement ennobli, était restée orpheline à l'âge de dix ans. Sa grâce et son élégance lui attirèrent de bonne heure une cour de soupirants : mais son peu de bien les incitant mal au sacrement, elle se vit réduite à épouser successivement un jeune écuyer dont l'adresse procédurière l'avait tentée, et un

maître des eaux et forêts, riche d'années autant que
d'écus. Deux fois veuve à l'âge où les autres songent
pour la première fois à leur établissement, elle
avait tiré de sa double union une fortune des plus
honorables qui lui permit de s'allier à l'élu de son
cœur, le seigneur de Liancour. Ils n'étaient pas
mariés depuis deux ans, qu'une séparation était
devenue nécessaire, le beau sire s'étant trouvé à
l'user dissipateur, querelleur et infidèle.

La dame de Liancour s'alla consoler dans ses
terres, où des rapports de bon voisinage s'établirent
rapidement entre elle et un châtelain des environs,
le marquis de Tresnel. Mais ce dernier s'étant
marié, la jeune marquise prit ombrage de cette
liaison, toute platonique, et une vive inimitié
sépara bientôt les deux femmes. On ne manqua pas
d'attribuer à la dame de Liancour un pamphlet
anonyme où l'on requérait assez spirituellement du
lieutenant civil l'internement de la marquise aux
Petites Maisons. Il y eut querelle pour le pas à
l'église, altercation pendant certain panégyrique
de saint Bernard qui pensa dégénérer en bataille
rangée, échange de mots piquants et d'allusions
aigres-douces en toute rencontre et à toute occasion. La dame de Liancour alla jusqu'à attribuer à
un esclave maure les faveurs de la marquise, ce qui
n'était point ; à quoi la marquise répondit en traitant son ennemie de petite bourgeoise, ce qui était
plus déshonorant encore, on en conviendra.

Après de tels prolégomènes, une catastrophe était
inévitable. Elle survint bientôt.

Un espion domestique avertit un jour la marquise que son intime ennemie devait aller faire

visite au sire de Monbrun, en son château de Danval, sis à cinq quarts de lieue de Tresnel. Aussitôt la marquise commande son carrosse à six chevaux, et accompagnée d'une de ses amies, la demoiselle de Villemartin, flanquée de quatre spadassins armés jusqu'aux dents, précédée et suivie de la livrée à cheval et au grand complet, elle part à la poursuite de la dame de Liancour. La vitesse des équipages de cette dernière trompa son attente. Elle ne put la joindre. Espérant pour le retour un sort plus heureux, elle s'embusqua chez le curé de Danval, fort empêtré d'être commis en pareille aventure. A cinq heures de relevée, un homme qui faisait le guet annonce l'approche de la victime. Spadassins et valets chargent à fond de train, arrêtent la voiture, et en tirent, à grand renfort de horions la dame de Liancour demi-morte de peur. Sous les yeux de leur maîtresse qui du geste et de la voix les excite, ils dévêtent l'infortunée, la fustigent, et se livrent sur elle à des outrages que nous appellerons les avant-derniers, attendu qu'ils s'en tinrent à ce que les casuistes, si experts et si raffinés en subtilités amoureuses, désignent sous le nom de *præludia*. Ensuite de quoi, on la replaça toute pantelante dans son équipage dont on avait préalablement dételé les chevaux, tandis que, par manière de raillerie, la marquise lui disait: « Je ne laisserais point une dame de qualité à pied au milieu d'un grand chemin. »

Comme bien on pense, l'affaire fit grand bruit. Le roi, qui le sut, fit défense aux maris de s'en remettre à leur épée du soin de leur vengeance. Le sire de Liancour en fut donc réduit à porter le conflit devant le tribunal des Maréchaux, qui choisit comme arbitre l'archevêque de Rouen. C'est alors qu'intervint le procureur général. Il fit valoir que l'attentat ayant eu lieu sur la grand'route ne pouvait être transformé en querelle privée. Il fit mander le lieutenant criminel et le procureur du Roi et les réprimanda pour n'avoir pas instruit l'affaire dès qu'ils en avaient eu connaissance.

Nous ne résumerons pas ici les mémoires que déposèrent les dames Tresnel et de Liancour : la première soutenant qu'il ne s'agissait pas d'un crime, parce qu'il n'y avait pas eu viol à proprement parler, la seconde rappelant seulement que le crime avait été flagrant et public, sans préciser d'ailleurs en aucune manière la nature et le détail exact des rapports qui s'étaient établis entre les laquais et elle-même, estimant sans doute que quel qu'en eût été le degré, le contact avec de pareils maroufles leur méritait bien la peine de la hart, et qu'il n'était pas besoin d'insister sur des détails aussi intimes.

La sentence fut rendue le 13 mars 1653. « Tout considéré : Dit a été que la Cour a condamné ladite de Gaumont de Tresnel à comparoir en la grand'chambre, l'audience tenant : là étant à genoux, dire et déclarer, en présence de ladite de Liancour, que méchamment, malicieusement, et comme mal avisée, elle a de dessein prémédité fait commettre les insultes et voies de fait mentionnées au procès, en la personne de ladite de Liancour, par ses domestiques, en sa présence et par son ordre, dont elle se repent et lui en demande pardon ; ce fait, l'a bannie à perpétuité du ressort du

Parlement, lui enjoint de garder son ban, à peine de la vie ; la condamne en 1.500 livres d'amende au Roi ; et lesdits Lartige et Marolle, laquais, d'être menés et conduits ès galères du Roi pour y servir comme forçats à perpétuité... ; condamne en outre ladite de Gaumont en 30.000 livres de réparation vers ladite de Liancour. Et après que ladite Villemartin, pour ce mandée en la Chambre de la Tournelle, a été admonestée, l'a condamnée à aumôner au pain des prisonniers de la Conciergerie du Palais, la somme de 20 livres. »

Il n'est point hors de propos de relever en passant que la dame de Tresnel qui était l'instigatrice et la grande coupable en fut quitte pour le bannissement, peine infamante il est vrai, mais non afflictive ,tandis que les laquais s'en furent, suivant la poétique expression de Villon «écrire leurs mémoires sur la mer océane avec une plume de trente pieds de long », ce qui était afflictif tout à la fois et infamant.

Pareille destinée advint, ou peu s'en faut, à d'autres gens de maison pour s'être voulu hausser un peu lestement au sort de Ruy-Blas. Des laquais attendaient leurs maîtres aux portes du jardin des Tuileries. C'était à la nuit tombée, et des promeneurs, nombreux encore, sortaient du jardin, lieu de réunion fort au goût du jour, en la fin du siècle dix-septième. Mis en gaieté par un long colloque avec des flacons d'Argenteuil, les porte-livrée se contaient leurs aventures amoureuses, et chacun, suivant l'usage de ces espèces, prétendait donner dans les femmes du monde. L'un d'entre eux, fraîchement débarqué et qui n'eût point trouvé créance en se vantant d'une conquête un peu relevée, voulut éblouir ses camarades en débutant par un coup de maître, et paria qu'il jouirait, per fas et nefas, des faveurs de la première femme jolie et de qualité qui viendrait à passer. Mal lui en prit ; peu flattée, la belle résista, et comme il insinuait sa patte de rustaud dans l'asile des grâces, les cris de la dame le firent prendre la main dans le sac. On lui fit son procès. Il fut exposé en place de Grève, le carcan au col, et condamné au bannissement.

En terre papale, les juges étaient plus sévères encore : d'une sévérité qui étonne et déconcerte nos esprits habitués cependant aux mœurs pures et à la décence qui sont l'apanage de notre temps. Une servante étant allée au milieu de la nuit quérir une sage-femme rencontra l'estafier d'un gentilhomme romain, qui éteignit la lanterne de cette fille et lui voulut prendre un baiser : elle cria, il prit la fuite. Le délit était mince : en ce temps-là comme au nôtre, il ne semblait pas inouï qu'un homme d'armes eût pris quelque liberté avec une servante. Le pape, à qui, paraît-il, les manières soldatesques déconvenaient fort, tança vertement le gouverneur de Rome qui s'était tenu coi, et s'était contenté d'en rire, et condamna l'estafier à être fustigé tout le long de la rue où s'était perpétrée son incartade. Le fouet pour un baiser simplement esquissé, et non même commis, c'était justice quelque peu outrancière et farouche.

Un tel exemple eût dû servir d'admonition à certain avocat pérugin qui vint s'établir à Rome, au temps même où cette aventure se passait. Il devint éperdument amoureux d'une fille noble et d'une beauté rare; la mère de cette fille était veuve. Il demanda sa maîtresse en mariage à la mère qui la lui refusa, parce que son ambition aspirait à donner à sa fille un parti plus relevé. Désespéré, l'amoureux s'avisa d'un procédé qu'il jugeait sûr, encore que bien hardi et peu honnête. Il arrêta un jour dans la rue la jeune fille qu'il aimait, et l'embrassa publiquement, voulant ainsi la compromettre et faire du mariage une réparation nécessaire. La mère s'en alla demander justice au pape. Les Colonna qui protégeaient le jeune homme, et craignaient à juste titre l'extrême sévérité du Saint-Père, intriguèrent si bien, que le mariage fut expédié avant que le pape ait eu le temps de se décider et de prendre parti. Comme on célébrait le repas des noces, des sbires pénètrent dans la salle, et mettent le marié en état d'arrestation. On juge de l'inquiétude des parents, et de l'épousée. Le cardinal Colonna court au palais : son intervention est inutile. Le pape interroge lui-même les parties. Il demande si les intéressés se trouvent satisfaits de la solution donnée à l'affaire : et sur leur réponse affirmative : « Je suis bien aise, dit-il, que vous soyez contents, mais il faut savoir si la justice l'est aussi » puis se tournant vers le gouverneur : « C'est à vous que les intérêts de la justice sont confiés, êtes-vous satisfait ? » Le gouverneur répondit que la justice n'était point dédommagée du mépris que l'accusé avait eu pour l'autorité souveraine, en faisant violence en pleine rue à une honnête fille et qu'il en demandait réparation. Et comme le cardinal Colonna protestait : « Voyez-vous la conséquence de l'impunité de ce crime ? Un père vainement voudra marier sa fille à un parti sortable : un jeune homme dont la demande ne lui conviendra point, épousera sa fille malgré lui, après l'avoir baisée dans la rue : sous mon pontificat, il ne s'introduira point un pareil abus. » Et malgré toutes les sollicitations, le coupable dut aller pour quelque temps ramer sur les galères papales. En déployant un tel luxe de sévérité, Sa Sainteté semblait avoir oublié le proverbe : *Summum jus, summa injuria.*

Terminons le récit de ces affaires d'outrages à la pudeur par une curieuse anecdote, dont nous ne pourrions préciser la date exacte, mais qui semble devoir se ranger parmi les procès de la fin du règne de Louis XIV. Un jeune gentilhomme, le sire de la Brosse-Morlai, menait, quoique marié, une existence qui en aucun temps n'eût mérité l'épithète d'exemplaire. Un sien ami, le sire de Busserolle, partageait avec lui les charmes d'une existence où Vénus et Bacchus alternaient joyeusement avec la dame de Pique. La dame de la Brosse-Morlai s'étant un jour mêlée de leur faire des reproches assaisonnés de qualificatifs dont leurs oreilles n'étaient point agréablement chatouillées, les deux amis se virent contraints d'employer la force pour mettre fin à une semonce qui se prolongeait, et Busserolle, sur le conseil du mari, troussa le vertugadin de la dame, et lui appliqua une correction seulement usitée, d'ordinaire, pour les enfants non encore hors de page. Ce procédé peu digne d'un gentilhomme attira sur son auteur les foudres du Parlement. Ayant égard à ce que le mari était présent et consentant, ce qui rendait la faute plus vénielle et bénigne, la Cour condamna

Busserolle à faire des excuses nu-tête et à genoux devant douze témoins, à ne plus jamais se trouver en présence de la demanderesse, et à verser deux mille livres de réparations civiles. L'arrêt devait être affiché.

**

Lorsque les outrages avaient été poussés plus loin que dans les aventures que nous venons d'exposer, les juges commettaient des médecins experts chargés de dire avant toute chose si la victime avait subi ou non la défloration. Cette recherche constituait une des opérations les plus délicates de la médecine judiciaire d'alors. Comme elle est riche en détails curieux et caractéristiques des mœurs du temps, nous en parlerons avec quelque détail.

Zacchias, le savant et consciencieux médecin du pape, commence sa longue et très intéressante étude sur la virginité par ces mots : « Nous parlons dans ce chapitre de la virginité de la femme, non celle de l'âme, mais celle du corps (1). » Ainsi dès le XVIIᵉ siècle on faisait déjà, même dans le monde de la science et du droit, cette distinction entre la virginité morale et la virginité anatomique ; entre la chasteté morale, psychique, et l'intégrité d'une membrane ; l'on reconnaissait déjà que dans la formule *virgo casta et intacta*, il n'y a parfois qu'une seule épithète qui puisse s'appliquer au sujet.

(1) ZACCHIAS : *Quæstiones medico legales*, lib. IV, tit. I, De virginitate, quæst. I et seq., p. 331.

Et cependant, de l'étude des mémoires de cette époque, l'impression que l'on garde nettement, c'est qu'en général il n'y avait pas de demi-mesure et que les jeunes filles à marier, dans la haute aristocratie surtout, faisaient assez bon marché de la fameuse membrane qui est pour elles un brevet de vertu. Je ne dirai pas seulement que Tallemant des Réaux, Bussy-Rabutin, Saint-Simon, la princesse Palatine fourmillent de faits à l'appui de cette thèse : ce sont de méchantes langues, des pestes, comme on disait alors, et leurs dires peuvent, dans une certaine mesure, sembler sujets à caution ; mais consultez les auteurs graves : l'Estoile, Guy Patin, Mme de Sévigné, Mme de Lafayette, tous ceux qui, dans les diverses portions du siècle, ont reflété dans leurs mémoires ou leurs lettres les mœurs et les idées de leurs contemporains, et vous verrez qu'à moins d'épouser des enfants de douze ans, on n'était point sûr de tacher les draps, pendant la première nuit de noces, de ce sang que les Hébreux et les Napolitains exigeaient sous peine de lapidation. Rien ne le prouve mieux que ces lignes de Devaux (1) :

« Qui est exempt de vérole, au temps où nous sommes... on *n'ignore pas que cette contagion passe à beaucoup de jeunes filles, ce qui fait qu'une infinité de jeunes gens se trouvent gâtés contre leur attente*, d'où il faut conclure qu'il est très difficile d'approcher impunément quelque femme que ce soit. »

Et c'est véritablement chose étrange que Zac-

---

(1) Devaux, *loc. cit.*, p. 273.

chias, le docte Zacchias, le médecin des cardinaux, l'érudit qu'on se représente volontiers sous
les traits du docteur Faust, barbe blanche et brune
houppelande, au milieu des in-folios poudreux
et des alambics nauséabonds, ait, dès l'abord, si
nettement défini et précisé l'existence de ces vierges moralement déflorées que notre siècle anglo-
mane a baptisées flirteuses, et qui, par calcul, par
lymphatisme ou par manque d'occasion, sont res-
tées indemnes de toute approche mâle, sans avoir
rien des saintes pudeurs et des chastes ignorances
de la jeune fille des romans.

Mais Zacchias (1) va plus loin ; le vieux savant
se fait psychologue et fin observateur : Cette même
virginité du corps est de deux sortes ; l'une qui
concerne simplement la pollution, l'autre qui concerne l'intégrité des voies génitales. » Et il ajoute :
« Nous parlerons de la seconde (l'intégrité des
voies), non de la première. » C'est d'autant plus à
propos que, comme nous venons de le dire, la
virginité était alors chose fragile, et que sa perte
complète et irrémédiable était précisément un phénomène assez ordinaire.

Nous avons changé tout cela, la crainte de la
défloration, de la perte de la virginité physique,
est maintenant la seule religion, le seul honneur
de toute une catégorie de nos contemporaines, si
bien mises en lumière par un moderne romancier ;
elles savent l'anatomie comme les voleurs le code :
virgo intacta est devenu le masque de toutes les
perversions, et la membrane hymen reste pour

(1) ZACCHIAS, *loc. cit.*, p. 331.

l'amant de la demi-vierge l'infranchissable barrière qui sépare du vagin vierge la vulve prosti-
tuée.

« Des doutes graves et nombreux, continue Zacchias, peuvent surgir au sujet de l'intégrité des
voies génitales : il est d'une importance extrême
pour le juge que ces doutes soient éclaircis ; en
effet, le viol d'une vierge accompli avec violence
est un crime grave, qui se produit plus souvent
qu'il ne conviendrait, et qui doit être poursuivi
avec la sévérité congruente. La question de la
défloration est posée par le juge au médecin quand
l'appréciation des sages-femmes ne paraît pas sûre
ou quand elles ne sont pas d'accord ; l'expert doit
alors trancher le différend. C'est à la partie qui affirme la défloration qu'incombe la preuve.

« La virginité, selon la définition la plus généralement acceptée, est cet état de la femme qui
résulte de l'intégrité naturelle des voies génitales,
c'est-à-dire de leur clôture ; la virginité, dans ce
sens, se perd facilement : elle peut être détruite
par les mains ou par n'importe quel instrument.
C'est dans ce sens-là seulement qu'elle peut être
l'objet d'une expertise et par conséquent d'un jugement. »

Or, pour que l'expert puisse jouer dans un procès de ce genre le rôle prépondérant qui doit lui
être dévolu, il faut qu'il puisse apporter des preuves certaines de ses déclarations ; il faut surtout
qu'il puisse se faire à lui-même une conviction
solidement assise. C'est ce qui se produit de nos
jours, où l'on admet la possibilité de trouver des
signes absolus et indiscutables de la virginité

ou de la dévirginisation. Au XVIIᵉ siècle il n'en allait pas de même, et le problème reposait sur la plus discutée des questions d'anatomie : l'hymen est-il constant ? ou, pour parler le langage de l'époque, le pucelage est-il une réalité anatomique ?

Certes, l'opinion commune était, comme aujourd'hui, que rien n'est plus facilement vérifiable, et, ainsi que nous le verrons dans la lecture des rapports datés du règne de Louis XIV, les matrones déclaraient reconnaître à première vue la virginité ou la défloration ; mais, dans le monde des chirurgiens (qui, ne l'oublions pas, n'étaient appelés, en France du moins, que si les sages-femmes s'étaient montrées par trop fantaisistes dans leurs appréciations), on ne croyait pas beaucoup à la possibilité d'une telle démonstration, et le grand nombre des symptômes signalés dans les traités spéciaux montre le peu de confiance qu'on avait dans chacun d'eux. Aussi Devaux les divise-t-il en signes incertains, frivoles et superstitieux d'une part, et signes *plus* probables de l'autre. Quant à Zacchias, il intitule son chapitre : *De minus fallacibus* notis ac *conjecturis* virginitatis. Examinons d'abord ces signes « les moins fallacieux » qui étaient en somme, les rapports le prouvent, les seuls recherchés par les chirurgiens, nous verrons ensuite quels étaient ceux qui réunissaient les suffrages des matrones.

.·.

Nous lisons dans le *Précis de médecine judiciaire* (1) : « La membrane hymen est le véritable signe de la virginité. Ce repli muqueux sépare nettement les parties sexuelles en deux sections : une vaginale, l'autre vulvaire... *on sait que cette membrane est constante*, même chez beaucoup d'animaux. »

Tel n'était point l'avis des anciens médecins légistes, et sans vouloir discuter ici les preuves pour ou contre apportées par les chirurgiens et les anatomistes, rappelons qu'Ambroise Paré niait sa fréquence, Vésale et Riolan la considéraient comme inconstante, Fallope aussi. Pour Sennert, l'hymen est constant, mais variable de forme. On sait la mémorable discussion, on pourrait dire dispute, de Riolan, Bartholin et de Graaf à ce sujet. Malheureusement, si ces maîtres s'assénaient à plaisir les plus redoutables arguments théoriques, arguments parmi lesquels les citations de la Bible, voire même des poètes latins, ne comptaient pas pour peu, les preuves palpables, les preuves par le fait, celles qu'auraient amenées des examens répétés faits sur des vierges indiscutables, ne semblent pas avoir joui d'une faveur marquée. On pourrait suposer que Mercurius n'a jamais vu les organes génitaux d'une femme, ce qui serait plus en faveur de son innocence que de son érudition,

(1) LACASSAGNE : *Pr. D. M. J.*, p. 488.

quand il écrit (1) : « Les petites lèvres sont réunies par l'hymen. » Zacchias l'écrase de son dédain : « Cela est si bête que rien n'est plus bête », dit-il (2). Les casuistes à qui rien de génital n'est étranger se sont fort occupés de la question, sans y jeter une vive lumière, d'ailleurs ; ils sont en général partisans de l'inconstance de l'hymen. Torreblanca, par exemple.

Il n'y a guère que deux hypothèses qui puissent expliquer ces hésitations des anciens anatomistes au sujet de l'existence de l'hymen. Quelques-uns ont dit avec Haller (3) que c'était pour avoir mal disséqué ou pour ne pas avoir disséqué du tout que Varole, Ambroise Paré, Oribazius, du Laurens, de Graaf et tant d'autres n'avaient pas trouvé l'hymen d'une façon constante chez les vierges. Or, tous ces médecins ont été de bons observateurs, la lecture de leurs œuvres le démontre amplement, et tous affirment s'être livrés à des recherches anatomiques. Du reste, comment admettre que de Graaf, par exemple, ne disséquait pas ou disséquait mal ? D'autres, plus respectueux pour leurs devanciers, font intervenir les mœurs de l'époque, « époque où le libertinage était monté du repaire des ribauds jusqu'au palais des rois de France » (4). Mauvaise raison encore. Paré, de Graaf, ont recherché l'hymen sur des enfants nouvellement nés.

(1) *Libro della commare*, I, cap. II.
(2) Quod adeo absurdum est ut nihil supra.
(3) HALLER : *Opera minima*, t. II, tab. IV.
(4) C. DEVILLIERS : Nouvelles recherches sur la membrane hymen et les caroncules hyménéales, in *Revue méd. franc. et étrang.*, 1840, t. II.

Il semble, en réalité, que ce débat se réduit à une simple question de mots. Paré, de Graaf et tous les autres proclament bien haut que l'hymen est une anomalie, mais en même temps ils donnent des parties génitales de la vierge une description telle qu'il reste évident que, s'ils n'admettaient pas le mot, ils admettaient la chose. Fait plus étrange encore, chez beaucoup d'entre eux, cette description est plus conforme à la réalité des faits que bien des descriptions données par des auteurs pour qui l'existence de l'hymen est indiscutable. Mais le pourquoi de ce long débat alors ? C'est que, dans l'esprit de beaucoup, l'hymen est une membrane qui, ne possédant pas d'orifice ou ayant une consistance fibreuse, empêchait, selon les cas, ou les rapports sexuels, ou l'écoulement des menstrues. N'avaient-ils pas raison alors ceux qui déclaraient que l'hymen était une monstruosité, nous dirions aujourd'hui une anomalie ? (1).

(1) Ceci résulte avec la dernière évidence du passage suivant d'Ambroise Paré :

« Il se trouve quelquefois en aucunes vierges une membrane à l'orifice du col de la matrice, appelée des anciens hymen, qui empesche d'avoir la compagnie de l'homme et fait la femme stérile. Or, le vulgaire (voire plusieurs gens doctes) cuident et estiment qu'il n'y a nulle vierge qui n'aye ladite membrane qu'ils appellent la porte virginale ; mais ils s'abusent, pour ce que bien rarement on la trouve, et proteste (composant mon anatomie) l'avoir recherchée à plusieurs filles mortes à l'Hostel-Dieu de Paris aagées de trois, quatre, cinq et jusqu'à douze ans et jamais je ne l'ai pu appercevoir (1). »

Or, au chapitre IV du même *Livre de la Génération*, Ambroise Paré parle d'un cas d'imperforation de l'hymen avec rétention des menstrues et il décrit sous le nom de *cure de l'hymen* l'incision libératrice faite par

(1) Ambroise Paré : *Livre de la Génération*, ch. XLIX. De la membrane appelée hymen.

En tout cas les auteurs sont d'accord sur un point : le coït peut se pratiquer sans dilacération de l'hymen, et la conception même peut se produire de cette façon. Il y a quatre cas possibles : ou bien l'hymen est charnu, très résistant, infrangible, l'éjaculation a lieu à sa surface, et le sperme est attiré dans le vagin par l'aspiration utérine (??), ou bien la verge est courte, et l'hymen est placé trop haut ; ou encore la verge est mince et l'orifice hyménéal large, la pénétration peut se faire sans déchirure (1) ; enfin, et c'est le cas le plus fréquent (2), quand une femme fornique trois ou quatre jours après la cessation des règles, l'hymen est resté suffisamment ramolli pour que la verge puisse le traverser en en dilatant l'orifice sans produire de dilacérations. Après cela, dit Bembo (3), le mieux est de faire comme les Ethiopiens qui cousent la vulve des petites filles, au mari incombe le soin de faire sauter les points de suture, cela provoque bien quelques inflammations et quelques accidents, mais au moins on est sûr d'avoir des enfants à soi.... La première année, naïf Bembo, mais après ? (4).

le chirurgien. Il termine par ces mots. « Je conseillerai toujours aux pères et mères, qui auront la cognoissance que leurs filles ayent ladite hymen, qu'ils la fassent couper. »

(1) CAPRIVRAC : in *Tractato de signis virginitatis*.

(2) Séverin PINEAU : *De notis virginitatis*, lib. I, cap VI.

(3) Pett. BEMBO : *Hist. venet.*, lib. VI. Cf. RIOLAN : *Anthropog.*, cap. XXXII.

(4) L'existence des ceintures de chasteté au XVII° siècle n'est pas absolument prouvée. Cette institution, fort utile au moyen âge, lorsque les croisades exigeaient de longues absences de la part du mari, n'avait plus sa raison d'être sous Louis XIV. Les modèles conservés au musée de Cluny sont fort anciens.

L'examen des parties sexuelles fournissait encore d'autres signes, non moins discutés. Devaux (1) déclare que le seul signe qu'il considère comme certain, c'est l'étroitesse du vagin, produite par la conjonction des caroncules myrtiformes, et encore ce signe disparaît-il quand la conjonction des caroncules est détruite par le flux menstruel, les flueurs blanches, les attouchements. Seulement, qu'est-ce que les caroncules ? On entend aujourd'hui par ce terme les débris de l'hymen détruit, cela cadre assez mal avec l'usage que veut en faire Devaux pour la constatation de la virginité. L'étroitesse du vagin chez la femme qui n'a pas connu de mâles (*quæ virum non expertæ sunt*) est, en dernière analyse, le meilleur moyen pour les experts du XVIIe siècle (2).

De l'étroitesse considérée comme caractère de virginité découle un autre signe : l'hémorragie par le coït déflorateur. Et ici on peut s'étonner de l'incrédulité des chirurgiens ; le *Deutéronome* (2) ne condamnait-il pas à la lapidation l'épouse qui n'avait pas taché les draps de son sang pendant la première nuit de noces ? Devaux répond que le livre saint ne peut pas avoir tort, mais que chez les

(1) DEVAUX : *loc. cit.*, p. 413 et suiv.

(2) C'est de cela qu'il faut rapprocher les caractères indiqués par Riolan : les petites lèvres ne sont chez les vierges, au moins jusqu'à vingt ans, ni aussi longues que chez les épouses et les mères, ni aussi épaisses et étendues ; elles sont tendues chez les vierges, relâchées chez celles qui ne le sont pas, et d'autant plus souples que le coït a été plus fréquent et pratiqué avec plus d'énergie. L'étroitesse peut être un signe trompeur, certaines maladies causant un rétrécissement tel que le coït, autrefois pratiqué, devient impossible. (SANCHEZ.)

(3) *Deutéronome*, cap. XXII.

Istraélites les unions avaient lieu entre douze et quinze ans, et que si les mariages se faisaient à cet âge-là en France, il y aurait du sang versé. Fortunato Fidelis (1) fait remarquer qu'il y a des femmes étroites qui saignent non pas seulement à la défloration, mais pour les cinq ou six premiers coïts, et même que certaines veuves qui n'ont pas eu de rapports sexuels depuis longtemps, saignent quand elles veulent coïter de nouveau. Est-ce dans ce sens-là que sa contemporaine Marion Delorme pouvait dire :

« Ton amour m'a refait une virginité. »

La douleur que la femme souffre dans le premier combat, signe considéré comme excellent par Devaux, est passible des mêmes objections que le précédent.

C'est à Averroès que les experts ont emprunté la notion de l'effacement des plis de la vulve par la fréquence du coït ; constatation qui ne s'applique pas, par conséquent, au viol ; Riolan observe en outre que chez les femmes qui ont beaucoup forniqué, les poils sont frisés ; tandis que les vierges les ont tombants et lisses. Séverin Pineau fait remarquer l'augmentation de capacité du vagin *in corruptis quam in virginibus*.

Albert le Grand avait déjà constaté que « les pucelles ayant la vulve toujours fermée, les autres pas, les premières lancent leur urine plus haut et plus loin ».

Enfin l'état général, l'habitus, était considéré

(1) Lib. III, cap. I.

comme pouvant fournir des indications utiles.
Chez les déflorées, dit Devaux, « la voix grossit,
les ailes du nez sont flasques et molles, les mamelles se gonflent par l'abord du lait qui les remplit » (1) ; et Zacchias : « Chez les vierges, les
chairs sont plus dures et plus élastiques ; elles
sont plus colorées de visage, ce qui explique l'histoire de Démocrite disant d'une jeune fille qu'elle
était vierge, et le surlendemain la saluant du titre

(1) Nicolas Venette a soutenu avec preuves à l'appui
que la présence du lait n'indiquait point qu'une fille
avait cessé d'être vierge : « Si le sang des règles cesse
de couler à une fille, dit-il, ce sang remontant aux mamelles se change en lait, selon le sentiment d'Hippocrate. Mais ce qui est encore plus remarquable sur ce
sujet c'est que le Syrien d'Alexandre Benoit, et le soldat
Benzo de Cardan, avaient tous deux du lait bien qu'ils
fussent des hommes robustes. Dans l'Orient d'Afrique,
du côté de Mozambique et au pays des Cafres, si nous
en croyons les historiens, plusieurs hommes nourrissent leurs enfants du lait de leurs mamelles.... Sur cela
on n'a qu'à lire Théophile Bonnet qui nous fournit plusieurs histoires d'hommes et de filles vierges qui ont eu
du lait. Mais sans aller si loin mendier des preuves de ce
que je dis, une histoire fameuse arrivée en cette ville de la
Rochelle est seule capable de convaincre sur cela les plus
opiniâtres : « L'an 1670, M⁵ᵉ La Pérère fut obligée
de s'embarquer à Saint-Christophe pour venir en France
afin d'éviter les désordres d'une guerre qui s'allumait
entre les Français et les Anglais de cette île. Elle amena
avec elle une négresse de 16 ou 18 ans. Cette dame avait
une petite fille de deux mois, à la mamelle. Après avoir
mis à la voile précipitamment, elle s'aperçut que la nourrice était restée à terre, et fut obligée de nourrir son
enfant avec du biscuit, du sucre et de l'eau dont elle
faisait une soupe. Cette enfant ne se contentait pas de
cet aliment. Elle incommodait par ses cris tout l'équipage,
principalement pendant la nuit. Pour cela, on conseilla
à la mère de faire amuser son enfant au téton de la
jeune négresse, son esclave : mais l'enfant ne l'eut pas
plutôt tétée pendant deux jours, qu'elle lui fit venir suffisamment de lait pour se nourrir... Au mois de mars suivant elle retourna à Saint-Christophe avec son enfant de
treize mois qui avait toujours été nourri par le lait de la
négresse vierge. »

d'épouse, parce que, à la couleur de son visage, il avait reconnu qu'elle avait été dépucelée la nuit précédente. Les seins sont fermes, avec les mamelons rouges et non noirs, la voix enfin est plus musicale et plus douce. »

*
* *

A côté de ces signes tirés de l'anatomie ou de la physiologie, le XVIIe siècle en admettait un certain nombre qui avaient à peu près la même valeur pour le viol que la cruentation pour l'homicide.

Scotus prétend reconnaître les vierges à la seule inspection de leur nez. On lit en effet dans sa *Physiognomonie* : « Quand une fille au toucher, dit-il, est encore vierge, l'extrémité du cartilage du nez ne se partage point, mais on sent qu'il se sépare quand une fille est corrompue. »

Séverin Pineau soutient qu'un fil « étendu depuis l'extrémité du nez jusqu'à la fin de la suture sagittale du côté où elle se joint avec la lambdoïde peut ensuite entourer le cou si la femme est vierge » (1).

C'est un procédé analogue que préconisait Charles Musitan de Naples. Voici sa recette. « Prendre un fil double, entourer le cou, marquer l'endroit du fil jusqu'où s'étend cette mesure, l'y lier fortement ; après cela écarter la doublure du fil pour en former un cercle ; si la tête n'y passe pas la femme est vierge. »

(1) *De secretis mulierum.*

Le procédé n'est pas nouveau ; chez les Romains on venait avec un fil mesurer le tour du cou avant et après les noces : Catulle n'a-t-il pas dit (1) :

> Non illam Nutrix orienti luce revisens
> Hesterno collo poterit circumdare filo.

C'est-à-dire :

> Sa nourrice le jour suivant,
> Prenant avec le fil de son cou la mesure,
> N'y fera la même ceinture
> Qu'elle y faisait auparavant.

Mercurius, qui croyait fermement à la réalité de cette amplification du cou, l'explique par ce fait que le coït attirait les esprits animaux de la fête au bas-ventre. Leur passage dans le cou dilatait les veines (2).

L'examen des urines était estimé fertile en renseignements précieux : Codronchius montre que la vierge a l'urine plus claire, parce que chez les femmes mariées, les voies génitales laissent échapper quantité de débris organiques qui vont faire dans l'urine un sédiment épais. Pour Forestier (3) la vierge « urine involontairement après avoir perçu le parfum de la plante appelée patience, laquelle on aura jetée sur les charbons allumés ». Pour Albert le Grand, la fleur de lis jaune pulvérisée fait uriner aussitôt une femme déflorée. Depuis Pline, la tradition s'était conservée que la vierge n'urine pas « après avoir pris intérieurement ou

(1) *De nuptiis Pelei et Thetidis.*
(2) Avait-il si grand tort, et ne doit-on pas dans une certaine limite tenir compte de la tuméfaction possible du corps thyroïde de ces dévirginisées ?
(3) 28ᵉ livre, 55ᵉ observation.

reçu en parfum la poudre de jays ». Le résultat était le même avec le xyloaloès et l'electrum ou ambre.

Zacchias concède aux fumigations de fleur de patience (lapathie), le pouvoir de faire pâlir les vierges, tandis que Devaux raconte qu'une fille déflorée voit des choses merveilleuses, quand on jette de la graine de pourpier sur des charbons ardents.

Mais le signe le plus étrange était bien celui qu'on prétendait tirer du respect des abeilles, même les plus irritées, pour les jeunes filles vierges, et de leur acharnement contre les femmes fraîchement dépucelées. Virgile déjà rapportait ce fait peu vraisemblable dans le 4ᵉ chant des *Géorgiques* :

Illum adeo placuisse apibus mirabere morem,
Quod nec concubitu indulgent, nec corpora sequens
In venerem solvunt, aut fœtus nixibus edunt.
Virum ipsæ foliis natos, et maribus herbis
Ore legunt.

Les raisons d'ordre moral, fournies par Virgile et tendant à démontrer que les abeilles, étant asexuées et se reproduisant par parthénogenèse, ont horreur de la fornication et de ceux qui s'y livrent n'étaient plus de mise au XVIIᵉ siècle où la vie sexuelle de ces insectes était parfaitement décrite et connue. Aussi Zacchias s'est-il mis en quête d'une autre explication. Il fait remarquer que la femme conserve après le coït un parfum particulier ; Aristote disait galamment une odeur de bouc ; c'est sans doute cette odeur qui allèche ou irrite les abeilles, et en tout cas les pousse à se précipiter sur la femme qui vient de subir les approches du mâle. L'explication est fort ingénieuse sans doute. Et qui sait ?

.*.

Tels étaient les principes que mettaient à la disposition du médecin au rapport la science ou la tradition populaire. Quelles allaient être dans de pareilles conditions les règles de l'expertise ?

La défloration une fois établie, il s'agissait d'établir : 1° si elle était récente, et 2° si elle avait été suivie de rapports sexuels multiples.

Pour la première question, la réponse était facile, au dire des experts, pour tout chirurgien et même pour une sage-femme un peu instruite. La défloration récente se reconnaissait à la rougeur des parties, à l'hémorragie, à l'inflammation, à la sensibilité au toucher, et si l'on pouvait avoir foi dans les déclarations de la femme, à la douleur qu'elle disait ressentir. Chez les petites filles, la démarche les cuisses écartées était caractéristique, comme aussi chez les femmes étroites violées par un homme *bene mentulatus*. Au bout de trois à quatre semaines, tout rentrait dans l'ordre et on ne pouvait constater que la perte de la virginité.

Quant au nombre de coïts subis ou consentis par la femme, c'était une affaire de degré dans l'intensité des signes, le relâchement des parties, l'élargissement du vagin : les experts notent l'extrême difficulté de l'expertise quand il s'agit d'un coït unique de date éloignée : il faut s'attendre dans ce cas à ne rien trouver : la cohésion de l'orifice des voies génitales se reproduisant, plus intime encore qu'avant le stupre, après l'hémorragie qui résulte de ce premier rapprochement.

Il ne faut pas se contenter d'examiner la femme qui est présumée avoir subi la défloration, il faut aussi, si on le peut, visiter l'inculpé. Il se peut en effet que celui-ci allègue l'impuissance : quand, par exemple, pour pouvoir rompre une union, l'époux déclare qu'il n'a pas pu consommer le mariage. et que la femme dit au contraire qu'elle a eu des rapports avec son mari : on tiendra compte, en ce cas, de l'âge, de la conformation, etc.

En principe un homme et une femme qui ont couché ensemble sont réputés avoir coïté, c'est à celui qui le nie qu'incombe la preuve. Les experts se sont souvenus de Térence :

> Quod aïs ? cum virgine una adolescens cubuerit,
> Plus potus, sese illa ut abstinere potuerit ?
> Non verisimile dicis, nec verum arbitror (1).

Et d'Ovide :

> A juvene et cupido credatur reddita virgo (2).

Enfin Zacchias recommande aux médecins légistes de ne jamais essayer de faire la preuve de la virginité du mari. « Rien n'est plus faux et plus vain que les signes qu'on en a donnés, le change-

(1) *Hecyra*, acte I, sc. II : Que dis-tu ? Qu'un garçon a couché avec une fille et qu'il n'en a pas profité ! ce n'est pas vraisemblable et je n'en crois rien.

(2) *Epistola Œnones ad patridem* : Croit-on qu'elle ait été rendue intacte par un homme jeune et plein de désirs.

ment de la voix et de l'odeur des sécrétions ne provient pas de la perte de l'innocence, mais de l'approche de la puberté. C'est folie de faire un rapport
sur un pareil sujet. »

Nous ne pouvons mieux faire pour résumer ce
trop long exposé de l'examen de la virginité, tel
qu'on le pratiquait au XVIIe siècle, que de citer les
très sages conclusions de Devaux :

« Les experts ne doivent pas se contenter de
l'examen des parties, où ils peuvent apercevoir des
signes de pudicité ou d'impudicité, mais de réflé-
chir en même temps sur les circonstances qui peuvent rendre ces sortes de signes fidèles ou trom-
peurs comme sont la nature et le génie des personnes, leurs mœurs, leur éducation, leur conduite,
leur âge, la constitution, la comparaison des parties des deux sexes, les plaintes réciproques qu'ils
font l'un de l'autre et tout ce qui peut éclaircir la
décision dans un fait tout plein de doute, d'obscu-
rité et d'incertitude. »

.˙.

Ces conseils étaient d'autant plus sages que les
filles examinées trouvaient parfois de précieux
auxiliaires en la personne des matrones et entremetteuses expertes en tous métiers propres à faire
sonner et trébucher pistoles, bien accueillies encore
que mal acquises. Nicolas Venette, dont le *Tableau
de l'Amour Conjugal* ne respire point une odeur
très pénétrante de vertu et d'honnêteté nous a légué
sur l'art de réparer l'irréparable perte des conseils
que la Voisin ou toute autre mégère de la même

farine arsenicale n'eût point désavoués. Nous citons textuellement ce morceau choisi de la littérature sorcière et proxénétique :

« Les hommes, pour parler en général, n'estiment la virginité d'une fille que par l'ouverture étroite de ses parties naturelles, par la polissure de son ventre, et par la rondeur et la dureté de sa gorge. Souvent ils ne se mettent guère en peine de quelques gouttes de sang, qui doivent couler dans les premières caresses du mariage..., il suffit que leurs femmes aient les trois qualités que nous avons remarquées ci-dessus pour être bien reçues auprès d'eux. Si elles sont trop ouvertes ou qu'elles aient la gorge trop lâche ou trop molette, quand elles seroient des Agnès ou des Catherine, le chagrin les prend aussitôt, et la passion insensée que l'on appelle jalousie s'empare en même temps de leurs esprits et leur fait soupçonner bien des choses, dont ces femmes sont souvent tout à fait innocentes.

« Pour éviter donc tous ces désordres qui ne sont que trop fréquents dans le monde et qui ne troublent que trop tôt la tranquillité du mariage, je rapporterai ici des remèdes qui mettent à couvert les filles et les femmes des mauvais préjugés que l'on pourrait avoir pour elles. Les premières s'en pourront servir lorsqu'elles seront trop ouvertes, et qu'elles auront les mammelles trop pendantes, que d'ailleurs par faiblesse elles se seront abandonnées à leur passion indiscrète et qu'elles auront été mères avant que d'être mariées. Les autres en pourront user pour plaire à leurs maris et pour faciliter la conception dans leurs entrailles.

« La vapeur d'un peu de vinaigre où l'on aura
jeté du fer ou une brique rouge, la décoction astrin-
gente du gland, des prunelles sauvages, de myrrhe,
de roses de Provins et de noix de cyprès, l'onguent
astringent de Fernel, les eaux distillées de myrrhe
sont tous des remèdes qui resserrent les parties
naturelles des femmes qui sont trop ouvertes.

« Ne serait-il pas permis à une fille qui a passé
quelques années de sa vie dans les voluptés illicites, de rassurer le premier jour de ses noces,
l'esprit de son mari en prenant un peu de sang
d'agneau qu'elle aurait fait sécher auparavant, et
en se le mettant dans le conduit de la pudeur, après
en avoir formé deux ou trois petites boules ? Ne lui
serait-il pas permis, dis-je, pour conserver la paix
dans sa famille, de faire tous ses efforts pour paraître sage à son mari ?...

« Le ventre est quelquefois si défiguré de rides
et de cicatrices après un accouchement que celles
que l'on estime filles n'osent se marier à cause de
ces défauts : cela les oblige souvent à mener une
vie débauchée et à passer le reste de leurs jours
dans des voluptés illicites... ; afin donc que ces
filles puissent abandonner leur façon de vivre
déshonnête et impudique, qu'elles se marient avan-
tageusement et que les femmes n'ayent plus de
scrupules dans le mariage, je veux bien écrire ici
ce que j'ai appris d'un médecin, le plus fameux de
toute l'Italie.

« On prendra quarante pieds de mouton, on
brisera les os, et après les avoir fait bouillir dans
une suffisante quantité d'eau, l'on prendra avec
une cuiller ce qui nagera par dessus, à quoi l'on

ajoutera deux gros de sperme de baleine, deux onces de graisse fraîche de pourceau femelle, autant de beurre frais sans sel ; on fera fondre tout cela dans un pot de terre vernissé ; et après que l'onguent sera refroidi, on le lavera avec de l'eau-rose jusqu'à ce qu'il blanchisse, on le mettra ensuite dans une boëte de verre, pour en user selon la nécessité.

« Après que la personne se sera servi de ce remède, elle s'appliquera sur le ventre une peau de chien ou de chèvre, préparée de cette façon qu'on appelle peau d'occagne ; on prendra deux onces de chacune de ces huiles : sçavoir d'amandes douces, de millepertuis, de mirtils. On en oindra une de ces peaux parfumées que l'on appelle ordinairement peau d'Espagne ou d'Italie. On la laissera humecter pendant toute une nuit, et le lendemain on la frottera fortement entre les mains pendant une heure, et après l'avoir pendant deux jours entiers exposée à l'air où le soleil ne donne pas, on prendra la mesure du ventre pour la couper et puis on l'appliquera, principalement pendant la nuit.

« Il ne reste plus qu'à remédier au défaut d'une grosse gorge molette, qui fait quelquefois soupçonner une fille d'être lascive et d'aimer le vin : car il y en a qui portent comme deux coussins sur la poitrine et qui sont tellement embarrassées quand elles veulent agir qu'à peine peuvent-elles faire jouer leurs bras. C'est peut-être pour ce sujet, si nous en croyons l'histoire, que les Amazones se brûlaient l'une des mammelles pour être ensuite plus agiles et plus adroites.

« Outre les remèdes que nous avons allégués ci-dessus, qui peuvent servir à diminuer la gorge on peut encore user de gros vin rouge ou d'eau de Forges, dans laquelle on aura fait bouillir du lierre, de la pervenche, du myrrhe, du persil, et de la ciguë même... Il y en a qui se servent de formes de plomb pour diminuer les mammelles. En effet, c'est un bon remède pour ces sortes de défaut : mais si l'on a auparavant humecté le dedans du plomb avec de l'huile de jusquiame, le remède sera encore plus excellent, car cette huile a une vertu particulière pour diminuer la gorge et pour la faire endurcir ; elle s'oppose même à la génération du lait après l'accouchement. »

Qu'a trouvé de mieux l'inventif dix-neuvième siècle ? Rien. La science des matrones ne progresse pas plus que la civilisation des Chinois : sans doute, pour avoir atteint d'emblée la perfection.

* *

Parmi les affaires de viol dont les auteurs du XVIIe siècle nous ont laissé la narration plus ou moins détaillée, nous choisirons quelques-unes des plus caractéristiques.

De Blégny raconte qu'il fut une fois requis « aux fins de visiter Damoiselle Anne Fraguier, fille âgée de dix à onze ans, pour juger de l'état de sa virginité: « ce qu'ayant fait en présence de la Damoiselle sa Mère, j'ay trouvé toutes les parties de la vulve, et notamment les carnucules mirtiformes dans leur intégrité et disposition naturelle, à l'exception du clitoris et des environs de l'urèthre que j'ai trouvés légèrement excoriez, ce qui a été apparemment causé par quelques frictions faites avec du linge rude, ou choses semblables : ayant remarqué d'ailleurs quelques babettes aux environs de ces parties, telles que celles qu'on peut exciter en grattant ou en frottant trop rudement quelques parties : ce qui me fait juger qu'aucun effort n'a été fait pour la déflorer » (1). Il est probable que les parents avaient simulé un attentat, dans le but louable de se procurer quelque monnaie, ce qui ressemble fort à du chantage. Déjà !

Corre et Aubry ont trouvé dans les archives des Côtes-du-Nord la relation d'un curieux procès d'attentat sur une petite fille, l'affaire Guyomard. Le domestique d'un chirurgien emmène une enfant de huit ans dans un fossé. Nous passons les détails, estimant que tout a des limites, même le droit qu'ont l'historien et le médecin de dire des choses malpropres. L'examen de la victime fut pratiqué par une matrone *qui ne sachant pas signer fait une croix au procès-verbal : «* Avons remarqué l'antrez de l'orifice tuméfié et n'ayant remarqué autre chose dans toutes les parties de son corps que dans cet endroit, et est besoin qu'il soit usé le linimant à la dite partie... ». Guyomard fut pendu et étranglé (2).

C'est de l'autre bout de la France, du Pays Basque qu'émane ce rapport, auquel nous laisserons toute sa saveur locale en le conservant dans sa

(1) DE BLÉGNY, *loc. cit.*, p. 185.
(2) In CORRE et AUBRY, *loc. cit.*, p. 452. Ex. archives des Côtes-du-Nord, B. 593. Lamballe.

langue originelle. Il est tiré du traité des *Erreurs
populaires et propos vulgaires* de Laurent Joubert,
médecin de Montpellier (1), et cité par Devaux (2).

« Nous Joüanne del Mon et Joüanne Verguière et
Beatrix Laurado, de la Perroquío d'Espero en Béarn,
Matrones et Meyroulières, interrogades et esprouva-
des, certifican à tous et à toutes que appartendro, que
per ordonnanso de justicio et commandement de haut
magistrat, Monsieur lou juge del dit Loc d'Espero,
lou quinzième jour del mès de May. Nous *matronas
sudittas*, aven troubado, visitado e reguardado Marietto de Garrigues, de l'âge de 15 ans ou environ, sur
asso que laditto Marietto disiè que ero forsado, desflo-
rado, et despuiselado. De là où nous Meyroulières sudittas aven tout visitat et reguardat, dab tres cande-
lous alucats, toucat dab las mas et espiat dab lous
oüeils, et arrévirat dab lous digts. Et aven troubat
que non eron pas lou broquadès podads, ny lou hal-
hon deflongat, ny la barbolo abaissado, ny l'entrepè
ridat, ny lou reffiron ubert, ny lou gingibert
fendut , ny lou pépillou recoquillat, ny la dame dau miech retirado, ny lous très desvra-
dès, ny lou vilependis pélat, ny lou guilhevard alar-
gat, ny la barrividau desviado, ny l'os bertrand rom-
put, ny lou bipendix aucunement escorgeat. Lou tout
nous matrones et meyroulières sudittas ainsi disen
per nostre rapport et jugement adrect. »

Ce qui peut se traduire en français par la formule suivante :

« Nous Jeanne du Mont, et Jeanne Verguière, et
Béatrix Laurado, de la paroisse d'Espéro en Béarn,
matrones et sages-femmes, interrogées et éprouvées.

(1) Partie I, livre V, chap. IV, p. 496.
(2) DEVAUX, *loc. cit.*, p. 423.

certifions à tous et à toutes qu'il appartiendra, que par ordonnance de justice et commandement de haut magistrat, Monsieur le juge dudit lieu d'Espéro, le 15ᵉ jour du mois de mai, nous matrones susdites, avons trouvé, visité et regardé Mariette de Garrigues, âgée de 15 ans ou environ, sur le fait que ladite Mariette disait avoir été forcée, déflorée et dépucelée. De là, nous sages-femmes susdites avons tout visité et regardé, avec trois chandelles allumées, touché avec les mains et examiné avec les yeux, et retourné avec les doigts. Et avons trouvé qu'il n'y avait pas : la vulve déformée, ni les caroncules démises, ni les nymphes abattues, ni le périnée ridé, ni l'orifice interne de l'utérus ouvert, ni le col de la matrice fendu, ni le poil recoquillé, ni l'hymen retiré, ni la gorge flétrie, ni le bord des grandes lèvres pelé, ni le vagin élargi, ni les membranes qui lient les caroncules retournées, ni le pubis rompu, ni le clitoris aucunement écorché. Le tout ainsi dit par nous matrones et sages-femmes susdites, par notre rapport et jugement direct. »

Si les rapports des sages-femmes des provinces éloignées n'ont rien de bien savant, et si le luxe des vocables employés pour la désignation des diverses parties du *cunnus* y tient lieu de méthode et d'esprit critique, les rapports parisiens n'ont rien à leur envier. Comparez le suivant avec le béarnais que nous venons de citer : même disposition générale, même plan, on dirait que l'un est le décalque ou plutôt la traduction de l'autre.

« ... Le tout vu et visité au doigt et à l'œil, nous trouvons qu'elle a les *barres* froissées, le *haleron* démis, la *dame du milieu* retirée, le *pouvant* desbiffé, les *toutons* dévoyés, l'*entrechenart* retourné, la *babole* abbatue, l'*entrepet* ridé, l'*arrière-fosse* ouverte, le *guilboquet* fendu, le *lippion* recoquillé, le *barbidaut* tout écorché, et tout le *lipendis* pelé, le *guilhevard* élargi, les *balunaus* pendants (1). »

Un lexique ne serait pas inutile. Traduisons pour ceux de nos lecteurs qui ignorent le patois des matrones du XVII⁰ siècle.

Barre	Pubis.
Haleron	Nymphes.
Dame du milieu	Hymen.
Pouvant	Vulve.
Toutons	Gorge.
Entrechenart	Caroncules.
Entrepet	Périnée.
Arrière-fosse	Orifice utérin.
Guilboquet	Col de l'utérus.
Lippion	Poils.
Barbidaut	Clitoris.
Lipendis	Grandes lèvres.
Guilhevard	Vagin.
Balunaus	Petites lèvres.

Zacchias cite une affaire de mœurs (2) où toute la difficulté roulait sur la façon dont le coït avait eu lieu : voici le résumé de la question :

« Léandre, accusé d'un attentat commis sur Lucrèce, a été jeté en prison ; le fait de la défloration n'était pas discutable, car Lucrèce était enceinte ; Léandre, soumis à la torture, avoua qu'il avait éjaculé sur les organes génitaux de Lucrèce sans aucune intromission du pénis dans le vagin, niant constamment qu'il ait connu Lucrèce charnellement une autre fois que celle-là. La déposition même de Lucrèce concordait avec les aveux de Léandre. Le juge demandait donc à l'expert si Lucrèce avait pu concevoir à la suite du rapport

(1) Laurent JOUBERT, *loc. cit.*, partie I, livre V, chap. IV, p. 197, in DEVAUX, p. 426.

(2) ZACCHIAS, *loc. cit.*, consilium XLII, p. 60.

sexuel ci-dessus décrit, c'est-à-dire sans aucune intromission. »

Zacchias, après avoir longuement discuté la question de la fécondation par l'éjaculation extra-vaginale et disserté, suivant son habitude, sur quelques hors-d'œuvre tels que la fornification chez les chiens, les phénomènes d'aspiration du sperme par l'utérus, etc., conclut que deux choses seulement ont pu arriver :

Ou bien il y a eu intromission ;

Ou bien Lucrèce a eu des rapports avec un autre homme que Léandre et c'est de cet autre qu'elle a eu un enfant.

.·.

Il nous reste à considérer une des conséquences et non la moins grave de la fornication, sous quelque étiquette qu'elle se rangeât : prostitution ou viol, coït accordé ou inaccordé. Je veux parler de la communication des maladies vénériennes.

La syphilis, qui fit en Europe son apparition (1)

(1) « Entre toutes les maladies, la plus affreuse fût reconnue la première pour l'effet d'un attouchement impur. La liberté qu'on a de donner des noms aux choses nouvellement connues donna lieu à la populace françoise de lui donner le nom de *gorre*, parce que ceux qui fréquentoient les lieux publics où elle se faisoit particulièrement remarquer étoient alors nommés Gorrières. Nos théologiens qui la regardèrent comme la marque et croyoient soumises aux influences de Vénus, l'appelèrent *Pudendagra*, ou maladie honteuse et secrette ; nos poètes qui feignirent qu'un berger nommé Siphille en avoit été le premier atteint, lui donnèrent à cause de cela le nom de syphilis : nos astrologues qui prirent garde qu'elle commençoit presque toujours par les parties qu'ils croyoient soumises aux inuences de Vénus, l'appelèrent *Lues venerea* » (Nicolas de BLÉGNY : *L'art de guérir les maladies vénériennes*, Lyon, 1692, ch. I, p. 1.)

ou sa réapparition (car les avis sont partagés) vers
1493, était-elle plus facilement contagieuse au
XVII° siècle qu'aujourd'hui. Cela semble assez douteux malgré certain passage de Blégny où il dit que
« on a vu de tristes exemples de personnes qui ont
eu la vérolle, après avoir couché avec des vérolles
sans les toucher, et seulement pour avoir reçu par
l'inspiration ou autrement les sérosités ou les
exhalaisons qui étaient sorties par les pores de
leur peau, après avoir été échauffés dans le lit. »
Comme aucun autre auteur ne vient confirmer ce
dire, il ne faut point perdre de vue que le sire de
Blégny avait l'imagination facile, et accueillait
assez volontiers les racontars les plus invérifiés
pourvu qu'ils fussent mirifiques et idoines à obnu-
biler le lecteur.

Ce qui est moins douteux c'est que la syphilis
était alors extrêmement répandue. Devaux va jusqu'à dire que la plupart des femmes étaient atteintes du mal napolitain, même les jeunes filles à marier.

« Si le congrès impur, à qui le virus vénérien
doit sa naissance, est considéré comme le premier
préjugé de la vérole, qui est-ce qui en sera exempt
dans le temps où nous sommes ? puisque l'on sait
par expérience que toutes les femmes publiques
sont infectées de cette vilaine maladie ; que la plupart des femmes mariées et même de celles que
l'affectation de la plus scrupuleuse pudeur fait passer pour des Lucrèce et des Pénélope n'en sont pas
exemptes, et que l'on n'ignore pas que cette contagion passe à beaucoup de filles ; ce qui fait qu'une
infinité de jeunes gens se trouvent gâtés contre leur

attente : d'où il faut conclure qu'il est très difficile d'approcher impunément quelque femme que ce soit (1). »

Comme de nos jours, la syphilis était plus répandue dans les villes que dans les campagnes : les quatrains du sieur de Pibrac en font foi ; il vante les charmes des bergères et la sécurité que lui inspire leurs saines caresses :

> Ni du musc parfumé ni d'ambre n'est leur sein
> Pour le moins on peut assurer qu'il est sain
> Et qu'au partir de là on ne prend médecine
> Ou le breuvage fait de gaïac ou d'esquine.

La syphilisation était poursuivie comme un délit et punie de peines afflictives. On lit dans l'ordonnance de 1679 sur les maladies vénériennes :

« Ceux qui se trouveront à l'hospital attaquez du mal vénérien, ou qu'on y enverra, n'y seront reçus qu'à la charge d'être sujets à correction, avant toutes choses et fouettez, ce qui sera certifié par leurs billets d'envoy. Bien entendu à l'égard de ceux-là qui auront gagné le mal par leurs désordre et débauches et non de ceux qui l'auront contracté, comme une femme par son mari et une nourrice par l'enfant. »

Cette législation n'a disparu qu'à la fin de l'ancien Régime. Il ne semble pas d'ailleurs qu'elle ait jamais porté grand fruit.

---

(1) DEVAUX, *loc. cit.*, p. 273.

CHAPITRE V

Rapt, Séduction, Adultère et Bigamie.

Avant d'aborder l'étude des affaires de mœurs relatives à l'union conjugale, il n'est point inutile d'exposer brièvement ce qu'était le mariage au XVII° siècle, quelle en était la législation, et en quoi il différait du mariage tel qu'il est compris et pratiqué de nos jours.

« Le mariage est la conjonction de l'homme et de la femme contenant une indissoluble société de vie, auquel est nécessaire que le mary soit en pleine puberté, aagé de quatorze ans complets et la femme de douze, ayant l'un et l'autre (s'ils sont enfants de famille) le consentement de leurs parens en la puissance desquels ils sont : ce qui est requis par la raison civile et naturelle (1). »

Cette définition résume les différences qui sépa-

(1) LE BRUN DE LA ROCHETTE : *les Procez civil et criminel*, p. 142. JUSTINIEN, in *Instit.*, tit. de Nuptiis, in principio.

rent le mariage tel qu'il se pratiquait au XVII° siècle du mariage d'aujourd'hui : différences portant essentiellement sur le consentement des parents, sur l'âge requis et sur l'indissolubilité.

L'obligation d'obtenir le consentement formel des parents pour contracter un mariage licite est une coutume empruntée au droit romain. On peut citer plusieurs arrêts du Parlement de Paris déclarant nuls des mariages « faits à l'insçeu de ceux en la puissance desquels estoient les contractants, ores qu'ils fussent consommez, et qu'il y eut enfant ». L'Edit du roy Henri II (1er mai 1556) « a imposé de remarquables peines, tant contre ceux qui contractent tels mariages que contre les courratiers qui s'employent à les moyenner ». Le mariage était en effet assimilé à un rapt, et la peine de mort pouvait même être prononcée.

Le consentement des parties contractantes est requis, et suffit à constituer le mariage même sans qu'il y ait eu cohabitation charnelle. C'est pourquoi « les furieux ne peuvent fiancer ny espouser ». Les muets peuvent contracter mariage « si par signes évidens, manifestes et intelligibles, ils peuvent manifester leur volonté ».

Il y a trois sortes de mariages illicites : l'incestueux, le clandestin et le réprouvé.

L'*incestueux* est celui qui se contracte entre personne liées par vœux de religion, ou entre proches parents à degré interdit. Le mariage est prohibé en ligne directe in infinitum, et en ligne collatérale jusqu'au quatrième degré inclusivement. Le droit canon n'admet pas le mariage entre cousins germains permis par la loi civile.

Dans une pareille union, les enfants sont déclarés bâtards et inhabiles à succéder. Cependant l'Echiquier de Normandie admit la légitimité des enfants issus d'un mariage nul dans le cas suivant : Un prêtre avait épousé une femme qui ignorait que cet homme fût engagé dans les ordres. Elle en eut des enfants. Elle vint à découvrir l'état de son mari, sans cesser cependant de vivre avec lui ; elle en eut même encore des enfants après cette découverte. Cet homme mourut, il fut question de savoir à qui la succession devait appartenir. Les enfants nés « pendant la bonne foi de la mère » prétendaient exclure tous leurs concurrents, c'est-à-dire les collatéraux et les enfants nés depuis que leur mère avait été instruite de l'état de leur père. L'arrêt adopta cette prétention.

Le *mariage clandestin* « est celuy que le fils ou fille de famille contractent à l'insçeu ou contre le gré, vouloir et consentement des père, mère, tuteur ou curateur en la puissance desquels ils sont... L'Edict de Blois porte la peine d'exhérédation contre les enfans qui ont contracté un tel mariage : mais les enfans de celuy qui a été exhérédé par son père pour s'estre marié contre sa volonté, ne peuvent estre exhérédez par leur ayeul qui a survécu à son fils exhérédé. »

Les enfants de moins de vingt-cinq ans étaient tenus, d'une façon absolue, d'obtenir l'autorisation paternelle. Dans le cas où le père était mort, et la mère remariée, les sommations à la mère suffisent à condition qu'il y ait autorisation du tuteur (1).

____

(1) Edit. de 1556, art. 8.

Les filles de vingt-cinq à trente ans peuvent se marier nonobstant l'opposition des parents ; les sommations suffisent, elles ne peuvent être exhérédées pour ce fait (1). Pour les fils de ce même âge, le mariage fait après sommation serait valable, mais l'exhérédation serait valable aussi.

Après trente ans, le mariage est valable dans tous les cas. Il ne peut y avoir exhérédation que si le mariage a eu lieu sans consentement ni sommation, c'est-à-dire à l'insu des parents.

Le Parlement de Paris eut l'occasion d'appliquer le principe de la nullité des mariages contractés sans autorisation dans une cause des plus étranges qui fut plaidée devant lui en 1653.

Un nommé Pierre Labbé, éperonnier à Paris, quitta la maison paternelle à l'âge de vingt ans. Trois ans après, il se maria à Libourne en Guienne, sans consulter ses parents et sans leur consentement. Quelque temps après, il quitta cette femme, partit pour La Rochefoucauld en Angoumois, et y contracta un second mariage, toujours sans en référer à ses parents. Enfin à l'âge de trente-deux ans, il s'en alla à La Charité-sur-Loire, en Nivernais, et s'y maria une troisième fois avec une nommée Jeanne Moreau, sans plus d'autorisation que précédemment.

Cependant Pierre Labbé quelques années plus tard s'en fut à Paris, avec sa troisième femme et trois enfants qu'il en avait eus ; sa famille les reçut bien : il s'établit dans la maison paternelle, et y mourut. Lorsqu'il s'agit de partager son héritage,

(1) Déclaration de 1639, art. 2 ; déclaration de 1697, art. 6.

le Parlement fut saisi d'un appel comme d'abus formé par la première femme contre les deux derniers mariages, et par la seconde femme contre le premier et le troisième mariage. Ces actions tendaient à faire exhéréder les enfants de Jeanne Moreau, qui eussent été réputés bâtards. Si le père n'eut point pris le sage parti de mourir, il eût été en outre sous le coup d'une poursuite pour bigamie, méfait que les juges n'avaient point coutume de punir légèrement, ainsi que nous le verrons plus loin.

L'avocat de Jeanne Moreau et de ses fils plaida la nullité des deux premiers mariages, nuls de plein droit, disait-il, pour non-consentement des parents, les conjoints étant mineurs. Cette manière de voir fut jugée bonne par la Cour qui débouta les deux premières veuves de leur appel.

Il y avait d'ailleurs un précédent. L'Echiquier de Normandie avait déjà admis dans un cas de bigamie que les enfants du second mariage étaient légitimes et aptes à succéder, à cause de la bonne foi de la mère.

« A l'exemple du mariage clandestin, ne vaut le mariage contracté entre enfants et impubères, bien que l'un aye atteint la pleine puberté, veu que comme nous avons dit cy devant, il requiert le mutuel consentement des parties... Aussi induement les vieillards décrépits et sexagénaires (que la mort au lieu de son dard semble, selon le dire d'Hésiode, avoir blessés d'un traict de Cupidon) procurent, tombans dedans la fosse, d'y entrainer quant et eux des jeunes filles ou femmes dont bien souvent on les voit extrêmement épris : ce qui donna jadis lieu à la loy Poppia Poppæa. Et pour le même subject (qui est de l'incapacité ou inhabileté à la consommation du mariage), le chastré ne le peut valablement contracter, s'il est privé des deux témoins (1).

« Finalement est nul et interdit le mariage contracté entre deux qui ont auparavant ensemblement vescu en adultère, s'il se trouve qu'ils ayent adultérant conspiré contre la vie du mary ou de la femme pour parvenir à leur mariage. » C'est, dans une forme archaïque, l'axiome : On n'épouse pas les veuves que l'on fait soi-même (2).

« Le *mariage réprouvé* est proprement celluy qui se contracte entre les chrestiens et infidèles, comme avec Turcs, Mahumétains, Juifs, Idolâtres, Anabaptistes et Hérétiques. Que si de deux infidèles l'un se jette au giron de l'Eglise, se convertissant de son infidélité et l'autre ne veuille suivre sa conversion, il peut requérir séparation, à quoy il sera bien recevable. Mais le même ne peut estre practiqué entre deux Chrétiens et Catholiques, d'autant que l'un d'eux se desvoyant de l'Eglise, l'autre ne se peut séparer d'avec luy : ains est contraint faire ferme au mariage jusques à la mort. »

.·.

En résumé, la législation du mariage au XVII⁰ siècle est empruntée presque intégralement à Justi-

---

(1) Dans le sens du latin *testes*.
(2) Alexandre DUMAS père : *Madame de Chamblay*, acte V.

nien, avec quelques modifications inspirées du droit ecclésiastique : l'âge requis était quatorze ans pour le mari, douze pour la femme ; le consentement de la famille était absolument obligatoire ; enfin l'union était indissoluble, théoriquement du moins.

Le droit civil en effet, n'admettait pas d'autre remède aux unions mal assorties que la séparation de biens, ou la séparation de corps et de biens : la première était accordée pour des motifs purement financiers ; la seconde pour des causes fort nombreuses qui sont énumérées dans le Code *de Repudiis* de Théodore. Quelques-unes sont au moins bizarres et étaient d'ailleurs tombées en complète désuétude sous le règne de Louis XIV. D'après cette loi le mari pouvait demander la séparation pour les motifs suivants : adultère, homicide, tentative d'empoisonnement, sacrilège, coups donnés par la femme. Théodore ajoutait les cas suivants qui au XVII° siècle n'étaient plus appliqués : 1° quand la femme a coutume de se trouver dans des festins avec des personnes qui ne lui sont ni parents ni alliés ; 2° si elle couche hors de la maison contre la volonté de son mari ; 3° si elle s'est procuré à dessein l'avortement ; 4° si elle est assez lascive pour aller dans les maisons de bains réservées aux hommes ; 5° si pendant son mariage elle parle de se remarier avec un autre. Ce dernier motif de séparation est à retenir.

La femme pouvait requérir la séparation de corps en cas qu'elle fût battue, si elle avait eu à subir des menaces fréquentes accompagnées d'injures atroces (ce motif n'était guère admis que pour les personnes de condition), si le mari avait voulu attenter à sa vie ; s'il l'avait flétrie par une accusation d'adultère où il n'avait pu faire la preuve, ou s'il l'avait diffamée publiquement sans la convaincre, enfin s'il lui avait communiqué la syphilis. L'épilepsie ne faisait obtenir qu'une séparation temporaire. Quant à l'adultère du mari, ce n'était point un motif valable, excepté pour les protestants.

Voici quelques exemples d'arrêts consacrant ces principes :

Une demoiselle P... se pourvut en séparation contre son mari « sur ce que s'étant plaint de sa conduite, il l'avait fait enfermer au couvent de Sainte-Pélagie par Lettre de cachet, et qu'il l'avait déshonorée, ayant surpris la religion du Roy ne l'ayant point accusée d'adultère. » La séparation fut prononcée au bénéfice de la femme.

En 1698 une dame qui voulait obtenir la séparation à son profit et ne pouvait arriver à se faire battre ou insulter devant témoins, s'avisa d'un expédient : elle invite trois gentilshommes à la venir voir, et pendant qu'ils sont dans le salon, passe dans une chambre contiguë où se trouvait son mari. Elle se jette sur lui ; pendant qu'il se défend, la coiffure habilement préparée se défait ; la dame pousse des cris douloureux : les trois gentilshommes accourent et la trouvent qui semblait se débattre entre les mains de son mari. Elle était échevelée, baignée de pleurs, et la gorge ensanglantée. Un chirurgien appelé n'a pas de peine à constater que la prétendue victime s'est fait elle-même les écorchures qu'elle a à la face et que le sang qui tache sa gorge est du sang de pigeon artistiquement étalé. La demande en séparation est rejetée par arrêt en date du 29 août 1658.

Mais en définitive il ne s'agit là que de séparations, n'autorisant pas les mal mariés à chercher ailleurs des liens plus doux, et une union mieux assortie. Le code civil n'offrait pas d'autre ressource. Pour rompre la chaîne, il fallait compulser le droit canon, et s'adresser aux juges ecclésiastiques, c'est-à-dire à l'officialité.

Certes le divorce n'existait pas, et le nom même en était en horreur dans une société profondément imbue du dogme catholique. Nul ne peut séparer ce que Dieu a uni. Mais il est avec le ciel des accommodements, et les casuistes s'étendent complaisamment sur la très longue liste des cas où le mariage peut être, non rompu, mais annulé. C'est dans le *Recueil des Décrets de la cour de Rote* que l'on trouve l'exposé le plus complet de la jurisprudence canonique sur les différentes formes de séparation des époux. La cour a d'ailleurs insisté sur l'obligation pour les juges ecclésiastiques d'appuyer leurs arrêts sur les conclusions d'un médecin expert dans tous les cas où la demande en séparation a pour cause l'accusation d'impuissance portée contre un des époux : or, ces sortes de cas représentent l'à peu près totalité des affaires de séparation (1).

Les liens du mariage pouvaient être dénoués de quatre façons différentes, toutes quatre du ressort

______

(1) ROTA : *In Toletana nullitatis matrimonii 1639 coram Coccino n° 4, in Faventina matrimonii coram Seraphino 1585 n° 5, in Venetiarum matrimonii 1604 coram Penia n° 13, etc.* Cf FARINAC. cons. 190, n° 21.

des juges ecclésiastiques. La première, la *solu-tio sponsalium*, consistait à relever de la promesse d'épouser. Les fiançailles faites sous serment enga-gent en effet, du moins au point de vue du droit canon, d'une façon telle que, seul, un arrêt du tri-bunal ecclésiastique, basé sur des considérations exceptionnellement graves, pouvait les annuler.

Quelquefois même les tribunaux civils avaient à intervenir si la promesse de mariage avait été faite avec l'engagement de verser une dédite en cas de non-exécution. Une affaire de ce genre assez exceptionnel fut plaidée à la fin du règne de Louis XIV. Voici dans quelles conditions :

Le chevalier Louis de Rustaing de Saint-Jory avait fait à Villers-Cotterets la connaissance de Mlle Jeanne de Châtillon. Ils entrèrent en rela-tions, Saint-Jory plut à la jeune fille qui lui offrit un jour, à brûle-pourpoint, sa main et son cœur. Comme elle était fort riche, le chevalier, quoique ne brûlant pas d'une passion des plus vives, consentit à signer une promesse de mariage : l'un et l'autre s'engageaient à ne rompre qu'en payant une dédite que le contrat de fiançailles sti-pulait être de trente mille livres. Saint-Jory s'en fut dans ses terres pour solliciter le consentement de sa famille qui ne voyait pas l'union d'un œil bien favorable, mais qui cependant, tentée par l'appât d'une dot considérable, allait consentir à tout, quand on apprit que Mlle de Châtillon était au mieux avec un M. de R... et qu'elle avait profité de l'absence de son fiancé pour re-nouer des relations fort tendres, et fort peu rassu-rantes pour l'avenir du futur ménage. Saint-Jory écrivit aussitôt une lettre de reproches à laquelle il fut répondu en ces termes. « A l'égard des reproches que tu me fais sur M. de R..., je ne suis pas dans le cas de les mériter ; puisque je ne l'ai point mandé. Peut-être a-t-il entendu parler de mes nouvelles amours, et qu'il vient lui-même en apprendre la vérité. Il est à plaindre de n'être pas venu plus tôt recevoir les assurances de ma tendresse. Je ne puis m'empêcher d'en avoir pour un amant aussi constant qu'aimable. Adieu ; car je sens déjà ton dépit de ce petit aveu. Je suis à toi, ta femme. » Cette lettre fut suivie de plusieurs autres qui mirent le chevalier dans l'obligation de songer à une dénonciation de leur contrat. Ce dernier billet, laconique, vint faire taire ses dernières hésitations: « Je vous ai aimé un jour et demi à la fureur, mais pas un moment de plus. Monsieur... que je prie de vous le marquer, ne veut pas s'en charger : je vous en instruis moi-même. Adieu. »

Le procès en dissolution de fiançailles fut porté devant l'officialité qui annula la promesse. Saint-Jory interjeta appel au primat. Mlle de Châtillon le fit assigner de nouveau à l'officialité, où elle déclara par un acte authentique « qu'elle était grosse des œuvres d'un autre d'environ cinq mois, et demanda que faute de l'épouser dans la huitaine le chevalier fût condamné à lui donner main levée de l'opposition qu'il avait faite au mariage de ladite Châtillon avec M. de R... ». Saint-Jory n'assista pas au procès, laissa prendre défaut, et interjeta appel au primat de cette seconde sentence.

L'affaire fut alors portée au Châtelet pour juger la question. Il y avait donc à ce moment double action, l'une civile pour la dédite, l'autre canonique pour la *solutio sponsalium*. Mais pressée d'épouser M. de R..., Mlle de Châtillon préféra abréger les lenteurs de la justice en transigeant à l'amiable. Saint-Jory toucha ses trente mille francs, et Mlle de Châtillon put convoler. Ajoutons, pour être complet, qu'elle accoucha peu de temps après son mariage, ce qui ne réjouit pas absolument l'époux qui avait de bonnes raisons de ne point s'attribuer la paternité. On n'arriva pas à le convaincre. La séparation eut lieu, et Mlle de Châtillon mourut peu de temps après.

Après la célébration du mariage, si celui-ci n'était pas consommé charnellement, et que l'un des époux fît constater que l'autre était hors d'état de rendre le devoir conjugal, il pouvait y avoir *dissolutio matrimonii* : le mariage était considéré comme nul et non existant, les conjoints reprenaient leur liberté ; le mariage n'était pas annulé, il était considéré comme n'ayant pas eu lieu : c'est un cas analogue à celui que constitue l'erreur sur la personne. Si le mariage était consommé, mais que l'un des époux devînt impuissant ou fût reconnu stérile, deux solutions pouvaient intervenir : la *tori separatio*, c'est-à-dire la séparation de corps, obligation pour les époux de faire lit à part (tout rapprochement charnel entre eux devenant péché mortel puisqu'il ne pouvait avoir la procréation pour but), ou le *divortium*, après lequel les époux, non seulement ne couchaient pas ensemble, mais ne devaient plus demeurer sous le même toit : la loi civile considérait le *divortium* comme définitif, la loi ecclésiastique comme théoriquement momentané, il ne permettait pas de convoler en secondes noces (1).

En résumé, seule, la *dissolutio matrimonii* prononcée par un juge ecclésiastique rendait aux conjoints leur liberté et permettait une nouvelle union. Elle ne pouvait être prononcée que pour le motif d'impuissance et seulement sur l'avis favorable du médecin expert (2).

*
* *

Or, les procès intentés à l'un des époux par son conjoint, et le plus souvent au mari par la femme, dans le but d'obtenir l'annulation du mariage, ont été d'une fréquence extrême, et les médecins légistes au XVII° siècle devaient ranger au nombre des

(1) Cf Zacchias, lib. IX, tit. X, p. 761.

(2) Les Israélites avaient naturellement des coutumes toutes différentes, et ce n'étaient point à l'officialité qu'ils allaient demander de rompre leurs mariages. Chez eux, le divorce avait lieu par le fait seul de la décision du mari de rendre la liberté à sa femme. Nicolas Venette (*Tableau de l'amour conjugal*) cite la formule du libellé de répudiation, emprunté au rabbin Mosche, de Coisi.

« Le troisième jour de la semaine, le 29 de la lune de.... l'an.... de la création du monde. Je, N.... Pharisien, demeurant présentement à Venise, ville située au fond du golfe Adriatique, proteste et déclare, en présence de N... N... témoins, que de mon libre mouvement et sans contrainte, je vous délaisse et répudie, vous, ma femme, nommée N...., fille de N..., fils de N.... afin que vous soyez désormais libre, et que vous puissiez chercher un autre mari pour votre condition, sans que personne s'entremette de vous y former aucun empêchement, d'aujourd'hui à l'éternité des siècles. Et c'est ici le cartel de divorce, le libellé de démission, l'instrument de désertion que je vous envoie, selon les ordonnances de Moïse et d'Israël. »

Les témoins signaient dans le corps du libellé et au bas, aussi bien que le mari.

questions les plus courantes de leur pratique l'expertise des rapports conjugaux (1) et en particulier la recherche de l'impuissance.

*.

Les experts (2) ont distingué avec raison, parmi les formes d'impuissance, celles qui proviennent d'une cause générale, et celles qui sont dues à une cause locale. Parmi les premières ils n'ont pas

(1) Ceci nous amène à dire quelques mots de ce que les casuistes et les experts ont appelé le devoir conjugal, en d'autres termes, l'obligation pour l'un des époux de pratiquer le coït toutes les fois que l'autre le réclame. Nous n'aurions certes pas abordé un sujet qui semble passablement en dehors de la médecine judiciaire, si les médecins légistes de l'époque que nous étudions ne s'y étaient pas aussi longuement attachés, et avec autant de détails : citons seulement quelques-uns des principes posés et défendus par Zacchias : Les conjoints sont obligés de se rendre mutuellement le devoir ; celui qui refuse pèche mortellement. Les modes de coït qui empêchent la génération ne peuvent être exigés. Les conjoints ne sont pas tenus de rendre le devoir au détriment de leur santé. L'accouplement n'est pas licite les jours de fête. Le devoir est exigible tous les jours. La demande peut être expresse ou tacite ; le mari doit savoir interpréter les demandes tacites de sa femme. Citons à ce propos le passage suivant de l'éminent médecin du pape : nous nous reprocherions de traduire ce morceau craignant de lui ôter de sa saveur : « Solent mulieres cum illis veneris libido incessit viros circa amatoria facile interpellare, corporis partes quasi per incuriam denudatas apparere permittunt, pectus et mammæ et incalescunt et tumentiores apparent, alacriores consueto sunt, facie rubent, oculi illis nitore fulgescunt et si majori ardore coeundi detineantur balbutire videntur, extra rem loqui, ac vix mente constare, loca illis insuper incalescunt ac tumefiunt. »

Il faut, continue Zacchias, éviter de rechercher uniquement le coït pour les sentations qu'on y trouve. La nature n'a pas institué le coït pour procurer la volupté aux animaux, mais elle a placé la volupté dans le coït pour les y pousser.

(2) ZACCHIAS, lib. III, tit. I, quæst. I, p. 220.

manqué de ranger en toute première ligne celles qui se rattachent aux tempéraments, et ici intervient encore cette théorie des quatre éléments qui leur était si chère : il y a des tempéraments de quatre sortes : chauds, froids, secs et humides. L'excès de chacune de ces formes peut amener l'impuissance : le froid en éteignant la chaleur des parties ; la chaleur en disséminant les esprit animaux ; l'humidité en relâchant les parties et en leur enlevant leur force ; la sécheresse en les desséchant outre mesure.

La température n'a pas moins d'influence sur l'énergie sexuelle : l'excès de chaleur est plus grave pour les hommes que le trop grand froid : le contraire est vrai pour les femmes (1). On peut dire avec Hésiode :

Salacissimæ vero mulieres, viri imbecillimi
Sunt, quoniam caput et genua Sirius exsiccat (2).

Les experts relèvent encore l'action des causes morales : pudeur, crainte, colère. L'impuissance peut résulter aussi d'une continence trop prolongée, de l'usage de certains aliments ou de certains médicaments, d'un état pathologique tel que plaies graves, hémorragies abondantes. Elle peut résulter de la laideur de la femme (c'est d'ailleurs un péché plus grave de forniquer avec une femme laide qu'avec une jolie femme). Il arrive, ajoute Zacchias, que des individus privés de chaleur natu-

(1) Cf Aristote, lib. IV, probl. 6 et 24.

(2) Traduction latine des vers d'Hésiode, livre II, *Des travaux et des jours*. « Les femmes sont très lascives, les hommes très mous, parce que Sirius dessèche la tête et le membres. »

relle sont parfois excités par la beauté exceptionnelle de certaines femmes et parviennent à coïter
d'une façon parfaite. Par contre l'homme peut devenir impuissant momentanément si la femme sent
horriblement mauvais, ou s'il sent qu'elle le méprise ou qu'elle l'a en horreur.

L'âge est un facteur essentiel de l'impuissance :
avant douze ans l'homme est incapable de forniquer ; d'ailleurs le pouvoir de coïter précède celui
de féconder. Dès que le pouvoir de coïter apparaît,
le mariage est valable (1).

Dans le cas où deux enfants ont été mariés à
l'âge légal (quatorze ans pour le mari, douze ans
pour la femme) et où l'impuissance de l'un d'eux
est constatée (chez la fille à cause de l'étroitesse du
canal vulvo-vaginal), on peut se demander si l'*im-
potentia coeundi* est le fait de l'âge ou d'un défaut
permanent de constitution. On ne devra donc pas
prononcer la séparation ou l'annulation du mariage, mais attendre jusqu'à quatorze ans pour la
femme, et dix-huit ans pour le mari. Si cependant
on constatait chez la femme une coarctation non
naturelle, il ne faudrait pas attendre, mais se prononcer de suite pour la nullité du mariage. C'est,
du moins, l'avis de Sanchez (disp. 107, n° 7). L'annulation sera de plein droit quand un mari muni
d'un membre de dimension moyenne et parfaitement apte au coït, n'aura pas pu, après 15, 20 ou
30 jours d'efforts *quotidiens*, dévirginiser sa femme
(claustra virginalia disrumpere), surtout lorsque
celle-ci aura essayé de l'emploi des médicaments

(1) Brunell: *De spons*, concl. 28, n° 8, tertia declaratio.

émollients et dilatants : on devra croire alors à un obstacle naturel et invincible. Un mois suffit à cette expérience, car le temps (1) et l'accoutumance, qui sont de grands remèdes à toute chose, auront fait disparaître l'impuissance qui résulte d'une cause passionnelle : excès d'amour, pudeur, horreur des choses vénériennes, ou répugnance du mari pour sa femme.

Après soixante-dix ans, l'impuissance est la règle. Les femmes qui épousent des vieillards de cet âge sont de véritables veuves. C'est ce qu'a fait ressortir Plaute dans le *Miles gloriosus* :

Pyrg. Nupta ea est an Vidua ?

P. Et nupta et vidua.

Pyrg. Quo pacto potest vidua et nupta esse eadem ?

P. Quia adolescens nupta est cum sene (2).

(1) La tentative de coït doit être renouvelée tous les jours : l'impossibilité de vaincre au premier assaut ne suffit pas. La cour de Rote est formelle à ce sujet. (Cf. Rota in Pisaurin. Iocalium 22 juin 1648, coram Arguelles). Ceci légitime bien le mot de Zacchias : Rien n'est plus fatigant que de coucher avec une vierge (coïtus cum virgine multum debilitat). Nicolas Venette dont la compétence en pareille matière ne saurait être discutée, dit à ce sujet : « Je ne m'étonne pas si les Phéniciens obligeaient leurs filles par des lois sévères de souffrir avant d'être mariées que des valets les défiorassent. Et les Arméniens ainsi que Strabon le rapporte, sacrifiaient les leurs dans le temple de la déesse Anaïtis pour y être dépucelées, afin de trouver ensuite des partis avantageux à leur condition. Car on ne saurait dire quels épuisements et quelles douleurs un homme souffre dans cette première action, au moins si la fille est étroite. Bien loin d'éteindre la passion d'une femme, souvent on lui cause tant de chagrin et de haine, que c'est pour l'ordinaire une des sources du divorce des mariages. »

(2) Act. IV. sc. 2. Est-elle mariée ou veuve ? — A la fois mariée et veuve. — Par quel moyen la même femme peut-elle être à la fois mariée et veuve ? — Parce que, jeune encore, elle a été mariée à un vieillard.

En principe les femmes réglées sont nubiles. Il y a cependant des exemples de femmes qui ont des enfants après la cessation de leurs règles comme Sara et sainte Elisabeth.

Plater cite le cas de son propre père qui à soixante-douze ans épousa en secondes noces une vieille femme et en eut six enfants dont une fille à quatre-vingt-deux ans, son aïeul avait eu un fils après sa centième année et avait assisté à ses noces, mais ces faits sont rares. En général après quarante-cinq ans, les femmes sont infécondes (1).

Les maladies sont, la plupart du temps, un obstacle au coït et à la génération, bien que quelques hommes ne soient jamais aussi disposés *ad venerem* que quand ils sont malades, en dehors, bien entendu, des affections où cela est de règle, comme le satyriasis et le priapisme ; les calculs et les coliques néphrétiques, même pendant la durée des plus vives douleurs, poussent certains hommes à la fornication : la goutte a parfois le même effet (2). Et cela s'explique par ce fait que si un individu est impuissant à cause de son tempérament (trop sec ou trop humide, etc.), l'intervention d'une maladie où prédomine l'élément contraire peut corriger ce défaut de son tempérament, et le rendre momentanément apte à la génération.

Il faut distinguer les frigides, qui sont impuissants soit naturellement, soit par suite d'une maladie, de ceux qui sont victimes d'un maléfice. Les *maleficiati* sont ceux qui, soit par l'application

(1) V. FORTUNATO FIDELIS : lib. 3, cap. 2, *De relat. med.*
(2) LEVIN-LEMN : *De occult. nat. mirac.*, lib. 2, cap. 45.

d'une drogue mauvaise, soit par l'artifice du démon deviennent incapables de l'acte vénérien. Il arrive que leur impuisance est non pas générale, mais relative à une seule femme. Souvent ils peuvent entrer en érection, mais dès qu'ils veulent en venir à l'acte, leur verge redevient flaccide. La frigidité peut présenter différents degrés : chez les uns, l'érection est nulle ; chez les autres, elle est très minime ; d'autres ne peuvent arriver à l'intromission, ou s'il y parviennent, n'ont pas d'éjaculation, ou perdent leur semence avant d'avoir pénétré dans le vagin.

La frigidité se reconnaît aux signes suivants : d'abord à la rareté des poils ou à l'absence de la barbe ; car l'abondance des poils vient du tempérament chaud ; puis à la conformation irrégulière des organes génitaux, à la verge trop grande ou trop petite, enfin à la flaccidité et à l'inexcitabilité de la verge, même bien conformée, suivant la description de Juvénal (satire 10).

> ..... Jacet exiguus cum ramice nervus
> Et quamvis tota palpetur nocte, jacebit.

Sanchez ajoute à ces signes l'horreur innée du commerce vénérien et des choses de l'amour.

Lorsqu'on rencontre ces signes, on peut porter le diagnostic de frigidité, et ne pas s'arrêter à l'hypothèse d'un maléfice. Il faut alors annuler le mariage sans attendre le délai ordinaire de trois ans, car c'est là le but du mariage : une femme peut avoir été possédée, et cependant le mariage n'être pas valable, du chef de l'impuissance du mari.

On ne peut jamais dire d'une femme qu'elle est

frigide : car pour elle le coït est toujours possible :
elle subit et n'agit pas. Les femmes dites frigides
sont celles dont le vagin ne se contracte pas pendant le coït, dont les organes érectiles n'entrent pas
en jeu comme cela arrive chez celles qui coïtent
sous l'influence du désir et de la volupté. Seuls
aussi les hommes sont susceptibles de subir les maléfices.

Quand le diagnostic est hésitant entre la frigidité
et le maléfice, il vaut mieux se prononcer pour la
première hypothèse, la frigidité étant plus fréquente.

Le maléfice peut être procuré par divers moyens :
par des médicaments (rue, thym) ; par des paroles.
des signes, des figures ; par le mauvais œil. Il n'est
pas curable par les moyens naturels, mais seulement par ceux qui agissent sur le démon.

Quand un individu se croit victime d'un maléfice, l'expert doit rechercher avec soin s'il n'est
pas plutôt victime de sa propre passion, car souvent
un excès d'amour ou d'inimitié produit le même
effet (1). Mais alors le temps fait disparaître cette
impression momentanée.

Si la haine vient de ce que la femme est laide. le
mieux est de ne la voir que la nuit. D'ailleurs, si
l'excès d'amour ne peut être une cause de séparation. l'excès d'antipathie peut en devenir une à la
rigueur.

Nous empruntons à Devaux l'énumération des
causes locales de l'impuissance. Ce sont chez l'homme :

---

(1) SAVONAROLE, in *Pract. magn.*, lib. 20, tract. 6. rubr.
27 ; CARDAN, lib. 12 et lib. 13 in principio.

1° L'absence de testicules. Cependant ils peuvent exister sans être dans le scrotum : beaucoup d'hommes dont les testicules ont toujours été cachés n'en avaient que plus de vigueur, de salacité et de vertu prolifique, car ces organes, se trouvant dans un milieu plus chaud, séparent une matière plus vive et plus spiritueuse ;

2° Un seul testicule, si l'autre est petit, flétri et exténué (1) ;

3° Deux petits testicules flétris, exténués et suspendus à un cordon très délicat ;

4° Trois ou quatre testicules de mauvaise nature;

5° Des testicules trop gros (inflammation, sarcocèle ou hydrocèle) ;

6° La verge absente, ou d'une grosseur énorme, ou courbée dans l'érection, ou trop petite ;

7° La verge flasque, pendante, immobile, insensible à tout attouchement, *c'est-à-dire absolument paralytique* ;

8° La verge percée, non à son extrémité, mais à sa racine, à côté, par-dessus ou par-dessous (2).

Chez la femme :

1° Le vagin trop étroit, ou obstrué par une tumeur, des cicatrices d'origine vénérienne, obstétricale ou chirurgicale ;

2° Le pubis déprimé et *étréci* en dehors ;

3° Les os des cuisses contournés en dedans et extrêmement serrés l'un contre l'autre ;

(1) Il y a un arrêt du Parlement de Paris du 8 janvier 1665, portant la nullité du mariage au cas d'un seul testicule.

(2) Hypospadias et Epispadias.

4° La clôture de l'orifice interne de la matrice par une tumeur ou une callosité (1) ;

5° L'orifice interne tourné en arrière ou de côté ;

6° Le volume extraordinaire du clitoris, parce qu'il est très difficile de lutter à forces égales dans le congrès, avec un succès favorable, la tension de cette verge féminine empêchant l'intromission de la verge de l'homme dans le vagin.

Il faut tenir compte dans l'appréciation des causes locales du volume des organes de l'un et l'autre conjoints : si par exemple le pénis de l'homme est petit et que le vagin de la femme soit large, celle-ci n'éprouvera aucune volupté ; il y aura *impuisance relative*. De même, dans le cas où le vagin est court et la verge très longue, l'accommodation ne se fera pas, parce que les traumatismes répétés amèneront l'inflammation du col de la matrice. Le coït peut aussi être rendu impossible par l'excès de volume des conjoints ; leurs gros ventres les empêchent de se rapprocher. Ceci n'est un cas de séparation que si les deux époux sont obèses. Si un seul est gêné par la surcharge graisseuse de ses épiploons la difficulté peut être tournée par un artifice (2).

Il y a une forme d'impuissance, chez la femme,

(1) « Ces maladies sont trop invétérées pour être guéries : il n'y a point de femme qui voulût s'exposer à souffrir qu'on la disséquât toute vive. On pourrait ici proposer quantité de pessaires d'argent, d'étain, de plomb, ou même de chair de différentes grosseurs, que l'on pourrait frotter de beurre frais ou d'onguent rosat, et les placer dans le conduit de la pudeur, les uns après les autres en commençant par les plus petits. » (Nic. Venette.)

(2) Zacchias, lib. III, tit. II, quæst. VI, p. 275 (nᵒˢ 7 et 8).

qui consiste dans l'obstruction de l'orifice utérin
par une membrane assez résistante pour opposer
une barrière infrangible non seulement au fœtus ou
à l'organe mâle, mais même parfois au cours des
règles. Une pareille malformation n'entraîne l'annulation du mariage que dans le cas où elle n'est
curable chirurgicalement qu'au péril de la vie (1).

Le soin extrême apporté par les médecins experts
à l'étude des innombrables causes qui peuvent amener l'impuissance montre combien les procès intentés pour ce motif devaient être fréquents.

Devaux (2) fait observer que la stérilité est plus
fréquente chez les femmes : « 1° à cause de la faiblesse de leur constitution qui les rend plus sujettes

(1) Zacchias pose la question suivante : la femme
peut-elle concevoir sans avoir coïté, et pour y répondre
il relate les faits suivants : D'après Averroès, une femme
devint grosse pour s'être mise dans un bain où un homme
s'était pollué. Selon Amatus une femme turque venant
de coïter avec son mari, se rendit immédiatement dans
une maison voisine ubi alteram mulierem a se adamatam
comprimens, illam gravidam reddidit ; nam et ipsæ
fœminæ inter se aliquando hæc machinantur, et præci-
pue Turcicæ (vocantur autem tales fœminæ Tribades).
Fortunato Fidelis parle d'un homme qui ayant le pénis
coupé presque ras parvint cependant à engrosser sa
femme. Enfin Del Rio de puella narrat, qui cum patre in
eodem lecto jacens, ex paterna pollutione nocturna con-
cepit. Mais, conclut Zacchias, ce sont là des faits absolument exceptionnels, et il faut admettre en règle générale
que la fécondation ne peut se produire en dehors de la
copulation régulière ; toutes les fois que celle-ci est
impossible, le mariage doit être annulé.

(2) Devaux, *loc. cit.*, p. 456. Cf. Nicolas Venette : *Tableau
de l'Amour conjugal.*

que les hommes aux intempéries lesquelles les empêchent de produire des sucs louables et mettent souvent la matrice hors d'état de retenir et de fomenter la semence virile pour une génération parfaite ; 2° parce que leurs parties génitales étant d'un plus grand appareil que chez les hommes, elles sont sujettes à un plus grand nombre de défauts qui peuvent nuire à la génération.

« Cependant, le plus souvent ce sont les femmes qui sont demanderesses, parce que :

« 1° Ayant la conscience plus timorée que les hommes, elles considèrent que l'approche de leur époux ne leur est permise dans le mariage que par rapport à la fin que Dieu s'est proposée, qui est la multiplication de l'espèce par la génération et que lorsque cette fin ne peut avoir son effet, l'accouplement des sexes n'est qu'une prostitution lascive et illégitime, qui entretient les conjoints dans une société criminelle, contraire à la loi de Dieu et pour la dissolution de laquelle ils sont en droit d'implorer le secours des lois divines et humaines, à moins qu'ils ne se déterminent de concert à vivre dans le célibat, tant pour éviter l'éclat d'une dissolution que pour se faire un mérite du sacrifice qu'ils font de leur concupiscence au désir de plaire à Dieu.

« 2° Parce que les femmes sont plus lascives que les hommes :

« *a*) La passion amoureuse trouble beaucoup plus les esprits faibles que les autres.

« *b*) Les femmes ont l'imagination plus vive que les hommes, et sont oisives.

« *c*) Leur imagination est émue par deux sortes d'objets : en recevant chez elles la semence du mâle, et en se déchargeant de la leur propre.

« *d*) Étant d'un tempérament plus humide que les hommes, elles engendrent une grande quantité de cette liqueur dont elles se déchargent dans le congrès, au lieu que l'homme a beaucoup plus de facilité de se décharger du sperme trop abondant dans les pollutions nocturnes.

« *e*) Les *testicules* et la matrice des femmes étant cachés au dedans de leur corps, les sucs qui y sont engendrés doivent être beaucoup plus chauds que la semence des hommes qui est fabriquée par des organes qui sont exposés aux insultes de l'air extérieur (1). »

Quoi qu'il en soit, les demandes en annulation de mariage pour cause d'impuissance se reproduisaient pour ainsi dire quotidiennement. L'affaire était portée devant le tribunal ecclésiastique qui ordonnait le congrès. On assemblait les experts, médecins et matrones, qui joints aux juges ecclésiastiques ordonnaient aux époux de coïter et vérifiaient *an fuisset emissio, ubi, quid et quale emissum*. Devaux a fait l'historique de cette curieuse épreuve, en analysant le rapport généra' de L. M... dans le plaidoyer au Parlement pour le marquis de Langey.

« I. — La présentation des linges teints de sang dans le premier congrès, dont les juifs se servaient pour prouver la virginité des nouveaux mariés, était en ce temps-là un signe infaillible pour juger

(1) DEVAUX, *Ibid.*

de leur état, parce qu'il était inspiré de Dieu même, qui est incapable de se tromper.

« II. — Justinien ordonna dans la loi première du code De Repudiis, que l'on prononcerait la dissolution du mariage, quand un mari et une femme auraient demeuré ensemble sans le consommer: terme prolongé bientôt après de deux à trois ans. Les papes ordonnèrent que le mariage étant déclaré nul par le défaut du mari, s'il épousait une autre femme dont il eût des enfants, il serait obligé de retourner avec la première, en cas que l'impuissance dont il avait été taxé eût procédé d'une cause naturelle ; mais il ne serait pas obligé de la reprendre si son impuissance avait été causée par maléfice.

« III. — L'usage de France était qu'une femme justifiât son impuissance par le témoignage de sept de ses proches qui affirmaient la vérité du fait: mais si le mari éludait cette preuve, la religion du serment jetait les juges dans de nouveaux scrupules. On avait alors recours aux épreuves du fer et du feu.

« IV. — Du temps d'Ives de Chartres, quand une femme se plaignait de l'impuissance de son mari, la coutume était de mettre ensemble plusieurs billets entre lesquels il y en avait un marqué d'une croix : ces billets après avoir été longtemps remués étaient distribués aux deux parties, celle à qui le billet arrivait était crue dans les choses qu'elle avançait.

« V. — On eut ensuite recours au combat en champ clos.

« VI. — Enfin on a employé l'épreuve du *congrès:*

on a passé de la cruauté à l'infamie... pour épargner le sang, on a dévoilé la pudeur, et ce qui est le plus étrange est que les premiers Pères de l'Eglise se sont quelquefois soumis à cette dure loi... C'est ainsi que quelques saints accusés malgré leur grand âge, leurs austérités et les infirmités de leur vie, d'avoir des commerces scandaleux avec des femmes, se sont dépouillés de leurs habits dans des assemblées publiques, pour montrer qu'ils n'étaient pas en état de tomber dans l'abomination dont on les chargeait ; mais dans ces saints, la nudité était modeste : elle n'inspirait que de la charité en faisant voir des marques de pénitence sur un corps exténué de jeûne. »

Le *congrès* a été pratiqué dans des formes diverses ; jusqu'au XIV° siècle, le mari impuissant était amené par sa femme devant un jury composé d'un prêtre, d'un médecin, d'un chirurgien, d'une matrone et d'un greffier ; la femme disait : « Volo esse mater, volo procreare liberos, sed vir quem accepi est naturæ frigidæ, et non potest ille facere propter quæ illum accepi. » On procédait alors à l'examen des organes chez l'un et l'autre conjoint, et d'après cela, on décidait si le mariage devait être ou non annulé.

Au XIV° siècle, l'expertise fut confiée à une matrone. Voici comment se passaient les choses, au dire de Guy de Chauliac :

« Le médecin, autorisé par le magistrat, examinera le tempérament, la conformation des parties, puis il nommera d'office et choisira une matrone savante et expérimentée en cette matière, et il ordonnera que le mari et la femme couchent ensemble en sa présence pendant plusieurs jours. Elle les exhortera, elle leur oindra les parties génitales avec un onguent approprié, devant un feu de sarment ; elle rapportera fidèlement au médecin ce qu'elle aura vu et celui-ci fera son rapport : mais qu'il prenne garde de se laisser tromper. »

On trouva probablement que les matrones abusaient un peu de la confiance qu'on avait en elles, et le congrès tendit de plus en plus à devenir une épreuve publique, ou à peu près. Rien n'en donnera une idée plus juste que la description qu'en fait Tagereau :

« Après que les parties ont prêté serment qu'elles tascheront de bonne foy et sans dissimulation d'accomplir l'œuvre de mariage sans y apporter empêchement de part ny d'autre, après aussi que les experts ont juré qu'ils feront fidèle rapport de ce qui se passera au congrès, les uns et les autres se retirent en une chambre pour ce préparée, où l'homme et la femme sont derechef visitez, l'homme afin de savoir s'il n'a point de mal... la femme afin de considérer l'état de sa partie honteuse, et par ce moyen cognoistre la différence de son ouverture et dilatation avant et après le congrès, et si l'intromission y aura été faicte ou non... En quelques procès, les parties sont visitées nües depuis le sommet de la tête jusqu'à la plante des pieds, en toutes parties de leur corps, *etiam in podice*, pour sçavoir s'il y a rien sur elles qui puisse avancer ou empescher le congrez ; les parties honteuses de l'homme lavées à l'eau tiède... et la femme mise en un demy bain, où elle demeure quelque temps.

« Cela fait, l'homme et la femme se couchent en plein jour en un lict, et les rideaux estant tirez, c'est à l'homme à se mettre en devoir de faire preuve de sa puissance, habitant charnellement avec sa partie et faisant intromission, où souvent adviennent des altercations honteuses et ridicules, l'homme se plaignant que sa partie ne le veut laisser faire et empesche l'intromission ; elle le niant et disant qu'il y veut mettre le doigt et la dilater et ouvrir par ce moyen : encore ne sçaurait-il, quelque érection qu'il fasse, si sa partie veut l'empescher, si on ne lui tenoit les mains et les genoux, ce qui ne se fait pas. Enfin les parties ayant esté quelque temps au lict, comme une heure ou deux, les experts appelez, *ou de leur propre mouvement quand ils s'ennuyent*, en ayant assez sujet, *si sint viri*, s'approchent et ouvrans les rideaux, s'informent de ce qui s'est passé entre elles, et visitent la femme derechef pour sçavoir si elle est plus ouverte et dilatée que lorsqu'elle s'est mise au lict, et si l'intromission a été faicte, aussi *an facta sit emissio, ubi, quid et quale emissum*. Ce qui ne se fait pas sans bougies et lunettes à gens qui s'en servent pour leur vieil âge, ny sans des recherches fort sales et odieuses. Et font leur procès-verbal de ce qui s'est passé au congrès, ou (pour mieux dire) de ce qu'ils veulent, qu'ils baillent aux juges estant au même logis, en une salle ou chambre à part avec les procureurs et practiciens en cour d'Eglise, attendant la fin de cest acte (1). »

---

(1) Vincent TAGEREAU : *Discours sur l'impuissance de l'homme et de la femme*, 1612.

Devaux cite l'opinion de saint Ambroise : « Les matrones se sont souvent trompées, malgré leur art : *Cette fleur, facile à se flétrir, périt sous la main de celui qui la touche sans l'apercevoir.* »

Les médecins d'ailleurs condamnaient le congrès depuis longtemps, au nom de la science et au nom de la morale.

1° C'est une preuve très indécente pour les juges ecclésiastiques. Les juges officiaux, qui connaissent des matières pour lesquelles elle a lieu, ne sauraient l'ordonner sans blesser leur caractère ; les preuves qui en résultent contiennent des faits qu'il leur est bienséant d'ignorer, et qu'ils ne sauraient approfondir sans effacer la sainteté de leur sacerdoce, car ils ne le peuvent soutenir si la chasteté de leurs yeux et de leurs oreilles ne répond parfaitement à la pureté de leur cœur (de Blégny).

2° C'est une preuve honteuse pour ceux qui la demandent et la soutiennent. Cette preuve est un effet de l'effronterie et de la lascivité des femmes qui en ont elles-mêmes fait naître la pensée dans l'esprit des juges, bien qu'elle soit aussi peu sûre que déshonnête (Nicolas Venette).

3° Le coït ne peut s'effectuer que par un concours de la volonté et de la nature. Or, même dans le coït non public, l'émotion peut empêcher l'érection de se produire. A plus forte raison en public, et quand il s'agit d'une femme qui est devenue la plus cruelle ennemie de son mari, la cause de son déshonneur et le sujet fatal de son désastre (Devaux).

4° Le congrès peut paraître complet et ne l'être pas, chez les eunuques ayant l'érection, et chez les individus ayant le verumontanum endurci (*Journal de médecine*, 1680).

5° Il favorise le divorce et lui sert de prétexte.

6° Un grand nombre de maris séparés se sont remariés et ont eu des enfants

A maintes reprises, on avait pu constater en effet que cette épreuve n'était pas infaillible : de scandaleuses erreurs s'étaient produites ; citons par exemple l'anecdote suivante empruntée à Alain du Cleuziou (*Journal du sieur Fleuryot*) (1).

Une fille de noblesse, Sainte (2) de Budes, épousa en premières noces Claude, marquis du Châtelet, *qu'elle accusa d'impuissance au bout de huit ans !* Elle subit la visite, mais son mari refusa de se soumettre à cette formalité et préféra la dissolution du mariage. En secondes noces Sainte de Budes s'unit au marquis de Courvandon, de la maison de Ruzeray en Normandie. Ce dernier étant mort en 1659, Sainte de Budes *proposa au marquis du Châtelet de se remarier*, mais il refusa. Alors elle vint à Paris où elle mena la vie la plus folle, se faisant piller par tous les jeunes gens connus, « académistes » et autres, à qui elle donnait des sommes d'argent assez fortes, soit pour se les attacher, soit dans l'espoir qu'ils lui procureraient l'occasion d'un mariage ; parmi ces jeunes gens étaient MM. de Montgommery, de Grancé, de Changy, Fromenteau, de Montrevol, de Saint-Mars, de Saint-Thierry et Maillot ; elle donna dix mille écus à sa femme de chambre et la fit épouser à M. de Changy. Elle finit par épouser en 1684 le sieur Thalassang, marquis de la Césquière, qui paraît avoir été une sorte d'aventurier. Cette dernière union fut le résultat d'une intrigue à laquelle elle était complètement étrangère :

(1) Cité par CORRE et AUBRY, *loc. cit.*, p. 117.
(2) Sainte est ici un prénom et nullement un qualificatif.

ce fut à tel point qu'elle ne fut prévenue de la célébration du mariage, qui eut lieu à Saint-Sulpice, que quelques instants auparavant et pendant qu'elle déjeunait.

Voilà une historiette qui tendrait assez à donner raison aux experts, quand ils prétendent que les femmes qui demandaient le congrès étaient des « lascives et des débauchées ».

C'est à la suite du procès du marquis de Langey que le congrès fut définitivement aboli. René de Cordouan, marquis de Langey, avait épousé Marie de Saint-Simon de Courtomer. Celle-ci l'accusa d'impuissance, et l'épreuve du congrès lui donna raison.

Il faut lire dans les *Historiettes* de Tallemant des Réaux cette curieuse anecdote :

« Langey est bien fait et de bonne mine. Mme de Franquetot-Carcabut dit, en le voyant au Cours : « Hélas ! à qui se fiera-t-on désormais ? »

« Cela donnait de mauvaises impressions de la demoiselle. Je ne sais combien de harengères et d'autres femmes étaient à la porte du lieutenant civil et dirent, en voyant Langey : « Hé ! plût à Dieu que j'eusse un mari fait comme cela ! » Pour elle, elles lui chantèrent pouilles.

« Il y eut bien des procédures pour cela, qui firent durer la chose près de deux ans ; on ne parlait que de cela par tout Paris. Les femmes s'accoutumèrent insensiblement au mot *congrès*, et on en causait dans toutes les ruelles. On l'appelait, lui, le *marquis du Congrès*. Il aimait beaucoup sa femme. Un jour qu'il disait à Mme de Gondran : « Madame, j'ai la plus grande ardeur pour elle. »

« Eh ! Monsieur, gardez-la pour un certain jour cette grande ardeur ! »

« Le jour où on ordonna le congrès, Langey cria victoire, on n'a jamais tant vu de fanfaronnades, mais il y eut bien des mystères pour en venir là !

« Elle était fort résolue en y allant et dit à sa tante qui demeura : « Soyez assurée que je reviendrai victorieuse, je sais bien à qui j'ai affaire. »

« Enfin le temps expiré, on le fit sortir du lit : « Je suis ruiné ! » s'écria le comte en se levant. Ses gens n'osaient lever les yeux. Les femmes qui avaient été pour Langey étaient déferrées : « C'est un vilain, disaient-elles, n'en parlons plus. »

Le mariage fut annulé le 8 février 1639. Il lui fut fait défense de se remarier : nonobstant cette défense, et quoique atteint et convaincu d'impuissance par décision de justice, il épousa Diane de Montaut de Navailles, et devint père de sept enfants, sans que jamais aucun soupçon se fût élevé sur la conduite de sa seconde femme. Aussi quelques années plus tard, Tallemant mettait-il en note sur la marge de son manuscrit :

« J'ai vu Langey, à Charenton, faire baptiser son second enfant, car il a fils et fille ; jamais homme ne fut si aise, il triomphait. J'espère qu'un de ces matins, le cavalier présentera requête pour faire défense à l'avenir d'appeler les impuissants *Langeys.* »

Cette expérience qui eut un immense retentissement convainquit enfin les juges. Le 18 juin 1677, le congrès était aboli par arrêt du Parlement.

.

Il nous reste à examiner les crimes et délits relatifs au mariage, c'est-à-dire le rapt, l'adultère et la bigamie.

Le mot rapt avait au XVIIᵉ siècle une double signification, «la première desquelles est le rapt commis par celuy qui est eschauffé de l'infâme et bruslante paillardise, en la personne de la vierge, femme mariée, nonnain ou vesve vivant honestement, laquelle par force et violence, il comprime et cognoist charnellement. L'autre, lorsqu'il ravit et enlève de son habitation ordinaire la femme ou fille qu'il affectionne, la soustrayant à ses parents, tuteurs ou curateurs : crime tousiours puny du dernier supplice et confiscation de biens » (1).

Dans le premier cas, il s'agit du viol, ou *rapt de viollance*, dont nous parlerons dans le chapitre consacré aux attentats aux mœurs. Le second est le rapt dans le sens actuel du mot, c'est-à-dire l'enlèvement, ou comme on disait alors le *rapt de séduction* ou de *subornation*.

La femme vivant honnêtement pouvait seule intenter une action pour crime de rapt « d'autant que la putain publique ne peut former cette plainte, comme la femme d'honneur au serment de laquelle on s'arreste, lorsqu'elle se plaint d'avoir été ravie et y est pleine foy adioustée, si le rapt a été fait dans un lieu où elle n'a pu estre ouye aux cris qu'elle a fait pendant iceluy. Car comme on croit

(1) LE BRUN DE LA ROCHETTE : *le Procez criminel*, p. 17.

la fille qui a esté déflorée, qu'elle étoit auparavant pucelle, de mesme est crüe la femme d'honneur, affirmant que le rapt luy auroit été faict. Mais les putains deshontées qui se prostituent à un chacun ne peuvent estre crues, sinon qu'elles revinssent à rescipiscence et fussent mariées ou entrées en religion. » C'est en application de ces principes que fut rendu un **arrêt de la Tournelle de 1696**, réformant un décret de prise de corps contre le nommé Nicolas Noüet, sur la plainte d'une fille engrossée et mineure de vingt-quatre ans et quatre mois, renvoyant les parties hors de cour et procès, l'arrêt fondé sur l'âge de la fille, approchant de vingt-cinq ans, et sur ce qu'elle était servante de cabaret, lesquelles sont réputées publiques par les lois, et dont la subornation *per blanditias* n'écheoit pas en crime, mais seulement *per vim*.

« Tous ceux qui ont assisté le ravisseur, lui portant aide, pour favoriser son malheureux dessein, sont en pareille coulpe que luy et punissables de même peine de mort. »

Les coutumes locales sont tout aussi sévères. On lit par exemple dans la coutume de Bretagne (art. 497) : « Ceux qui seront convaincus d'avoir suborné fils ou filles mineures de vingt-cinq ans sous prétexte de mariage ou autre couleur, sans le gré, sçu, vouloir et consentement exprès des père, mère, et des tuteurs, seront punis de mort. »

Le rapt peut être commis par le fiancé sur la fiancée, soit que, pendant les fiançailles, il en veuille jouir par force, soit que la promesse de mariage n'ait été faite que pour calmer la conscience d'une jeune fille enlevée.

Dans le cas où la séduction avait été arrêtée dans ses prémisses par une famille vigilante, la cour pouvait rendre un arrêt interdisant simplement au jeune homme de continuer à poursuivre la jeune fille. En 1635, par exemple, il est fait « deffanse audit Drillet de ne hanter ny fréquanter la maison de la fille du demandeur. »

L'édit de 1639 déclare « nul le mariage entre le ravisseur et la ravie, quoiqu'ils soient majeurs, sans que le dit mariage puisse être validé par le consentement de la ravie, de ses père, mère, tuteur, curateur et autres parents. Les enfants issus de ce mariage sont illégitimes et incapables de toute succession ».

« Le rapt peut aussi bien être commis d'un jeune homme, fils de famille, que d'une fille, lors principalement qu'étant absent de la présence de ses parents, il est induit à leur insçeu de contracter clandestinement mariage avec quelque fille ou femme que ce soit, sous les appâts de quelque beauté apparente, et sous les amorces de ses attraits. » C'est ce qui résulte de divers arrêts du Parlement, d'un entre autres où le père poursuit le rapt de son fils, secrétaire du roi, contre une nommée Flée ; l'arrêt déclare nul le mariage clandestin ainsi contracté, bannit les courratiers (entremetteurs), interdit le prêtre et suspend le notaire. Pareille distribution de peines n'avait pas lieu quand l'enlevé avait plus de trente ans.

On ne peut citer de plus intéressant exemple du crime de séduction que l'affaire Renée Corbeau, qui se déroula dans les premières années du XVIIe siècle.

Un jeune homme de famille noble faisait à Angers ses études de droit. Il y rencontra la fille d'un bourgeois de cette ville nommée Renée Corbeau, et après lui avoir promis le mariage, la séduisit. Leur liaison ne put bientôt plus être cachée, et les parents, sachant bien que la famille du jeune homme n'autoriserait pas un mariage devenu nécessaire pour eux, se résolurent à ruser. Ils feignirent un voyage : Renée donna rendez-vous à son amant, et un constat de flagrant délit eut lieu à point nommé. On menaça des foudres de la justice le malheureux amant, qui après avoir promis tout ce qu'on voulut, s'enfuit d'Angers et alla se réfugier chez son père. Celui-ci s'opposa d'une façon formelle à l'exécution des engagements de son fils, et le décida, pour mettre un obstacle insurmontable aux poursuites de la jeune fille, à entrer dans les ordres, et à recevoir d'urgence le sous-diaconat, ce qui fut fait.

A l'annonce de cette trahison, les parents de Renée Corbeau intentèrent une poursuite au criminel pour fait de rapt et séduction. Le jeune homme fut décrété de prise de corps et l'affaire évoquée au Parlement de Paris, qui, tenant compte du guetapens tendu au coupable, lui laissa le choix d'épouser sa victime ou d'être décapité. Il répondit qu'étant ordonné sous-diacre, il n'était plus libre d'opter, et se prépara à la mort. Mais ce n'était point le compte de Renée Corbeau, qui se voyait ainsi arracher à la fois un amant qu'elle chérissait tendrement, et l'unique moyen qui lui restât de réparer son honneur. Elle se fit jour jusque dans la chambre où les juges étaient encore assemblés, et obtint la permission de plaider sa propre cause : sa douleur, ses larmes, sa beauté firent une vive impression sur les magistrats. Il fut ordonné qu'il serait sursis à l'arrêt pendant six mois, pour permettre à l'accusé de se pourvoir.

Renée Corbeau sollicita vainement le légat du pape (1), pour obtenir que son amant fût relevé de ses vœux. Le légat fut indigné de savoir qu'on avait pu faire un tel abus des ordres sacrés, que de les faire servir pour empêcher un mariage qui était commandé par la plus élémentaire honnêteté. Il ne fallut rien moins que l'intervention du roi lui-même pour fléchir l'intransigeance du pape. La dispense obtenue, le mariage fut aussitôt célébré et, comme dans les contes de fées, les époux furent heureux, et ils eurent beaucoup d'enfants.

*
* *

Ecrire l'histoire de l'adultère, c'est écrire l'histoire du monde. Toute la comédie, tout le drame de la vie humaine tiennent dans ce mot bouffon et douloureux : cocu. Ménélas trompé, c'est la prise de Troie, c'est-à-dire l'épopée antique ; Molière cocu, c'est *Amphytrion*, c'est-à-dire la comédie moderne. Rien qu'avec l'histoire des adultères royaux, on reconstituerait l'histoire de France, et l'histoire vue par son vrai côté, par les causes intimes des événements, les causes efficientes, non les causes

(1) Le cardinal de Médicis, qui fut depuis élu pape sous le nom de Léon XI, et mourut après un mois de pontificat.

politiques qui sont apparentes et occasionnelles. Et pour nous en tenir au XVIIe siècle, c'est-à-dire à Louis XIV qui l'incarne, le résume et le synthétise, l'histoire de son règne, c'est l'histoire de ses amours, non avec la reine, pâle figure qui disparaît dans l'ombre et n'est plus qu'un nom pour la postérité, mais avec ses maîtresses : il y a le règne de la douce La Vallière ; le règne de l'orgueilleuse, de la criminelle Montespan ; le règne de l'inintelligente Fontanges, avant celui de la froide, de la frigide, de la glaciale Maintenon.

Et par ce fait de l'absorption de la France par Louis XIV, de l'éblouissement du pays tout entier par le roi-soleil, l'adultère proclamé vertu royale va devenir vertu nationale. Il rejaillit de la couche royale à la cour, de la cour à la ville, de la ville à la France. C'est chose de bon ton que de tromper et d'être trompé. Il n'y a plus de mari fidèle, plus de femme honnête. Tous les maris peuvent faire graver au seuil de l'alcôve conjugale les vers du satirique :

> Uxorem qui nescit mœcham, in vertice cornu
> Unum habet. Ille potest qui simulare, duo.
> Qui videt et patitur, tria portat. Quatuor ille
> Qui ducit nitidos ad sua tecta procos.
> Qui nullo istorum se credit in ordine poni,
> Credit et uxori, cornua quinque gerit.

Ce qui veut dire : Celui qui ne sait pas que sa femme est débauchée n'a qu'une corne à la tête ; celui qui feint de ne pas le savoir en a deux ; celui qui le voit et qui le souffre en porte trois ; celui qui introduit lui-même les galants dans sa maison en porte quatre, et celui qui se flatte de n'être d'aucune de ces classes, se croyant très sûr de la conduite de sa chère épouse, en porte cinq.

Des mœurs, l'adultère passe dans la littérature. « D'*Amphitryon* surgit un rire inextinguible, cette glorieuse apothéose du cocuage par un cocu de génie qui s'exécutait noblement convertit tout le monde. Chacun sentit, goûta la moralité de la pièce. Tout est divin, venant des dieux. Ici c'est le contraire des romans de chevalerie où l'inférieur, le pauvre, le vassal est favorisé par la dame. Le mystère est plus simple. L'amant, c'est le maître, le roi, celui de qui l'on attend tout, celui chez qui l'on mange. Comment résister à cela ? Pour la grasse Alcmène, le secret de son cœur fut le mot de Molière : « Le véritable Amphitryon est l'Amphitryon où l'on dîne. » (MICHELET.)

Au fond ce rôle de Molière est profondément navrant. Sous le rire qu'il affecte, on sent la douleur aiguë de ce cœur déchiré par les continuelles infidélités de cette Armande Béjart qu'il aimait plus que tout au monde. Toujours, dans toutes ses pièces, c'était lui qui interprétait les rôles de jaloux, battu et trompé : Sosie, Georges Dandin, Pourceaugnac. « Vous n'avez qu'à considérer cette tristesse, ces yeux rouges et hagards, ce corps menu, grêle, noir » dit-il dans Pourceaugnac, et c'était de lui-même qu'il parlait. Il était seul peut-être à la cour à souffrir de cette situation recherchée par tant d'autres. *Peu en meurent, beaucoup en vivent*, jamais ce cinglant axiome ne fut plus vrai. Combien agissaient comme Soubise !

« Soubise n'était pas fière, dit Michelet, elle ne voulait que de l'argent, enrichir son mari. Elle n'avait d'enfants qu'avec lui et point avec le roi. Il n'allait pas chez elle, mais elle chez lui et la nuit... mandée au moment du caprice, attendue par Bontemps qui la menait, elle se levait d'auprès de son mari, dormeur heureusement, le premier ronfleur du royaume ; une fois, ainsi pressée, elle ne trouvait pas ses pantoufles, cherchait sous son lit, ramonait. Le mari dit en songe : « Eh mon Dieu ! prends les miennes ! » et il continue de ronfler.

En face de pareilles mœurs, on comprend quelle stupéfaction dut produire l'exemple du marquis de Montespan, criant et tempêtant, parlant d'honneur et de honte, comme autrefois le père de Diane à la cour de François Ier. Etrange anachronisme ! Et comme on le plaisantait ! Et comme il était ridicule ! Il est vrai qu'il avait un souci de la mise en scène peut-être un peu excessif. N'alla-t-il pas jusqu'à sortir, après l'accident, dans un corbillard dont les panaches avaient été remplacés par des cornes ! Le roi fit alors un coup d'éclat, au moins aussi bizarre ; il écrivit de sa main le divorce de M. et de Mme de Montespan, et fit porter cet acte au Châtelet. Après cela, on était fixé : c'était bien le régime du bon plaisir.

Ce qui prouve bien que les procès d'adultère, quand ils avaient lieu, étaient traités assez légèrement, c'est l'idée saugrenue qu'eut Madame de Courselle, poursuivie après flagrant délit, de présenter en vers sa défense à ses juges.

Pour un crime d'amour dont je ne suis coupable
Que pour avoir le cœur trop sensible et trop doux
Dois-je avoir un tyran sous le nom d'un époux,
Arbitres souverains de mon sort déplorable ?

L'impitoyable autheur des maux dont on m'accable
Ose-t-il se servir de Thémis et de vous,
Pour m'immoler bientôt à ses chagrins jaloux
Et me faire périr pour être trop aimable ?
Ah ! consultez de grâce et vos yeux et vos cœurs,
Ils vous inspireront d'être mes protecteurs,
Tout ce que l'amour fait n'est-il pas légitime ?
Et vous qui tempérez la sévère Thémis,
Pourriez-vous vous résoudre à châtier un crime,
Que la plupart de vous voudrait avoir commis ? (1)

Ce qui prouve bien l'excellence de cet argument renouvelé des Grecs, c'est que les juges y souscrivirent.

**

On est étonné quand, après avoir lu le récit de pareilles aventures, on jette les yeux sur un traité de droit de l'époque, au chapitre de l'adultère. Quelle disproportion ! Sévérité extrême dans les lois, relâchement plus extrême encore dans les mœurs ; peines terribles sur le papier, licence sans limite dans la vie réelle.

L'adultère, dit Le Brun de la Rochette, est la racine de tous malheurs. Ce crime (qui n'est aujourd'huy qu'un jouët à ceux et à celles qui ont arraché les dents à leur conscience afin qu'elle ne leur remorde plus) est d'autant plus exécrable qu'il a participation avec tous les autres plus énormes forfaits, car de soy il est capital par les loix divines et humaines. Il tient du larcin en ce que l'adultère n'estant pas à soy mesme, et n'ayant pas la puissance de son corps (comme veut la parole divine) desrobe à autruy ce qui lui appartient. De l'homicide en ce que par l'adultère les âmes des deux adultérans sont tuées par le

(1) Cité par Nicolas VENETTE, in *Tableau de l'Amour conjugal*.

péché, et à l'aventure ne reviendront jamais à resipiscence. Du pariure en ce que la foy si solennellement jurée devant Dieu et son Eglise y est violée. Du sacrilège en ce que les membres, qui doivent estre faicts le temple du Saint-Esprit, sont faicts les membres d'une paillarde, estant selon le dire de l'apostre, l'adultère faict un mesme corps avec elle, car, qui adheret meretrici, unum corpus efficitur cum meretrice. De la volerie en ce qu'un faux héritier est introduit par le moyen de ce vice en la maison d'autruy, qui vole l'hoirie aux enfants légitimes...

« La peine de mort, décernée par les loix civiles contres les adultères, a esté adoucie avec le temps, par aucuns des Parlemens de ce royaume, pour le regard de la femme, en considération de la fragilité de son sexe. Car, après qu'elle a esté accusée par le mary et convaincue du crime, elle est ordinairement condamnée à estre battue de verges une ou plusieurs fois, et après recluse dans un monastère pour y vivre en habit de séculière, deux ou plusieurs années, pendant lequel temps le mary la peut retirer si bon luy semble et où il ne la retireroit dans le temps préfiny par la sentence elle est contrainte prendre l'habit de religieuse et y vivre religieusement avec les autres recluses le reste de sa vye ; sa dot au surplus demeurant confisquée au mary.

« Aucune fois, la Cour, s'il ne se trouve monastère qui la veuille recevoir, commue la peine du monastère en celle de prison perpétuelle, en fournissant par le mary cinq sols par jour à la condamnée pour vivre.

« Les loix ont bien permis au père de tuer sa fille trouvée en adultère. Mais, en premier lieu, il faut pour la tuer impunément qu'il les aye trouvez en l'exercice de l'acte mesme, soit au lict, ou tout au moins, in præludiis, comme se baisant, la main aux tétins, ou

> ...in partibus illis
> In quibus occulte spicula tingit amor.

« Secondement, qu'il les aye trouvez adultérans en sa maison ou en celle de son gendre et non ailleurs. Tiercement qu'il les tue tous deux, ne pardonnant ny à l'un ny à l'autre, non pas mesmes à sa fille enceinte. Quartement que la fille soit en la puissance du père ce qui se doit entendre que nondum sit traducta in domo viri.

« Le mary seul est recevable d'accuser sa femme du crime d'adultère (bien que la femme ne soit recevable à en accuser son mary), et n'est permise l'accusation à autres, non pas mesmes aux agents du roy, encore qu'elle eût été prise sur le faict.

« Toutefois cette règle reçoit diverses exceptions : car le mary est non recevable à l'accusation d'adultère contre sa femme, s'il est luy mesme entaché de ce vice. Car la femme se voyant frustrée du contentement qu'elle doit recevoir des approches de son mary, se peut qu'elle ne conçoive une haine mortelle et irréconciliable contre celui qui l'a privée de ce bien. Que si les moyens de vengeance luy défaillent, bien souvent poussée d'une enragée jalousie, laschant la bride à l'impudicité, elle se dispense d'imiter son mary, duquel elle se croit fort vengée, luy rendant le change de sa perfidie : instruite, aux despens de la réputation de l'un et de l'autre et à l'ignominie de leur postérité, à son exemple de le frauder du devoir qu'elle luy a et de faire part de sa couche à autruy, comme il se va impudiquement veautrant dans des couches estrangères.

« La seconde exception est quand le mary, ou par sa négligence, ou par occasions par luy recherchées, a occasionné l'adultère de sa femme, ou luy-mesme en a esté le maquereau (1) ; ou quand le mary sçachant la vie desbordée de sa femme, la dissimule et passe soubs silence cinq ans entiers (qui est la vraye prescription de ce crime) et en l'un et l'autre cas est punissable.

« La fornication commise avec une fiancée est qualifiée adultère. De même aussi avec la femme mariée qui fait métier de prostitution, à condition que ce ne soit pas avec la tolérance du mary. En tous cas, soit la femme espousée ou seulement fiancée, chaste, lubrique ou putain, est interdit et flagitieux l'adultère.

« Que les adultères (qui ne cherchent que des prétextes pour couvrir leur impiété, comme les mouches les rognes en la face, plustôt que la chair bien polie) n'apportent icy pour exemple Abraham, Jacob, pour le nombre des femmes qu'ils ont eu, d'autant qu'il n'y en avait aucune prohibition, joinct que c'étaient mystères très hauts, que les théologiens interprètent figuratifs de la Synagogue et de l'Eglise, de la Loy de Moïse et de celle de la Grâce. Mais qu'ils voient plutôt que toute nation, sur la terre habitable, a ce crime en détestation (2). »

(1) L'accusation n'est pas recevable dans le cas de « la femme mariée qui au veu, au sceu, et patience de son mary, fait état de paillardise. » (Papon.)

(2) Le Brun de la Rochette, *loc. cit.*

Il nous reste à parler du crime de *bigamie*. Au XVIe siècle les bigames étaient pendus. Cette jurisprudence sévère fut appliquée à diverses reprises dans la première moitié du siècle suivant. C'est ainsi qu'en 1626 Jacques Balouseau, baron de Saint-Angel, ayant été convaincu par la Tournelle d'avoir « épousé plusieurs femmes vivantes », se vit condamner à la mort perpendiculaire. Par contre, le 22 janvier 1658, un individu qui comparaissait devant la même cour, sous l'inculpation du même méfait, fut simplement envoyé sur les galères du roi; l'avocat avait démontré que l'ordonnance criminelle ne portant point la désignation de la peine à appliquer à pareil cas, les juges ne pouvaient prendre sur eux de prononcer la peine capitale. Ceci n'empêcha pas d'ailleurs M. de Thou de conclure à la pendaison dans une affaire de bigamie qui fut plaidée, toujours à la Tournelle , le 27 août 1683. Il semble d'ailleurs que cette exécution ait été la dernière. On envoya dès lors les hommes coupables de convols multiples aux galères ou au pilori. Les femmes recevaient le fouet. Parfois même on les enfermait simplement en un couvent. Une coutume bizarre s'est maintenue jusqu'au XVIIe siècle ; le bigame exposé au pilori y était orné de deux quenouilles : la femme qui partageait ses faveurs entre deux époux légitimes y figurait coiffée d'un chapeau d'homme.

Comme preuve de la sévérité des juges pour

cette sorte de crime, on peut invoquer le témoignage de Molière. Pourceaugnac ne dit-il pas que
« *la polygamie est un cas pendable* ». Il convient
de citer aussi cette anecdote que nous empruntons
aux causes célèbres de Jory : Un juge interrogeant
un bigame à qui on faisait un procès, lui demanda
pourquoi ayant épousé une première femme, il en
épousait une seconde ? Le bigame lui répondit
qu'il était curieux d'en trouver une bonne et qu'il
avouait que son intention avait été trompée, et
qu'il désespérait d'en trouver. Eh bien, dit le juge,
vous en irez chercher une dans l'autre monde ; et
il l'envoya pendre.

Rappelons enfin le vieux proverbe bien désuet
et hors d'usage aujourd'hui : les deux femmes du
bigame filent la corde pour le pendre.

Mais en définitive les poursuites pour fait de
bigamie ont été de tout temps fort rares. Un procès de ce genre, et non des moins bizarres eut à la
fin du règne de Louis XIV un grand retentissement. Il s'agit de l'affaire du chevalier de Morsan.

Un notaire de Paris, Henri Donc, mourut en laissant trois enfants, dont une fille nommée Charlotte et qui était fort jolie. Un sieur Robert, qui de
par sa profession de clerc de notaire avait été en
relation avec la veuve et la jeune fille, s'éprit de
Charlotte et lui demanda sa main, qui lui fut accordée : mais Charlotte était au couvent de Saint-
Gervais, et les religieuses d'accord avec le tuteur
des enfants Donc, un certain Maro de Joigny, refu-
sèrent de la laisser partir. Robert complota un
enlèvement, qui fut exécuté le plus heureusement
du monde. Nonobstant l'opposition du tuteur, le

mariage eut lieu, et les époux goûtèrent pendant quelques mois les félicités de la lune de miel. Celle-ci décrût avec une rapidité que n'eût pu faire soupçonner un début aussi romanesque, et soit que Robert eût plutôt la fougue d'un amant que les qualités stables qu'exige le rôle d'époux, soit que Charlotte malgré l'âge tendre de quatorze ans, eût déjà un caractère peu facile à apprivoiser, la vie à deux devint tellement insupportable, que, de concert avec la jeune femme, Maro de Joigny jugea à propos de demander l'annulation du mariage sous prétexte qu'il y avait eu rapt et non consentement du tuteur. Comme bien on pense le procès fut perdu, et Robert autorisé à reprendre possession de sa femme qui s'était retirée dans un couvent. Plutôt que d'obéir à la sentence, Charlotte s'enfuit, et quelque diligence qu'il pût faire, son mari ne put ni la rejoindre, ni la découvrir par la suite. Après d'infructueuses recherches, Robert se persuada que sa femme avait changé de nom, s'était déguisée en homme et qu'elle était morte au cours de cette substitution d'état. Quatorze ans après la disparition de Charlotte, Robert, décidément convaincu qu'il était libre, convola en justes noces avec une veuve qui n'était pas fort éloignée d'atteindre son douzième lustre. Cette seconde union, non moins mal assortie que la première, quoique pour des raisons contraires, n'eut pas des destinées plus heureuses. La seconde femme quitta le toit conjugal comme avait fait la première : comme elle encore, elle s'en fut en un couvent, et comme Robert l'en voulait extraire de force, elle fit une enquête qui aboutit à la découverte de sa situation irrégulière : on n'avait pas la preuve de la mort de Charlotte, Robert était bigame.

Poursuivi pour ce crime, et sous le coup d'une accusation capitale, Robert se fit à son tour accusateur, et se plaignit que sa première femme lui avait été enlevée par Maro de Joigny. Il chercha à établir par des témoignages le plus étrange roman qui eût jamais été porté devant un tribunal, et que nous allons résumer en quelques mots :

« Charlotte Donc, raconta Robert, était partie du Palais aussitôt après le prononcé du jugement qui l'obligeait à reprendre avec lui la vie commune. Maro l'avait alors engagée à se travestir en homme, sous le nom de chevalier du Coudray. Effrayé les premiers temps par la perspective d'une descente de justice ou de l'arrivée de son mari, le chevalier s'était vite fait à sa nouvelle condition. Pour dépister les poursuites il change de nom plusieurs fois avant de s'arrêter à celui de Morsan. Il avait été loger chez une actrice, la Duclos, et en compagnie de celle-ci courut bientôt les aventures. Un jour qu'il y avait nombreuse réunion, Maro entre, et distraitement s'adresse au chevalier : « Eh bien ! Charlotte, comment cela va-t-il. » Ce mot imprudent amène des questions indiscrètes auxquelles on a peine à se soustraire. D'autre part les domestiques s'aperçoivent bientôt à l'état du linge que leur maître est sujet à une infirmité qui n'est point ordinairement l'apanage du sexe fort. Enfin, le chevalier tombe malade ; un prêtre vient le confesser, il lui adresse des exhortations auxquelles le singulier pénitent répond par ce mot : « Hélas! mon père, je ne suis

point un homme, je suis femme. » Et avant que
l'absolution n'eût été donnée, le chevalier mourut.
Il fut travesti jusque dans la mort, car on l'en-
terra comme un homme d'épée et comme un gentilhomme. Il est vrai que l'acte mortuaire du chevalier Maximilien de Morsan porte en marge cette
annotation surprenante. « Ne point délivrer cet
extrait facilement. »

Robert eut certainement quelques difficultés à
faire accepter aux juges cette extraordinaire histoire. Il parvint cependant, grâce aux témoignages qu'il invoquait, à jeter dans leurs esprits un
doute suffisant pour être acquitté. On ne lui accor-
da pas les dommages-intérêts qu'il réclamait, mais
on lui rendit sa seconde femme.

Plus tragique et non moins suggestive est
l'affaire Le Men (1), qui se déroule à Brest en 1703.
Une nommée Marie Ollivier, blanchisseuse, et par
surcroît faisant commerce de vieilles cartes, avait
perdu de vue son mari, le sieur Le Men, depuis
plus de quatre années. Elle ignorait ce qu'il était
devenu. Après avoir lié des relations avec un
amant, et appris « par ouï-dire » que son mari était
mort, elle avait converti en hymen religieux son
union très profane, pour effacer un scandale
déplaisant au curé de la paroisse. Juste au lendemain, le mari d'antan se présente ! on lui fait bon
accueil ; son fils, déjà un adolescent et qui est au
courant de la situation, sa femme et son rempla-
çant, le soldat de marine Brunet, dit Dupré. On ne
lui cache pas ce qui est arrivé ; en excellent homme

____

(1) CORRE ET AUBRY, *loc. cit.*, p. 423. Ex. Archives du
Finistère, fonds Brest, 1703.

il se contente de bien boire et manger dans le gîte
et ne s'effarouche pas d'avoir à partager le reste.
Mais la femme est gênée, elle voudrait bien se
débarrasser de Le Men. « Je voudrois, répétait-elle,
trouver quelqu'un, m'en deut-il couster deux louis
d'or, qui occiroit ce malheureux, pour qu'il allât
au diable, corps et âme, devrais-je ensuite estre
pendue. » Et, à une commère qui venait de lui
parler de la ressemblance de son fils Alain avec
son père : « Si elle eut sceu qu'il luy eut appartenu,
elle luy eut attaché une corde au col et une pierre
au bout et l'eut jetté dans la mer. » D'ailleurs, le
fils partage les doutes de sa mère sur son origine,
car il s'associe, sans trop d'hésitations, au complot
tramé contre Le Men par la femme Ollivier et
Brunet ; c'est lui-même qui présente au malencon-
treux revenant le bol de lait dans lequel on a
délayé de la mort-aux-rats. Le trio est emprisonné,
jugé par devant la sénéchaussée royale, où le procureur du Roi requiert contre lui la peine du gibet.

Les enfants issus du second mariage d'un
bigame étaient bâtards adultérins et inaptes à
succéder. Cependant ils pouvaient être légitimés
si la bonne foi d'un des conjoints était reconnue.
C'est ainsi que le Parlement de Paris, admit la
légitimité d'un enfant né dans les circonstances
suivantes. Une fille Marie David épouse en 1637
un nommé François Goulu, du Mans ; celui-ci
l'abandonne et s'engage aux chevau-légers. Sept
ans après Marie David obtient d'un officier de ce
régiment un certificat attestant la mort de Goulu :
munie de cette pièce, et malgré les protestations
du curé, à qui l'officialité force la main, elle

épouse son amant d'Oudet, elle en a un fils. Goulu revient. Malgré une sentence du lieutenant général du Mans, elle refuse de retourner avec lui, et continue à vivre avec d'Oudet. Elle meurt. D'Oudet soutient la légitimité de leur fils, en arguant de leur bonne foi, et un arrêt du 15 juin 1656 met l'enfant en possession des biens de sa mère.

.˙.

Nous ne pouvons terminer ce chapitre sur les affaires de mœurs relatives au mariage sans dire quelques mots sur la situation faite aux enfants nés dans la situation irrégulière que créait la séduction, l'adultère ou le rapt.

L'acte le plus important de l'état civil, dans la société actuelle, est l'acte de naissance établissant à la fois l'âge, le sexe et la filiation. Il n'en allait pas de même au XVIIᵉ siècle où les registres de l'état civil était quelque chose d'extrêmement vague et aléatoire : le seul endroit où l'on pût faire rechercher l'âge exact d'un homme, et vérifier son origine était la collection des registres où les curés de chaque paroisse inscrivaient les baptêmes : seule cette inscription sur l'état, non plus civil, mais ecclésiastique, faisait foi. Et cependant la nécessité de l'enregistrement exact des naissances aurait dû s'imposer d'une façon formelle à une époque où la recherche de la paternité était permise. En effet, il n'y avait rien alors d'équivalent à l'article 340 du Code civil : tout homme avait le droit d'établir juridiquement sa filiation, et de réclamer à celui à qui il devait d'être au monde, des moyens d'existence jusqu'à sa majorité. Ce droit, imprécisé dans les livres des juristes, est nettement établi par la pratique. Les archives regorgent de documents probants : les filles séduites ne manquaient jamais, lorsqu'elles avaient accouché, de poursuivre en justice l'auteur de la grossesse pour lui faire donner la charge de l'enfant. Citons comme exemple entre mille les faits suivants, relevés par Corre et Aubry (1) dans les archives des départements bretons.

Affaire de La Touche.

« Le bailli royal prononce à Brest, en 1690, un jugement contre François du Petit-Pré, sieur de la Touche, marchand sur le quai de Brest, convaincu d'avoir suborné et engrossé la fille Françoise Pellern, sa servante, le condamnant, pour la faute par luy commise, de payer la somme de cent livres en dot à ladite Pellern, et pour provision celle de cent livres pour la grossesse et frais de ses couches, et se charger en outre de la nourriture, éducation et entretien de l'enfant de ladite Pellern, jusqu'à ce qu'il soit parvenu à l'aage de sept ans, et passé luy apprendre un métier convenable à sa condition : de plus, à cinq livres d'amende au roi, et cinq livres à l'hospital général. »

Affaire de Plusquellec.

« Une demoiselle Charlotte Hervieu, fille mineure, âgée de dix-neuf ans, demeurant chez son père, no-

---

(1) Armand CORRE et Paul AUBRY : *Documents de criminologie rétrospective*, (Bretagne, XVII* et XVIII* siècle.) In Bibliothèque de criminologie (XII) in-8*, 580 p., Lyon, 1895.

taire et procureur de la juridiction de Callac, intente un procès au sieur de Plusquellec, écuyer, faisant la fonction de contrôleur des exploits et actes, sous Me René Soreau, dont il a épousé la fille et dont la femme dudit Soreau est marraine de la suppliante. Tout ce monde loge dans la même maison, et la similitude d'habitation, autant que la communauté de profession, entretient dans ce milieu une certaine familiarité de relations. Le sieur de Plusquellec en a-t-il profité, bien que marié, pour satisfaire un caprice avec la demoiselle Hervieu ? Celle-ci a-t-elle, dans son instinct de coquetterie et de rivalité jalouse contre l'épouse de son voisin, appelé des intimités dangereuses ? Toujours est-il qu'un enfant est survenu, que Charlotte attribue au contrôleur d'exploits et dont ce dernier récuse avec énergie la paternité. Entre gens de loi, on prévoit que les choses marcheront à coup de papier timbré ! on commence par se renvoyer l'enfant par huissier.

« Le 4 mai, procès-verbal de sommation fait audit sieur de Plusquellec de prendre et nourrir l'enfant dont est cas... La présentation de ce grimoire est accompagnée du petit enfant, qu'un des assistants porte sur les bras. Et l'huissier constate ainsi la scène : auquel (sieur de Plusquellec), parlant à sa personne, après avoir posé ledit enfant bien doucement sur son lit, en bas de sa demeure, bien sain et sauff d'aucun mal, je lui ai fait sommation et commandement de la part du roy et d'authorité de justice de se posséder dudit enfant et d'en prendre à l'advenir la garde et conformation, affin de le norir ou faire norir ou entretenir à l'advenir, comme bon luy semblera, luy fait défense de luy faire ni causer aucun mal, ni de l'exposer en aucun fâcheux endroits, soit par luy, ceux de sa famille ny autres... Ledit sieur de Plusquellec conteste formellement avoir jamais eu connaissance avec laditte Hervieu, qu'il n'y a aucun jugement qui porte condamnation contre ledit de Plusquellec de se charger de l'enfant dont il est accusé par laditte Hervieu d'être père.

« Et l'huissier est obligé de s'en revenir avec son assistant, reportant l'enfant à sa mère (1). »

Pour faire intervenir l'huissier, la demoiselle Hervieu et son père n'avaient pas attendu la réponse à la supplique qu'ils avaient adressée dès le 20 avril aux magistrats de Callac. Il faut avouer que si la demoiselle peut arguer d'une séduction plus ou moins forcée, elle relate des circonstances bien improbables à l'appui des violences qui auraient accompagné les incidents.

La jeune fille était venue chez sa marraine, un dimanche de juin « qu'elle ne peut précisément cotter » (2), pendant une absence de son père et de sa mère. Entendant marcher dans une chambre située au-dessus de l'appartement des époux Plusquellec et qui était la sienne, elle était montée et s'était trouvée face à face avec le sieur de Plusquellec, « aussitôt qu'il la vit entrer, il ferma la porte de ladite chambre sur elle et luy, et la prit de vive force, à la brassée, et l'ayant renversée sur le plancher, près la porte, auprès d'une armoire qui y était placée, lui aurait fermé la bouche pour l'empêcher de crier à la force, et l'aurait par force viollée et esflorée et jouy de sa personne, et a continué d'en user de la même manière, l'on veut dire de jouir de sa personne, dans touttes les occasions où il a pu capter l'absence des père, mère, et frères de la suppliante, ce qui luy estoit très facile puisqu'ils estoient dans une même maison. »

(1) CORRE et AUBRY, *loc. cit.*, p. 423 et 432.
(2) Ludovic Halévy affirme cependant quelque part dans ses *Petites Cardinal* qu'il y a trois dates qu'une femme n'oublie jamais : celle de sa naissance, celle de sa première communion, et celle..... dont il est cas.

Mais pourquoi, après des rencontres aussi forcées, Charlotte se taisait-elle et supportait-elle son mal en silence... jusqu'au jour où sa grossesse la contraignit enfin à des aveux ?

Le recherche de la paternité amenait parfois d'étranges situations. Nous venons de voir que des hommes mariés pouvaient être amenés à reconnaître les enfants qu'ils avaient eus d'un commerce adultérin. Ceci se voyait même dans les familles royales, et Henri IV n'en fut pas exempt. La Belle Gabrielle ne l'obligea-t-elle pas à reconnaître un fils qu'il fit prince et duc de Vendôme, et qui d'ailleurs était l'œuvre de Bellegarde ? Voilà donc un enfant qui avait trois pères : un légal, le mari de sa mère, Liancourt ; un père naturel, Bellegarde, et un père adoptif, Henri IV. L'excès en tout est un défaut : avoir trois pères est peut-être pis que de n'en avoir pas du tout.

Louis XIV fit plus encore quand il légitima ses bâtards, le duc du Maine et le comte de Toulouse, qu'il avait eus de la Montespan, et le comte de Vermandois, fils de Mlle de La Vallière ; bien plus, il obligea le Parlement à leur reconnaître le droit de succéder, et en tout cas de faire partie du Conseil de régence. On sait que le premier acte du Parlement après la mort du Grand Roy fut de casser cet arrêt.

L'histoire impartiale a fait ce que les experts et les juristes n'eussent point osé faire. Elle a poussé plus loin que les Parlements la recherche de la paternité dans la famille royale : elle a voulu établir si les héritiers du trône de France n'auraient pas eu à chercher leurs véritables ascendants en dehors de la race des Bourbons. Louis XIII fut-il le fils d'Orsini, et Gaston d'Orléans l'enfant du maréchal d'Ancre ? Est-ce au duc de Buckingham, au beau Georges Villiers, que Louis XIV dut le jour ? Autant de problèmes de médecine rétrospective où la critique actuelle n'a souvent d'autres armes que les malignités invérifiables des contemporains.

Il n'est pas douteux, en tout cas, que la recherche de la paternité eût été dangereuse dans de certaines occasions, et que, bonne arme dans la main des filles du peuple qui voulaient se débarrasser de leurs enfants, elle n'a jamais été employée dans la société aristocratique qui en comprenait déjà les graves inconvénients.

La recherche de la maternité, par contre, était protégée par les lois. Nous verrons plus loin, à propos des attentats contre le produit de la conception, de quelles peines rigoureuses étaient menacées les femmes qui abandonnaient leurs enfants ou essayaient de dissimuler leur grossesse. La déclaration de naissance était obligatoire pour la mère, et nul à cette époque n'avait le droit de venir au monde sous la rubrique : père et mère inconnus. Nous verrons aussi que malgré l'édit d'Henri II, malgré les arrêts et les ordonnances qui l'ont suivi, l'abandon des enfants était relativement fréquent.

CHAPITRE VI

Les Perversions de l'Instinct sexuel.

———

Et pour combler leurs vœux, chacun d'eux tour à tour
Fait l'action suprême, la parfaite extase,
— Tantôt la coupe et la bouche, et tantôt le vase.
Pâmes comme la nuit, fervents comme le jour,
Leurs beaux ébats sont grands et gais. Pas de ces crises,
Vapeurs, Nerfs ; non des jeux courageux, puis d'heureux
Bras las autour du cou,.....

                                 Verlaine.

    Éphèbe aux petits os, au peu de chair, mélange de force
qui viendra et de grâce qui fuit. O moment indécis du
corps comme de l'âme, nuance délicate, intervalle imperçu
de musique plastique, sexe suprême, mode troisième !

                        Sar Péladan ; *l'Androgyne.*

Nous avons dit au commencement du chapitre
précédent qu'au XVIᵉ siècle la culture intellectuelle
s'était accompagnée d'une amplification de la vie
génitale ; ajoutons ici que comme au siècle de Périclès, comme au siècle d'Auguste, l'instinct sexuel
ne s'était pas seulement raffiné, il s'était perverti.
Mais avant d'aborder le côté historique de la question et de voir comment le siècle de Louis le Grand
s'est comporté en face de l'héritage de vices que
lui avaient légué les siècles précédents, il est nécessaire de définir nettement le sujet et de s'enten-

dre sur la portée et le sens des termes employés
en matière de perversions génésiques.

Jusqu'à ces dernières années, l'étude des anoma-
lies de l'affectivité avait été laissée aux littérateurs.
Depuis Pétrone jusqu'à Balzac, nombreux avaient
été les débitants de tranches de vie qui avaient
exposé dans leurs romans et dans leurs satires,
voire même sur la scène, les mœurs des invertis,
les amours antiphysiques, les satisfactions uni-
sexuelles. Toujours ils avaient montré ces ta-
bleaux licencieux en s'excusant de la liberté grande, et en rachetant le scandale que devait causer
une telle exhibition par l'expression de leur mépris et de leur écœurement en face des horreurs
révélées par eux. On s'entendait pour tonner contre les misérables enfants de Sodome : nul ne cherchait les causes sociales ou individuelles d'un état
mental, cependant morbide, répandu en tous pays
et commun à tous les siècles. Ç'aura été la plus mé-
ritoire audace de la science contemporaine d'être
descendue, armée de l'esprit d'analyse, dans les
abîmes de Gomorrhe pour diagnostiquer la maladie d'avec le crime, et rechercher la part de tous
dans la faute de quelques-uns, c'est-à-dire le rôle
des conditions sociales dans la perversion d'un
certain nombre d'individus. Rappelons seulement
l'enquête provoquée par l'école médico-légale lyon-
naise, enquête qui aboutit à la publication du livre
de Raffalovich : grand scandale, grande vérité.

Depuis que la question a été mise au point, on
ne voit plus toujours dans l'uraniste un criminel
de droit commun, passible de la pendaison comme
autrefois, de la prison comme dans l'Angleterre

contemporaine, mais un sujet ayant une attraction congénitale ou acquise vers des individus du même sexe, et aussi peu poursuivable pour ce fait que l'homme attiré par la beauté féminine. Et sans aller aussi loin que Raffalovich demandant l'égalité de l'homo et de l'hétérosexualité, et proclamant l'amour d'Adonis aussi naturel que celui de Vénus, on est bien obligé de reconnaître que la prostitution mâle n'est ni plus ni moins inexcusable que la prostitution féminine.

La perversion de l'instinct sexuel peut affecter diverses formes et conduire à différents types morbides ; laissant de côté le sadisme et le masochisme ou passivisme, nous nous attacherons spécialement à l'étude de l'amour homosexuel, pédérastie et saphisme, et à celle des rapports génitaux de l'homme et de la bête. Ce sont d'ailleurs les seules formes de l'inversion prévues et définies par les législations de l'époque qui nous intéresse, les seules aussi qu'aient étudiées les médecins légistes du XVIIe siècle.

La pédérastie (παις, enfant, εραω, j'aime) est étymologiquement l'amour de l'enfant. On tend de plus en plus à lui attribuer le sens général d'amour de l'homme pour l'homme. Elle aurait donc la signification d'*amour grec* ou comme disent les Allemands d'*uranisme* (urning), mais elle n'est nullement synonyme de sodomie, ce dernier mot désignant d'une façon précise le coït anal accompli soit sur l'homme, soit sur la femme ; c'est ainsi qu'on a parlé de la sodomie conjugale.

Cette terminologie, d'ailleurs imprécise, ne correspond nullement à celle qu'employaient nos ancêtres au temps du Grand Roy. Elle était essentiellement flottante et variable. Aussi n'avancerons-nous pas un terme sans l'appuyer d'une définition empruntée aux sources les plus respectables :

Jean Papon fait remarquer très justement que la loi ne se sert pas d'un mot spécial pour désigner les crimes de perversion : On lit en effet dans la loi Stuprum (*34, de adult.*) : « L'adultère se commet sur la femme mariée, le stupre sur la veuve, la vierge et le jeune garçon » (1). Voici donc confondues en un seul terme le viol, la défloration et la sodomie.

Une confusion inverse est adoptée par les jurisconsultes ; ils font rentrer dans le cadre de la sodomie une série de délits ou de crimes qui en sont nettement distincts, même au point de vue de la pénalité. Et encore cette confusion s'étend-elle aux attributions les plus diverses. Pour le Brun de la Rochette (2), par exemple, « ce crime se commet en trois diverses sortes toutes différentes, sçavoir, ou quand l'homme se corrompt et contamine soymême sciemment (et non quand en songe :

Nocturnam maculat vestem ventremque supinum),

ou quand il exerce sodomie ou avec autre homme, ou avec la femme (relicto naturali usu), ou avec les bestes brutes. »

Papon est à la fois plus compréhensif et plus obscur. Je cite textuellement :

(1) PAPON : *Trias judiciel du second notaire*, p. 454.
(2) LE BRUN DE LA ROCHETTE, *loc. cit.*, n. 22.

« L'on trouve six sortes de cette malheureuse et flagitieuse ordure, dont :

« La Première, quand l'homme abuse d'un impubère, dont Caligula empereur et infinité d'autres Princes Romains sont chargés par leurs mesmes historiographes qui en ont écrit choses abominables.

« La Seconde... c'est quand sans l'usage du naturel, et contre iceluy la femme se met à corrompre l'homme, et faire encore l'office d'homme et l'homme de la femme.

« La Troisième, la femme veut elle-même être mise au poinct de ladite corruption et pour en venir là soy joindre à l'homme, et soy presser contre nature avec iceluy, sans user aucunement du naturel. De ce parle l'Ange en son traité des maléfices (*che me hai adulterato la mia donna*) qui là mesme représente l'excès effrené de la luxure de plusieurs vesves, qui par trop affectionés à leur sensualité, et néantmoins craignant qu'il en apparaisse par tumeur du ventre ou autrement, craignent de soy abandonner aux hommes, et user de l'office de nature, aimans mieux donner à ceste orde et brutale lasciveté. Telles, dit-il, sont dignes de mort.

« La Quatrième, se treuve escrite de pareille vilenie, c'est quand deux femmes conviennent et ensemble s'attaquent à soy corrompre mutuellement par efforts et attouchements sordides et contre nature, sans l'usage ordinaire et naturel. De cette luxure parlent selon l'interprétation d'aucuns les Empereurs en ladite loy fœdissimam. Cy sur ladite loy raconte qu'ils se trouvent femmes tant abominables qu'elles suyvent autres femmes, tout aussi ou plus que l'homme pourrait faire la femme.

« La Cinquième sera de celui qui de ses mains et propre œuvre contre nature se corrompt expressément et sciemment.

« La Sixième sorte est sur toutes autres abominable, détestable et horrible : indigne certe d'être escrite et proposée, comme n'y a celui qui ne s'en deust taire, sans ce que la loy divine, mise au Lévitique en a parlé. La femme, dit le Lévitique, qui voudra et fera son effort d'être congnue charnellement d'un animal et brute doit mourir. »

De ce texte fort réticent, et peu limpide, on peut conclure que pour Papon la sodomie comprend tout à la fois la pédérastie, les coïts anormaux, le saphisme, la masturbation et la bestialité.

Il est un autre terme, actuellement inusité, que les anciens auteurs employaient parfois pour désigner la sodomie, et que nous rappellerons à cause de son étrangeté, et des discussions qu'a soulevée son étymologie. C'est le mot *bougrerie*. On a prétendu que c'était une corruption du mot Bulgare, et qu'il indiquait que les Bulgares, c'est-à-dire les Slaves primitifs étaient censés avoir introduit l'inversion en Europe. Rien n'est plus faux d'ailleurs. Mais pour nous en tenir au seul point de vue philologique, et malgré l'existence de la forme intermédiaire boulgrerie, je ne suis pas éloigné de me ranger à l'avis de Le Brun, quelque bizarre qu'il paraisse à première vue : « Nous appelons la sodomie bougrerie, dit-il, à l'imitation des Italiens, qui ont nommé ceux qui en sont atteints *Buzzeroni*, c'est-à-dire *buzze erroni*, et de faict lorsqu'on exécute quelqu'un à mort en Italie, s'ils sont interrogés pour quelle cause se fait l'exécution, leur commune réponse est que *ha errato il buzo*, qui signifie trou en leur langue. »

.·.

Il est inutile de rappeler ici et de prouver à nouveau ce fait indiscutable, à savoir que l'inversion sexuelle a existé de tous temps et en tous pays : il est plus important d'en chercher la raison. Après avoir succinctement passé en revue les causes individuelles qui amènent un sujet à l'homosexualité, nous rechercherons dans quelle mesure il y a eu pour l'époque qui nous occupe des causes sociales en ayant amené l'extension, et nous verrons à ce sujet si l'inversion fut chose fréquente au XVIIe siècle.

J. Chevalier (1) et Dusolier (2), s'inspirant tous deux des idées de M. le professeur Lacassagne, ont déterminé et décrit plusieurs causes d'inversion, les unes physiologiques, on pourrait même dire anatomiques, les autres morales ou psychiques.

Magnan et Gley ont en effet prétendu que certains sujets naissent avec des cerveaux féminins : c'était dire que le cerveau présente un centre spécialisé pour l'appétit génital, ce centre pouvant être mâle ou femelle, et le cerveau étant par conséquent sexué. Quant à la localisation précise de ce

(1) *L'inversion sexuelle*, Lyon, 1893, in-8°.
(2) *Psychologie des derniers Valois*, thèse de Lyon, 1895.

13

noyau, elle n'était faite que par hypothèse ; la
grande influence de l'olfaction sur le sens génésique avait fait supposer que le centre sexuel avoi-
sinait le centre olfactif de Ferrier dans le gyrus
uncinatus ou celui de Zuckerkandl dans la corne
d'Ammon, mais outre qu'on ne peut pas conclure
du voisinage anatomique de deux centres à leur
parenté fonctionnelle, ni inversement, l'hypothèse
du cerveau féminin chez le pédéraste a été réfutée
par Recklinghausen, et surtout par Krafft-Ebbing
après de probantes autopsies .

Mantegazza a émis une autre théorie fort séduisante au premier abord. Les nerfs destinés aux organes génitaux, dit-il, vont se terminer, chez les
invertis, dans la muqueuse rectale, et pour provoquer toute excitation vénérienne, il faut néces-sai-
rement aller les impressionner là où ils se trouvent. Cette théorie, que l'expérience n'a d'ailleurs
pas vérifiée, a le grave défaut de ne s'appliquer
qu'aux pédérastes passifs, aux pathici, et non aux
actifs, aux cinædi.

On a attribué aussi l'inversion au désordre mental produit par un violent chagrin, par une masturbation effrénée, par l'éclosion de la syphilis. C'est
cette dernière raison qui a été mise en avant par
Dusolier pour expliquer la transformation de
Henri III à son retour de Venise.

Stark ne craint pas dire que le pédéraste ne
voit dans la satisfaction de l'appétit unisexuel que
le moyen de se procurer une volupté plus intense
que celle qui résulte du coït vaginal. Cela expliquerait la sodomie, non l'uranisme, surtout pas l'uranisme chaste.

Restent deux causes infiniment plus vraisemblables : l'impossibilité morale ou sociale de forniquer de la façon normale ; impossibilité morale par crainte de la vérole, ou de la grossesse, ou encore, chez certains épuisés, parce que le coït homosexuel constitue le seul raffinement, la seule nouveauté capable d'exciter leurs centres érecteurs ; impossibilité sociale, pour le prêtre condamné au célibat, pour le marin ou le prisonnier éloignés de toute occasion de satisfaire le « rut plus douloureux que la faim », comme disent les romanciers modernes.

Il y a donc de nombreuses causes pour expliquer l'apparition de l'amour homosexuel : surexcitation des sens épuisés, besoin d'un trompe-la-faim, faiblesse d'esprit ou dilettantisme, sans compter les cas nombreux d'avilissement mercantile. Et l'on comprend que dans toutes les sociétés, à toutes les époques, sous les dehors les plus gravement chastes, Sodome existe, vénale et menaçante, la ville invisible. Mais pour expliquer sa plus ou moins grande extension à telle ou telle époque, il faut voir les choses de plus haut, et leur chercher des causes sociales.

Le propre de la centralisation dont la France était déjà victime sous la monarchie, et qui n'a fait, d'ailleurs, qu'empirer depuis, est de proposer pour modèle à la nation entière l'exemple de la capitale. Or, si la capitale est le cerveau du pays, ce qui est discutable, elle en est surtout la sentine ; les mœurs étant toujours d'autant plus corrompues que la population est plus dense, le luxe et la fortune plus répandus, et la proportion de l'élé ment cosmopolite plus élevée. Sous la royauté le problème se compliquait d'une autre donnée : si la France imitait la ville, la ville copiait la cour : La Bruyère l'a dit et répété. Tout ce qui se faisait au Louvre et à Versailles était immédiatement et sans discussion adopté comme la norme et la loi du bon ton, de l'élégance, et même de la morale. Aussi peut-on poser en principe que toute forme du vice excusée, bien plus, glorifiée par l'exemple de la cour, devenait chose permise, chose naturelle, et presque chose obligatoire pour Paris d'abord, pour la province ensuite. Nous l'avons déjà fait remarquer au sujet de l'adultère devenu pain bénit sous le règne de la Montespan et de la Soubise, nous ne pouvons que le répéter au sujet de la pédérastie.

Quand Henri III, revenant de Pologne, contracta à Venise ce mal que les Français appellent napolitain, il renonça à Vénus qui lui fut si peu clémente, et établit la prostitution mâle sur le trône de France. Ce fut la belle époque des mignons : la sodomie, le délit de l'épine du dos, était appelée le beau vice : Quélus, Schomberg, Maugiron, Nogaret de la Valette duc d'Epernon, le duc d'O, et peut-être le bel Anne de Joyeuse furent les héros du jour. Toute la haute et basse gentilhommerie de France leur empruntait leurs modes nouvelles, et autre chose avec. Etienne Jodelle chantait le *Triomphe de Sodome*, et les pamphlétaires riaient sans mordre dans la *Pétarade de Maugiron*.

Or, malgré la réaction violente tentée sous Henri IV, l'inversion florissait encore à la cour, sous Louis XIII et Louis XIV. Elle n'aboutissait pas, la lutte entreprise par la magistrature qui mettait à l'index le *De Matrimonio* de Sanchez, à cause de l'extrême largeur de manche de l'éminent casuiste pour un péché qui était le pain quotidien au confessionnal.

Mais, c'est qu'aussi l'inversion prenait ses modèles sur les marches du trône : Philippe d'Orléans, frère de Louis XIV, l'autorisait par son exemple, tandis que, de l'autre côté de la Manche, elle comptait parmi ses adeptes une lignée de rois depuis Jacques Ier jusqu'à Guillaume III.

Il ne semble pas cependant que le mal ait étendu des racines profondes : seules les hautes classes de la société nous apparaissent atteintes. Le peuple devait se contenter de jouissances plus simples. La partie saine de la population, les campagnards, les habitants des petites villes l'avaient en horreur ; l'inversion apparaît dès lors comme un symptôme de dégénérescence de certaines races. N'est-ce pas en effet une loi générale de l'histoire comme de la biologie que chaque famille a sa période de progrès, son apogée, son déclin. L'inversion sexuelle venait dans la race, comme la paralysie générale (1) dans l'individu, consacrer et hâter sa déchéance, l'empêcher de se reproduire et de se perpétuer, l'annuler. Ce principe de la transformation, du renouvellement des sociétés par la destruction des familles épuisées et désormais improductives, se vérifie d'une façon éclatante pour les dynasties royales : il est tout aussi exact pour les autres descendances. Et ici entrent

---

(1) Il est bien entendu que nous parlons en thèse générale et non pour le cas particulier du XVIIe siècle : la paralysie générale n'était pas décrite à cette époque.

en ligne de compte les mariages consanguins répétés pendant des siècles, l'abus des plaisirs, la persistance du séjour dans les grandes villes. Décadence et faisandage voilà les deux mots qui dépeignent l'état d'une caste ou d'une famille au moment où l'inversion apparaît pour la détruire. Et en ce sens-là l'inversion de l'uranisme peut être un bienfait. « La pédérastie d'Henri III nous a valu Henri IV, s'en plaindra-t-on ? (1) » Et c'est ici qu'il faut se souvenir de la très juste pensée de Schopenhaüer ; le grand philosophe qui a proposé le suicide cosmique écrivait en 1859 : « L'inversion sexuelle étant un signe de violente perturbation psychique, et se rencontrant assez fréquemment chez les vieillards déments ou paralytiques généraux, n'a que des avantages. A ces malades la nature a donné des penchants non pour la femme, mais pour l'homme afin de s'opposer à la dégénérescence physique du genre humain (2). »

Cette spécialisation de l'uranisme dans les hautes classes, cette localisation de l'amour homosexuel chez les grands, est vraiment caractéristique du XVIIe siècle. Ce vice était indiscutablement bien moins généralisé, bien moins répandu qu'au XVIe ; on ne peut guère admettre l'opinion de Michelet parlant en ces termes de la décadence de la société tout entière : « Lisez les sonnets de Shakespeare si beaux et si bizarres. Vous y entrevoyez la décomposition d'un monde, et il y en a quelque

(1) Cf DUSOLLIER, *loc. cit.*

(2) Arthur SCHOPENHAUER : *Die Welt als Wille und Vorstellung*, Leipzig, 1859 (Le Monde comme volonté et comme représentation).

chose aussi dans ses comédies. Ses hommes-femmes, ses femmes-hommes, ce dévergondage d'esprit montre un pays bien fatigué. Tristes équivoques d'imaginations maladives (historique pourtant, voyez le beau Cinq-Mars, le beau Buckingham), elles disent la fin d'une société qui ne veut plus de la nature (1). »

Un autre fait très remarquable est l'absence de toute allusion à l'inversion dans la littérature, en France du moins : progrès considérable de la moralité depuis la Renaissance, où le vice d'Italie avait ses poètes. En Angleterre, en dehors des fameux sonnets, nous trouvons une comédie où le sujet est traité sans ambages, sans voiles pudibonds, aussi clairement que dans tel roman de Balzac ou de Pierre Louys (2). Je veux parler de la *Rechute* de sir John Vanbrugh (1696). Le héros de la pièce a recours à un vieil usurier, qui en échange du service demandé, veut lui mettre la main dans « le sein ». Le jeune homme refuse en l'appelant « vieille Sodome » ; mais quand l'usurier a consenti à lui venir en aide, le jeune homme lui dit : « Si vous le désirez, vous pouvez mettre votre main dans mon sein. » Il est vraisemblable que la censure contemporaine tolérerait difficilement une pareille scène, qui serait d'ailleurs peu goûtée du public.

Examinons maintenant avec quelques détails les cas les plus connus d'inversion à l'époque qui nous occupe.

(1) MICHELET : *Histoire de France*, tome III, p. 213.
(2) Cf. BALZAC : *Une passion dans le désert* ; Pierre Louys : *Aphrodite*.

En France, la famille royale semble plus particulièrement éprouvée, aussi bien dans les branches légitimes que dans les branches bâtardes. D'un côté ce sont les Condé, le père à qui Henri IV maria Mlle de Montmorency, parce qu'il le savait ennemi des femmes, et le fils, vainqueur de Rocroy ; Gaston d'Orléans, frère du roi Louis XIII, et Philippe, frère de Louis XIV, le Grand Dauphin lui-même. De l'autre, ce sont Vendôme, fils d'Henri IV et ses petits-fils, le maréchal « qui prit Barcelone et la vérole du mauvais côté » et le prieur de Vendôme ; puis le comte de Vermandois, fils de Mlle de La Vallière.

A tout seigneur, tout honneur, commençons par les rois :

Louis XIII, qui s'était surnommé lui-même le Juste et le Chaste, n'a jamais mérité l'une et l'autre de ces épithètes que quand il n'a pas pu faire autrement. Sa continence avec les femmes n'avait d'autre cause que son impuissance, qui rend si étrange l'histoire miraculeuse de la naissance de Louis XIV, et permet d'accueillir le bruit qui fait de son fils aîné l'enfant de Buckingham. Le récit de ses amours mâles nous a été légué par les anecdotiers. Il est probable qu'il ne poussait pas fort loin ses privautés. Il n'avait ni la virilité, ni les forces d'Henri III, il n'en avait que les passions ou du moins les velléités. « L'admiration de la beauté (admiration non pure, mais abstinente) est le vice singulier des princes du temps, tous Italiens dégénérés. Le faible et gras Jacques Ier (fils éreinté du chanteur Rizzio) n'a aucun besoin de maîtresses, il lui suffit d'avoir une jeune âme, docile et imparfaite encore, que lui, Jacques, formera, rendra parfaite ; cette âme est Buckingham. Le castoiement (comme dit le moyen âge), le plaisir, non de châtier avec des coups, mais de gronder, de corriger, d'humilier, de faire pleurer, de se brouiller toujours, pour se raccommoder sans cesse, c'est tout l'amusement de ces rois. Louis XIII n'avait d'autres plaisirs. Jusque-là peu heureusement. Son premier ami, Baradas, jeune homme grand et fort, était un rustre qu'on ne pouvait mener ainsi. Saint-Simon (1) fut trop nul, et M¹ˡᵉ d'Hautefort au contraire eut trop d'esprit gascon, de nerf, de saillie (2). »

Cinq-Mars aurait donc été plutôt l'ami de Louis XIII que son amant, et il est curieux de rapprocher ces relations étranges de celles que ce prince eut avec M¹ˡᵉ de Hautefort. Qui ne se souvient de l'anecdote des pincettes : Hautefort avait caché dans son sein un billet, avec l'intention évidente d'amener le roi à des fouilles dont les suites eussent été incalculables ; Louis XIII, après de longues hésitations, se décida enfin à pénétrer dans ce réceptacle habité par les grâces, mais armé d'une paire de ces pincettes d'argent qui servaient à moucher les chandelles. Voilà, certes, un pauvre amoureux, bien peu viril. C'était d'ailleurs l'avis de M¹ˡᵉ de Lafayette, à qui pareille aventure advint, ou peu s'en faut.

Cette mauvaise langue de Tallemant des Réaux ne partage point cette manière de voir, du moins

(1) Le père de Louis de Saint-Simon, auteur des *Mémoires.*

(2) MICHELET : *loc. cit.*, p. 325.

en ce qui concerne Cinq-Mars. Oyez plutôt l'historiette suivante : « Fonterailles dit qu'étant entré une fois à Saint-Germain, fort brusquement, dans la chambre de M. le Grand, il le surprit comme il se faisoit frotter depuis les piez jusqu'à la tête d'huile de jasmin, et se mettant au lict, il lui dit d'une voix peu assurée : « Cela est plus propre. » Un moment après on heurte : c'est le Roy. Il y a apparence, comme dit le fils de feu Lhuillier à qui on contoit cela, qu'il s'huisloit pour le combat (1). »

Louis XIV avait un tempérament trop énergique, trop mâle, pour hériter de la perversion de son père putatif. Ce ne fut cependant pas la faute du cardinal Julio Mazarini, qui essaya, sans succès, de l'asservir par un procédé plus habile que louable. Laporte nous a laissé le récit de l'immonde attentat commis par l'illustrissimo facchino. « A la Saint-Jean de 1651, raconte le valet de chambre du roi dans ses mémoires, Mazarin invita l'enfant à dîner. On dîna vers midi. Il revint à 7 heures du soir. Que se passa-t-il dans cette longue fête ? on ne le sait ; mais il revint triste, et voulut se baigner », et Laporte « vit bien de quoi il était triste ». C'est un de ses neveux que le cardinal avait employé pour cette malpropre besogne. Ses relations royales ne lui portèrent d'ailleurs pas bonheur. Il fut tué à dix-sept ans au combat du faubourg Saint-Antoine. Notons en passant l'inconséquence inqualifiable d'Anne d'Autriche qui disait : « Mazarin n'est pas dangereux pour les femmes, il a d'autres *mœurs* », et qui lui confie son fils.

(1) Tallemant des Réaux : *Historiettes*, t. II.

.

Si l'éminence de Piseina ne réussit pas à domestiquer Louis en l'avilissant, il parvint admirablement à efféminer son frère Philippe. La biographie entière du duc d'Orléans tient dans ces lignes de Saint-Simon : « Le goût de Monsieur n'était pas celui des femmes, et il ne s'en cachait pas. Ce même goût lui avait donné le chevalier de Lorraine pour maître, et il le demeura toute sa vie. » Il se maria deux fois, dit Raffalovich, et eut des enfants de ses deux femmes, mais il fut aussi femme que sa première Madame, et plus femme que la seconde. Il faut lire dans les mémoires de Mme de Lafayette, dans ceux de l'évêque de Valence, Daniel de Cosnac, de quelle manière le premier prince du sang était estimé de ses contemporains. C'est de Saint-Simon qu'est cet excellent et mordant portrait peint au moment de la mort de Monsieur :

Personne de plus mou, de plus faible, de plus timide, de plus trompé, de plus gouverné, ni de plus méprisé par ses favoris, et très souvent de plus malmené d'eux, tracassier et incapable de garder aucun secret, soupçonneux, défiant... et redisant des uns aux autres..., un goût abominable, que ses dons et les fortunes qu'il fit à ceux qu'il avait pris en fantaisie avaient rendu public avec le plus grand scandale, et qui n'avait point de bornes pour le nombre, ni pour le temps. Ceux-là avaient tout de lui, le traitaient souvent avec beaucoup d'insolence, et lui donnaient souvent aussi de fâcheuses occupations pour arrêter les brouilleries de jalousies horribles... Le chevalier de Lorraine et Châtillon avaient fait à la cour de Monsieur une grande fortune par leur figure, dont Monsieur s'était entêté plus que de pas un autre. Le dernier qui n'avait ni pain, ni sens, ni esprit, s'y releva et y acquit du bien.

L'autre prit la chose en guisard, qui ne rougit de rien, pourvu qu'il arrive, et mena Monsieur le bâton haut toute sa vie, fut comblé d'argent et de bénéfices, fit pour sa maison ce qu'il voulut, demeura toujours publiquement le maître chez Monsieur..., sut se mettre entre le Roi et Monsieur et se faire ménager, pour ne pas dire craindre, de l'un et de l'autre, et jouir d'une distinction, d'une considération et d'un crédit presque aussi marqué de la part du Roi que de celle de Monsieur.

Monsieur était un petit homme ventru, monté sur des échasses, tant ses souliers étaient hauts ; toujours paré comme une femme ,plein de bagues, de bracelets, de pierreries partout, avec une longue perruque toute étalée en devant, noire et poudrée, et des rubans partout où il en pouvait mettre, plein de toutes sortes de parfums, et en toutes choses la propreté même ; on l'accusait de mettre imperceptiblement du rouge ; le nez fort long, la bouche et les yeux beaux, le visage plein, mais fort long.

Monsieur avait rencontré le chevalier de Lorraine pour la première fois au moment de la campagne de Flandres, pendant laquelle Lorraine fut blessé légèrement au pied par un éclat de grenade, Monsieur le soigna comme on soigne une maîtresse, avec des attentions infinies, et depuis se laissa entièrement gouverner par lui. Le scandale était si public que le roi s'en émut et en 1669, Lorraine fut enfermé au château de Pierre-Encize à Lyon, puis au château d'If. Monsieur, qui s'imaginait, à tort ou à raison, que sa femme avait demandé l'exil de son favori, lui en tint rigueur. Depuis 'longtemps déjà il ne voyait presque plus Henriette d'Angleterre : il devait bien cela au chevalier qui avait quitté pour lui la belle Mme de Monaco, puis Mlle de Fiennes. D'ailleurs, il n'aimait guère sa femme qui lui avait enlevé son premier favori, le comte de Guiche, pour en faire son amant. En 1670, Madame mourait dans les circonstances que l'on sait, et la rumeur publique accusait le chevalier de Lorraine d'avoir guidé la main qui lui versa le poison.

Le second mariage de Monsieur ne fut pas précisément un mariage d'amour. Madame Palatine, dans ses lettres, prend soin d'instruire ses correspondants que son époux et elle ne font pas lit commun et qu'elle en est fort aise. Quant à des maîtresses, Monsieur n'en eut jamais. « Feu Monsieur feignait d'être amoureux de la maréchale de Grancey, mais si elle n'avait pas eu d'autre amant, elle aurait certes conservé toute sa bonne réputation. Il ne s'est jamais rien passé de mal entre eux ; elle-même disait que s'il venait à se trouver seul avec elle, il se plaignait aussitôt d'être malade ; il disait avoir mal de tête ou mal de dents. Un jour, la dame lui proposa une liberté singulière, Monsieur mit vite ses gants ; j'ai vu souvent qu'on le plaisantait à cet égard, et j'en ai bien ri (1). »

Il ne paraît guère s'être plus avancé avec Mme de Thianges, sœur aînée de Mme de Montespan, avec qui il avait, comme dit Mme de Lafayette, un com-

---

(1) Lettre de Madame, seconde femme de Monsieur, 17 mai 1718.

merce de confidences libertines, et non une véritable liaison.

La seconde Madame était d'une érudition rare sur toutes les questions concernant l'inversion et l'amour mâle. Ses lettres sont un vrai trésor de documents sur ce sujet. Elle avait probablement été poussée par les pénibles découvertes qu'elle avait dû faire dans son ménage à rechercher si de pareilles énormités ne se passaient point aussi ailleurs. Citons une lettre datée du 13 juillet 1716 :

Le chevalier de Lorraine a envoyé d'Italie le poison (destiné à Henriette d'Angleterre) par un gentilhomme provençal qu'on appelait Morel, et pour récompenser celui-ci, on l'a fait premier maître-d'hôtel. Après qu'il m'eût amplement volée, on lui a fait vendre sa charge à un prix fort élevé. Ce Morel avait de l'esprit comme un diable, mais c'était un homme sans foi ni loi... Il volait, il mentait, il jurait, il était athée et sodomite ; il en tenait école et il vendait des jeunes garçons comme des chevaux ; il allait au parterre de l'Opéra pour y faire ses marchés.

Et celle-ci encore, adressée à sa sœur Amélie, et datée du 3 octobre 1705 :

Où avez-vous été fourrées, vous et Louise, pour connaître si peu le monde ? Si l'on voulait détester tous ceux qui aiment des mâles, on ne pourrait aimer ici que bien peu. Il y en a de tous les genres. Il y en a qui haïssent les femmes comme la mort et ne peuvent aimer que des hommes. Mylord R... est du nombre. D'autres aiment seulement des enfants de dix ou onze ans ; d'autres des jeunes gens de dix-sept à vingt-cinq ans et ce sont les plus nombreux. D'autres n'aiment ni les hommes, ni les femmes et se divertissent tout seuls, mais ils sont moins nombreux que les autres.

Nous avons dit que Monsieur avait reçu une éducation efféminée ; cela dut influer sur la modalité de sa vie sexuelle ; mais il faut bien admettre qu'il avait pour l'inversion une disposition innée, si bien explicable d'ailleurs chez lui par l'hérédité, puisque l'abbé de Choisy, qui avait été élevé avec lui et de la même façon, ne devint pas un pédéraste, mais simplement une femmelette, presque un eunuque. On croit rêver quand on lit ce chapitre de ses mémoires :

On m'habillait en fille toutes les fois que le petit Monsieur venait au logis et il y venait au moins deux ou trois fois la semaine. J'avais les oreilles percées, des diamants, des mouches et toutes les autres petite afféteries auxquelles on s'accoutume fort aisément et dont on se défait aussi difficilement. Monsieur, qui aimait tout cela, me faisait toujours cent amitiés. Dès qu'il arrivait, suivi des nièces du cardinal Mazarin et de quelques filles de la reine, on le mettait à sa toilette, on le coiffait. Il avait un corps pour conserver sa taille (ce corps était en broderie) ; on lui ôtait son justaucorps pour lui mettre des manteaux de femme et des jupes, et tout cela se faisait, dit-on, par l'ordre du cardinal de Mazarin qui voulait le rendre efféminé, de peur qu'il ne fît de la peine au roi, comme Gaston avait fait à Louis XIII...

Je n'avais point de barbe (vingt-deux ans), on avait eu soin, dès l'âge de cinq ou six ans, de me frotter avec une certaine eau qui fait mourir le poil dans la racine, pourvu qu'on s'y prenne de bonne heure ; mes cheveux noirs faisaient paraître mon teint passable, quoique je ne l'eusse pas fort blanc... Je n'étais donc contraint de personne et je m'abandonnai à mon penchant. Il m'arriva même que Mme de La Fayette que je voyais fort souvent, me voyant toujours fort ajusté avec des pendants d'oreille et des mouches, me dit en bonne amie que ce n'était point la mode pour

les hommes et que je ferais bien mieux de m'habiller
en femme. Sur une si grande autorité, je me fis couper les cheveux pour être mieux coiffé, j'en avais prodigieusement... on portait sur le front de petites bou-
cles, et de gros bourrelets de cheveux cordonnés avec
des rubans ou des perles si on en avait. J'avais assez
d'habits de femme, je pris le plus beau et allai rendre visite à Mme de La Fayette, avec mes pendants
d'oreilles, ma croix de diamants, mes bagues et dix
ou douze mouches ; elle s'écria en me voyant : « Ah !
la belle personne ! vous avez donc suivi mon avis, et
vous avez bien fait. Demandez plutôt à M. de R... (qui
était alors dans la chambre). » *Je continuai pendant
deux mois à m'habiller en femme ;* j'allais partout
faire des visites, à l'église, au sermon, à l'opéra, à la
comédie et il me semblait qu'on y était accoutumé ; je
me faisais nommer par mes laquais Mme de Sancy. Je
me fis peindre par Ferdinand, fameux peintre italien,
qui fit de moi un portrait qu'on allait voir ; enfin je
contentai pleinement mon goût. J'allais au Palais-
Royal toutes les fois que Monsieur était à Paris, il me
faisait mille amitiés, parce que nos inclinations étaient
pareilles ; il eût bien souhaité pouvoir s'habiller en
femme, mais il n'osait à cause de sa dignité. Il mettait
le soir des cornettes, des pendants d'oreille et des
mouches, et se contemplait dans les miroirs. Encensé
par ses amants, il donnait tous les ans un grand bal
le lundi gras. Il m'ordonna d'y venir en robe détrous-
sée, à visage découvert, et chargea le chevalier de
Pradine de me mener à la courante. L'assemblée fut
fort belle ; il y avait trente-quatre femmes parées de
perles et de diamants.

On me trouva assez bien, je dansais dans la dernière
perfection et le bal était fait pour moi. Monsieur le
commença avec Mlle Brancas qui était fort jolie (ç'a été
depuis la princesse d'Harcourt), et un moment après,
il alla s'habiller en femme et revint au bal en masque.
Tout le monde le connut, d'abord il ne cherchait pas le
mystère, et le chevalier de Lorraine lui donnait la
main ; il dansa le menuet, et alla s'asseoir au milieu

de toutes les dames ; il se fit un peu prier avant que
d'ôter son masque, il ne demandait pas mieux, et voulait être vu. On ne saurait dire à quel point il poussa
la coquetterie en se mirant, en se mettant des mouches, en les changeant de place, et peut-être que je
fis pis encore ; les hommes, quand ils croient être
beaux, sont une fois plus entêtés de leur beauté que
les femmes. Quoi qu'il en soit, ce bal me donna une
grande réputation, et il me vint force amants, la
plupart pour se divertir, quelques-uns de bonne foi.
Cette vie était délicieuse.

*
* *

Il est facile de se rendre compte des résultats que
pouvait produire l'exemple donné par Philippe
d'Orléans et ses favoris, et, plus tard, par le Grand
Dauphin ; mais le soin qu'on avait de couvrir les
frasques des jeunes gentilshommes était si grand
que, chose à jamais regrettable, les détails n'en seraient pas passés à la postérité, si Bussy-Rabutin,
cette peste de Bussy-Rabutin, comme disaient les
dames de la cour, n'avait publié son *Histoire amoureuse des Gaules*. C'est dans ce pamphlet — le plus
retentissant scandale, peut-être, de cette cour qui
en était cependant féconde, — que se trouve le
chapitre intitulé : « La France devenue italienne ».
L'entrée en matière est un petit chef-d'œuvre de
fine observation et d'ironie de bon ton, on dirait
aujourd'hui de rosserie :

La facilité de toutes les dames avait rendu leurs
charmes si méprisables à la jeunesse qu'on ne savait
presque plus à la cour ce que c'était que les regarder :
la débauche y régnait plus qu'en lieu du monde, et

quoique le Roi eût témoigné plusieurs fois une horreur inconcevable pour ces sortes de plaisir, il n'y avait qu'en cela qu'il ne pouvait être obéi. Le vin et *ce que je n'ose dire* étaient si fort à la mode qu'on ne regardait presque plus ceux qui recherchaient à passer leur temps plus innocemment ; et quelque penchant qu'ils eussent à vivre selon l'ordre de la nature, comme le nombre était plus grand de ceux qui vivaient dans le désordre le plus infâme, leur exemple les pervertissait tellement qu'ils ne demeuraient pas longtemps dans les mêmes sentiments.

La plupart des gens de qualité étaient non seulement de ce caractère, mais il y avait encore des princes, ce qui fâchait extraordinairement le Roi... le Roi sut qu'un jour, après son coucher, ils étaient venus à Paris, où ils avaient fait une telle débauche, qu'il y en avait beaucoup qui s'en étaient retournés soûls dans leurs carrosses...

Pour ne pas s'attirer néanmoins la colère du Roi, ils jugèrent à propos de faire serment et de le faire faire à tous ceux qui entreraient dans leur confrérie, de renoncer à toutes les femmes ; car ils accusaient un d'entre eux d'avoir révélé leurs mystères à une dame avec qui il était bien, et ils croyaient que c'était par là que le Roi apprenait tout ce qu'ils faisaient. Ils résolurent même de ne le plus admettre dans leur compagnie ; mais s'étant présenté pour y être reçu, et ayant juré de ne plus voir cette femme, on lui fit grâce pour cette fois.

Cette belle association voulut s'élire un chef, un grand prieur. « Manicamp, le duc de Grammont (1) et le chevalier de Tilladet (2) étaient ceux qui fai-

(1) Il s'agit du comte de Louvigny, qui fut duc de Grammont après la mort de son père le maréchal. Son frère était le comte de Guiche qui fut si lié avec Monsieur. Il avait épousé le 15 mai 1668 Marie-Charlotte de Castelnau, fille du maréchal de ce nom.

(2) Gabriel de Cassagnet, chevalier de Tilladet, lieutenant général des armées du roi, mort le 11 juillet 1702.

saient le plus de bruit dans ce chapitre et qui prétendaient s'attribuer cet honneur, à l'exclusion l'un de l'autre. Manicamp, parce qu'il avait plus d'expérience qu'aucun dans le métier ; le duc de Grammont parce qu'il était duc et pair, et qu'il ne manquait pas aussi d'acquis ; pour ce qui est du chevalier de Tilladet, il fondait ses prétentions sur ce qu'étant chevalier de Malte, c'était une qualité si essentielle pour être parfaitement débauché, que quelque avantage qu'eussent les autres, comme ils n'avaient pas celui-là, il était sûr qu'il les surpasserait de beaucoup dans la pratique des vertus. »

Les trois candidats furent appelés à faire valoir contradictoirement leurs titres à la nouvelle dignité. Cette scène est purement inénarrable. Grammont est accusé d'avoir aimé sa femme « ce qui était incompatible avec la chose dont il s'agissait »; il avoue que cela était autrefois, mais déclare qu'il s'était mépris à son tempérament ; qu'il avait attribué les faveurs qu'il en avait obtenues avant son mariage au penchant qu'elle avait pour lui ; mais que celles qu'elle avait données depuis à son valet de chambre lui ayant fait connaître qu'il était impossible de répondre d'une femme, il lui avait si bien ôté son amitié qu'il lui avait fait succéder le mépris ; que c'était pour cela qu'il avait renoncé à l'amour du beau sexe, lequel avait eu autrefois son étoile, et qui l'aurait peut-être encore si l'on y pouvait avoir confiance : que quoi qu'il fût fils d'un père (1), et cadet d'un frère (2) qui avaient eu tous

(1) Le maréchal de Grammont.
(2) Le comte de Guiche.

deux de grandes parties pour obtenir les premières dignités de l'ordre, il était cependant moins redevable de son mérite à ce qu'il avait hérité d'eux qu'à son dépit ; que Dieu se servait de toutes choses pour attirer à la perfection ; qu'ainsi, bien loin de murmurer contre sa providence pour les sujets de chagrin qu'il lui envoyait, il avouait tous les jours qu'il lui était bien redevable. »

Pour finir, Tilladet, Grammont et Manicamp furent nommés grands-maîtres, ainsi que le marquis de Biran (1). Nous ne suivrons pas Bussy-Rabutin dans la narration des faits et gestes de ces nobles gentilshommes ; le récit de leurs aventures rappelle les pages les plus finement ciselées des œuvres du Divin Marquis. La bande fut d'ailleurs poursuivie à la suite d'une orgie terminée par une attaque du guet et la démolition d'une croix. La plupart des délinquants furent exilés.

Voici quels étaient les statuts de l'ordre :

I

Qu'on ne recevroit plus dorénavant dans l'ordre des personnes qui ne fussent visitées par les grands maîtres, pour voir si toutes les parties de leur corps étoient saines, afin qu'elles pussent supporter les austérités.

II

Qu'ils feroient vœu d'obéissance et de chasteté à l'égard des femmes, et que si aucun y contrevenoit, il seroit chassé de la compagnie, sans pouvoir y rentrer sous quelque prétexte que ce fût.

III

Que chacun seroit admis indifféremment dans l'ordre, sans distinction de qualité, laquelle n'empêcheroit

(1) Plus tard, duc de Roquelaure.

point qu'on ne se soumît aux rigueurs du noviciat, qui dureroit jusqu'à ce que la barbe fut venue au menton.

IV

Que si aucun des frères se marioit, il seroit obligé de déclarer que ce n'étoit que pour le bien de ses affaires, ou parce que ses parents l'y obligeoit, ou parce qu'il falloit laisser un héritier. Qu'il feroit serment en même temps de ne jamais aimer sa femme, de ne coucher avec elle que jusqu'à ce qu'il en eût un, et que cependant il en demanderoit la permission, laquelle ne lui pourroit être accordée que pour un jour de la semaine.

V

Qu'on diviseroit les frères en quatre classes, afin que chaque grand prieur en eût autant l'un que l'autre. Et qu'à l'égard de ceux qui se présenteroient pour entrer dans l'ordre, les quatre grands prieurs les auroient à tour de rôle, afin que la jalousie ne pût donner atteinte à leur union.

VI

Qu'on se diroit les uns aux autres tout ce qui se seroit passé en particulier, afin que, quand il viendroit une charge à vaquer, elle ne s'accordât qu'au mérite, lequel seroit reconnu par ce moyen.

VII

Qu'à l'égard des personnes indifférentes, il ne seroit pas permis de leur révéler les mystères, et que quiconque le feroit en seroit privé lui-même pendant huit jours et même davantage, si le grand maître dont il dépendroit le jugeoit à propos.

VIII

Que néanmoins l'on pourroit s'ouvrir à ceux qu'on auroit espérance d'attirer dans l'ordre ; mais qu'il faudroit que ce fût avec tant de discrétion, que l'on fût sûr du succès avant que de faire cette démarche.

IX

Que ceux qui amèneroient des frères au couvent jouiroient des mêmes prérogatives, pendant deux jours, dont les grands maîtres jouissoient ; bien entendu néanmoins qu'ils laisseroient passer les grands-maîtres devant, et se contenteroient d'avoir ce qu'on auroit desservi de dessus leur table.

**

Pendant que l'effémination s'étalait ainsi à la cour de France, l'Angleterre était gouvernée par des souverains qui bien que punissant de mort le crime de bougrerie chez leurs sujets, ne s'en livraient pas moins publiquement à des débauches où la sodomie jouait un rôle important. Jacques Ier, fils de Marie Stuart et de Darnley, fut un unisexuel avéré. L'affaire Carr étala au grand jour les scandales de la Cour d'Angleterre. Carr était le favori de Jacques Ier ; il était poursuivi pour avoir trempé avec la comtesse d'Essex dans le meutre de sir Thomas Overbury. Le roi, après lui avoir déclaré qu'il l'aimait par-dessus toute chose et ne pouvait se passer de lui, le fit arrêter à la porte même de la chambre. Pendant le procès on plaça aux deux côtés du favori deux hommes vêtus de longs manteaux rouges, chargés d'étouffer ses paroles au cas où il aurait voulu faire des révélations et déclarer, comme il en avait manifesté l'intention, que le roi « avait couché avec lui ». Carr fut exécuté. Oscar

Wilde, qui connaissait admirablement les fastes de son vice favori, aimait particulièrement, dit-on, raconter cette sanglante et lugubre histoire.

Guillaume III, qui succéda aux Stuart, ne fut pas plus qu'eux à l'abri du soupçon. Ses relations avec de nombreux favoris, avec lord Bute en particulier, ont donné lieu à des hypothèses qui devraient, écrit Horace Wapole à son ami Mann, être confiées en latin.

En 1631 eut lieu un procès retentissant. Melvin lord Audley, comte de Castlehaven, fut arrêté pour vol et sodomie. Il s'agit là d'un cas de folie érotique, où l'inversion se complique de sadisme. Nous empruntons à Raffalovich le récit de cette scandaleuse affaire (1).

Lord Audley était accusé d'avoir fait violer sa femme par un de ses mignons et d'avoir commis des actes de « bougrerie ». Il maria sa fille à Amptill, un page qu'il avait eu huit ans et à qui il donna neuf mille livres sterlings. Il força sa belle-fille, qui n'avait que douze ans, à coucher avec Henry Skipwith. Elle se prit à aimer le jeune homme et le jeune homme à l'aimer, et la voyant si jeune, Skipwith se serait contenté de cette affection, mais lord Audley insista, fit faire plusieurs tentatives sans succès, chercha lui-même l'huile qu'il fallait et parvint à faciliter le coït. — Laurence Fitzpatrick témoigna que lord Audley plus d'une fois avait eu avec lui des rapports unisexuels. Le comte n'avait pas de défense il se contenta de dire : « Malheur à l'homme dont la femme témoigne contre lui ! Malheur à l'homme dont le fils le persécute et conspire contre lui ! Malheur à l'homme dont les serviteurs ont le droit de témoigner contre lui et lui ôter la vie. » Fitzpatrick aurait pu dire : Malheur

____

(1) RAFFALOVICH : *Uranisme et Unisexualité*, p. 225-228.

à l'homme qui témoigne contre son maître, car on lui avait (semble-t-il) promis la vie sauve s'il témoignait. On le pendit pour ses actes unisexuels avec son maître. Broadway aussi fut pendu pour le viol de la comtesse. Lord Audley (que vingt-six pairs trouvèrent coupables de viol, mais seulement quinze, coupable de sodomie) eut la tête tranchée. Ils moururent tous les trois d'une façon édifiante, réconciliés avec le ciel et sans craindre la mort.

Et Raffalovich conclut : « Lord Audley était, certes, fou ; Fitzpatrick, victime de son infériorité sociale ; Broadway de même, et (selon lui) victime aussi de la comtesse. »

.·.

Dans le reste de l'Europe, l'inversion n'était pas moins répandue qu'en France et en Angleterre. Le rôle essentiel de la pédérastie à la cour de Rome et dans toute l'Italie n'est un mystère pour personne. Il importe cependant de faire justice d'une calomnie trop longtemps répandue. Il est de mode, dans un certain monde, pour jeter le discrédit sur la Rome papale, de citer une bulle de Sixte IV autorisant, sur leur demande, les cardinaux à forniquer avec des petits garçons pendant une partie de l'année, probablement pour leur enlever la tentation de se compromettre avec des femmes de mauvaise vie. Cette bulle a un défaut unique, mais grave : c'est d'être parfaitement apocryphe. Non seulement le texte exact en est inconnu, mais aucun auteur antérieur au XIXᵉ siècle n'en fait mention.

Dans les Pays-Bas, l'unisexualité était fort répandue et ceux qui s'en rendaient coupables peu inquiétés, puisque ce n'est qu'en 1730 que le gouvernement se décida à sévir, avec une terrible rigueur, il est vrai, puisque sur 245 uranistes poursuivis, les 68 qui tombèrent entre les mains de la justice furent tous condamnés : 3 moururent en prison, 2 se suicidèrent, 8 subirent des peines variées, 55 furent exécutés.

Enfin l'existence de l'amour mâle en Allemagne nous est prouvée par cette lettre de la princesse Palatine.

Vous croyez donc, chère Amélie, qu'il n'y a pas un grand nombre de mauvais garnements qui ont la même inclination que les Français ! Si vous croyez cela vous vous trompez fort. Les Anglais sont tout aussi acharnés et ne se conduisent pas mieux. Vous me faites rire aussi de vous imaginer que ce péché ne se commet pas en Allemagne. Croyez-moi, les Allemands s'entendent bien à cet art-là. Si Charles-Louis n'avait pas été présent, le prince d'Eisenach, qui est tombé en Hongrie, aurait tué le prince de Wolfenbuttel. Celui-ci voulait lui faire violence, et l'autre n'entendait pas de cette oreille-là. Charles-Louis m'a raconté aussi que toute l'Autriche était infectée de semblables vices (1).

En résumé on voit que le XVIIe siècle a présenté un assez grand nombre d'exemples d'inversion, et non des moins curieux. Mais il faut se tenir en garde contre la tendance qu'ont certains esprit à voir partout l'amour homosexuel et à entacher de soupçons salissants les relations les plus innocen-

(1) Lettre de Madame Palatine, seconde femme de Monsieur, 3 septembre 1708.

tes. Les deux plus grands génies de l'époque dont nous parlons, deux des plus pures gloires de l'humanité, n'ont pas été à l'abri de pareilles attaques. Nous voulons parler de Shakespeare et de Molière.

.·.

Les sonnets de Shakespeare, qui sous Elisabeh passaient pour être le plus beau fleuron de sa couronne, sont restés singulièrement inconnus en France jusqu'au milieu du XIXᵉ siècle, et malgré la traduction et l'excellente étude qu'en a donné François-Victor Hugo, sont peu répandus. En Angleterre on les connaissait encore bien, mais on les interprétait fort mal, puisqu'on a voulu y trouver la preuve des mœurs perverties du poète. Cela provient en partie de l'ordre dans lequel on les avait disposés. A François-Victor Hugo revient le mérite de les avoir rétablis dans leur ordre logique et d'en avoir donné la réelle interprétation. Cet ensemble de 155 sonnets est toute une épopée : le grand Will est amoureux d'une courtisane ; il chante d'abord sa beauté, mais ne pouvant la toucher, il emploie l'ironie : cette seconde méthode lui est plus favorable et le sonnet XXV est un chant anacréontique, un véritable épithalame extraconjugal. Mais, sa maîtresse se venge bientôt des mordantes ironies qu'il lui avait adressées ; elle est parvenue à séduire l'ami de Will, et délaissant désormais l'amour pour l'amitié, le poète chantera d'abord la douleur que lui inspire la trahison, puis le pardon, et enfin, les cent derniers sonnets seront

consacrés à célébrer les mérites et les charmes de
cet ami incomparable. Quel était le héros de cette
aventure, l'ami si cher : la dédicace ne le désigne
que par des initiales.

« To the only begetter of thèse ensuing sonnets,
Mr W. H., all happiness and that eternity promised
by our ever living poet, wisheth the well wishing
adventurer in setting forth (1). »

Que W. H. indique William Harte, le comte
Herbert de Penbroke ou, ce qui est beaucoup plus
probable, Henry Wriothesly, comte de Southamp-
ton, peu importe. Ce qui est essentiel, c'est de savoir si le sentiment qui liait ces deux hommes était
l'amour homosexuel, ou l'amitié. Or, on ne trouve
rien dans les sonnets que l'expression, très méta-
phorique, très brillamment imagée, un peu affectée
peut-être, mais insoupçonnable, de la plus pure
amitié.

Citons en particulier :

Le sonnet 144 (XXIX) : « J'ai deux amours, l'un ma
consolation, l'autre mon désespoir, qui comme deux
esprits ne cessent de me tenter. Mon bon ange est
un homme vraiment beau, et mon mauvais est une
femme fardée. »

Le sonnet 40 (XXXIII) : « Prends toutes mes amours,
mon amour, va, prends-les toutes : qu'auras-tu donc
de plus que ce que tu avais d'abord ? Il n'est pas
d'amour, mon amour, qui m'appartienne réellement.
Tout ce qui est à moi était à toi, avant que tu ne me
prisses encore cela. »

Le sonnet 24 (XL) : « Mon œil s'est fait peintre et a

(1) A l'unique acquéreur de ces sonnets, M. H. W.
Puisse-t-il avoir le bonheur et cette éternité que lui promit notre poète immortel. C'est le souhait bien sincère
de celui qui aventure cette publication.

fait resplendir la forme de ta beauté sur le tableau de mon cœur ; ma personne est le cadre qui l'enferme ; et c'est un chef-d'œuvre de perspective. »

Le sonnet 53 (LXV) : « Qu'on décrive Adonis, et le portrait n'est qu'une pauvre imitation de vous-même ; qu'on déploie toutes les beautés de l'art sur la joue d'Hélène, et vous voilà peint à nouveau sous le costume grec. »

Mais le texte qui a été le plus vivement incriminé est le sonnet 20 (XXIX). Le voici intégralement :

A woman's face with Nature's own hand painted
Hast thou, the Master mistress of my passion ;
A woman's gentle heart, but not acquainted
With shifting change, as is false women's fashion,

An eye more bright than theirs, less false in rolling,
Gilding the object whereupon it gazeth ;
A man in hue, all hews in his controlling,
Which steals men's eyes and women's souls amazeth.

And for a woman wert thou first created ;
Till Nature, as she wrought thee, fell a doting,
And by addition me of thee defeated,

By adding one thing to my purpose nothing.
But since she puck'd thee out for women's pleasure
Mine be thy love and thy love's use their treasure (1).

(1) Tu as une figure de femme, peinte de la main même de la nature, ô maître maîtresse de ma passion ! Tu as un tendre cœur de femme, mais ne connaissant pas l'humeur changeante à la mode chez ces trompeuses ; tu as des yeux plus brillants que les leurs, et moins faux dans leurs œillades, qui dorent l'objet sur lequel ils se posent : homme, tu domines tont éclat de ton éclat suprême, ravissant les yeux des hommes, fascinant l'âme des femmes.

Tu fus d'abord créé pour être femme. Puis quand la nature t'eut fait, elle raffola, et par une addition elle me dérouta de toi, en t'ajoutant une chose qui ne me sert de rien.

Mais, puisqu'elle t'a armé pour le plaisir des femmes, à moi ton amour, à elles les trésors de jouissance de ton amour.

Qu'on se rappelle les mémoires de Casanova, on trouvera une situation analogue dans la scène avec Bellino. De fait, ce fameux vingtième sonnet est le meileur argument qu'on puisse donner en faveur de la pureté du sentiment, d'ailleurs très vif, mais non sensuel, qui animait Shakespeare. D'autre part, puisque dans tous les derniers sonnets, 121, 122, 123, etc., il ne cesse de conseiller à son ami de se marier, et de faire revivre sa beauté et son mérite dans ses enfants, il faut bien reconnaître que le grand Will n'a pas été un uraniste, un exalté tout au plus.

.·.

En ce qui concerne Molière, le problème est plus simple encore. On sait avec quelle paternelle bonté il avait accueilli le petit acteur Baron, que son admirable talent dramatique devait plus tard faire comparer à Roscius. Un pamphlet, dont nous avons parlé déjà à propos de la Béjart (1), contient quelques lignes où les relations du grand homme et de son jeune protégé sont travesties de la plus odieuse façon :

« Comme son cœur ne pouvoit être sans occupation, il s'alla mettre en tête de s'attacher au jeune Baron, dans l'espérance de trouver plus de solidité dans l'esprit des hommes que dans celui des femmes ; mais quand on est de bonne foi, on court toujours le risque d'être la dupe des intrigues, et

(1) *La fameuse comédienne*, pamphlet anonyme. Edition de Livet, Paris, 1876, p. 74.

cette dernière épreuve de son malheur lui fit bien connaître qu'on ne trouve guère de fidélité, et que l'esprit de tromperie est commun dans les deux sexes. Il tenoit Baron chez lui comme son enfant ; il le gardoit à vue, dans l'espérance d'en être le seul possesseur. De quoi lui servoit tout cela ? Il étoit écrit dans le ciel qu'il seroit cocu de toutes les manières, et Baron prenoit tous les soins imaginables de justifier son étoile. Le duc de Bellegarde fut un de ses plus redoutables rivaux ; l'amour qu'il avoit pour Baron alloit jusqu'à la profusion : il lui fit présent d'une épée dont la garde étoit d'or massif et rien ne lui étoit cher de ce qu'il pouvoit souhaiter. Molière s'en étant aperçu fut trouver Baron jusque dans son lit, et prenant un ton d'autorité pour empêcher la suite d'un commerce qui le désespéroit, il lui représenta que ce qui se passoit entre eux ne pourroit lui faire aucun tort, parce qu'il cachoit son amour sous le nom de bonne amitié, mais qu'il n'en étoit pas de même du Duc, que cela le pourroit perdre entièrement, surtout dans l'esprit du Roi, qui avoit une horreur extrême pour toute sorte de débauche, et principalement pour celle-là. Il accompagna ses réprimandes de quelques présents, et fit promettre à Baron qu'il ne verroit plus le Duc. »

Tout dément une telle accusation. Les termes même du pamphlet montrent son peu de vraisemblance. Ce que l'auteur de cette satire anonyme dit de Bellegarde suffirait à prouver qu'il s'agit là d'un conte en l'air. Bellegarde était le plus grand pingre du XVIIe siècle, et l'histoire de l'épée en or massif donne la mesure de la créance que mérite

ce flot de bave. Rien d'ailleurs ne viendrait confirmer ce témoignage anonyme, et partant, des plus
suspects. Pas un contemporain n'a écrit un mot qui
pût cadrer avec cette inculpation. Et quand il reste-
rait une raison de douter, le fait seul que le passage
dont il s'agit n'existe pas dans les premières éditions du pamphlet permet de dire que cette interpolation datée de 1688, c'est-à-dire quinze ans
après la mort de Molière, n'est qu'une lâche attaque sans fondement aucun.

.˙.

Nous avons vu que dans l'aristocratie, à la cour,
dans les familles royales de France et d'Angleterre, l'inversion, si elle n'était plus le *beau vice*,
comme au temps des Valois, n'était cependant pas
considérée avec une vertueuse horreur. Il n'en
allait pas de même dans le monde du palais, et les
juristes ne sont pas sobres d'épithètes quand il
s'agit de la qualifier, ni de peines sévères quand il
s'agit de la punir.

Notons d'abord qu'on englobait dans une même
réprobation et sous un seul nom, toutes les perversions de l'instinct génital. La sodomie, cela répond
à tout, comprend tout et ne comporte d'ailleurs
qu'une peine : la mort.

La sodomie, dit Zacchias, est le coït d'où il ne
peut suivre de génération, aussi les jurisconsultes
diront-ils : il y a trois sortes de sodomie (1) :

(1) DAMHOUDER : *Praxis rerum criminalium*, caput XCVI,
p. 279 ; ZACCHIAS, p. 557.

1° Lorsque quelqu'un abuse de soi-même (*quum quis secum venere abutitur*) ;

2° Lorsque quelqu'un abuse d'un autre individu soit du même sexe soit du sexe opposé (*quum quis venere abutitur cum aliis in sexu eodem aut diverso*) ;

3° Lorsque quelqu'un abuse d'un animal (*quum quis venere abutitur cum brutis*).

Le premier crime, celui que les apôtres appelaient *mollicies* et les Romains *mastupratio*, est puni de l'exil. Il est rare, ajoute Damhouder, qu'une pareille affaire soit portée au tribunal. En général, ce péché reste secret, il est plutôt du domaine du confesseur. « Quand ce crime est découvert, ce qui advient rarement, dit Le Brun, parce qu'il est exécuté en secret, il doit estre puny du bannissement ou de grandes amendes. Que si bien les misérables qui s'y délectent évitent icy la justice des hommes, ils ne pourront fuir celle de Dieu. » Quant aux deuxième et troisième groupes, la peine généralement appliquée est : *ignis et incendium*. En d'autres termes, les coupables sont brûlés vifs.

Les considérants sont intéressants à noter : c'est pour punir les hommes qui s'adonnent à la sodomie que Dieu inflige à la terre : la famine, la peste, la guerre, les tremblements de terre et les inondations ; et l'on doit encore s'estimer bien heureux qu'il ne punisse pas l'humanité tout entière en renouvelant le déluge ou en faisant tomber sur les cités perverses cette pluie de feu qui dévora Sodome et Gomorrhe. Et cependant ce crime est le plus fréquent de tous. Pourquoi ? Parce que Satan, l'implacable ennemi des hommes, jaloux du bonheur éternel qui leur est promis, voudrait en éteindre la race en répandant un péché qui interdit tout espoir de reproduction.

Bien entendu, l'accomplissement du crime n'était pas nécessaire pour que le coupable fût puni du dernier supplice : point n'était besoin de constater l'éjaculation, et la *voluntas proxima*, qui n'est pas même le commencement d'exécution de notre législation actuelle, était seule requise.

Les circonstances atténuantes avaient pour résultat de faire condamner le sodomite à être étranglé puis brûlé, au lieu d'être brûlé vif.

Le droit du Saint-Empire comportait aussi la peine du feu pour quiconque était convaincu d'avoir volé ou détourné des enfants ou des adolescents, afin de commettre avec eux le crime sodomite. Si le crime avait eu lieu, l'enfant était brûlé avec le déflorateur (1).

Enfin, au point de vue du droit civil, le testament d'un pédéraste condamné et exécuté pouvait être annulé pour ce fait et la séparation de corps était de droit accordée à la femme d'un mari masturbateur ou ayant voulu tenter sur elle le coït extra vas naturale.

En Angleterre, la sodomie qui n'était pas poursuivie avant Henri VIII devint sous le Barbe-Bleue couronné un prétexte à confiscations et à exécutions, et servit surtout à couvrir les poursuites injustes, exercées en réalité pour des motifs religieux. L'amour homosexuel, même chaste, fut confondu avec la fornication sodomite et puni du feu. D'ail-

____

(1) DAMHOUDER : *loc. cit.* p 282.

leurs, c'est un fait constant dans l'histoire que les sectateurs des religions officielles et gouvernementales ont toujours jeté l'accusation de mœurs hors nature à leurs ennemis : les Romains en accusaient les chrétiens, et l'on sait les superbes pages de Tertullien sur ce sujet ; les catholiques en ont tour à tour accusé les manichéens, les templiers, les albigeois, les vaudois. Ce fut leur tour d'être soupçonnés quand l'anglicanisme triompha en Grande-Bretagne. Ces imputations s'observent encore actuellement : ne voyons-nous pas chaque jour les éducateurs « maçonniques » et « cléricaux » se jeter mutuellement à la face des aménités de ce genre ?

Le crime de sodomie disparut du code anglais sous Marie Tudor, pour y être rétabli par Elisabeth. Nous avons vu, à propos de lord Audley, que la peine de mort y était attachée sous les Stuart. Lord Audley se trouvait précisément coupable d'avoir changé de religion : ce fut la véritable cause de ses malheurs et de son procès ; on expliqua ainsi, et cela fut exposé dans l'acte d'accusation, comment il était si généreux pour Skipwith, son coreligionnaire, et si avare pour ses proches qui ne partageaient pas sa foi. Cela allait même un peu loin, il faut le reconnaître, puisque sa femme, sa fille et sa belle-fille étaient obligées de coucher avec Skipwith pour obtenir quelque argent du comte.

En France, les pays de droit coutumier punissaient du feu la sodomie sous toutes ses formes. L'ordonnance de 1670 (titre I, article II) la range parmi les cas royaux. L'ordonnance de 1689 sur les armées navales et les arsenaux est moins sévère. On y lit : « Les *actions indécentes* seront punies de six coups de corde au cabestan par le prévôt de l'équipage, et du double en cas de récidive. » Il est bien évident que si l'on avait puni de mort tous les unisexuels, par goût ou par nécessité, du corps de la marine, cette institution, à laquelle Colbert tenait tant, eût eu son effectif singulièrement réduit, à une époque où Lefèvre écrivait :

« Les hommes des classes élevées comme les plus humbles s'y livrent avec passion. Une dépêche du 25 janvier 1690 témoigne des habitudes infâmes auxquelles s'abandonnaient les officiers eux-mêmes. Le roi en était indigné et il ordonnait aux autorités du port d'exercer la plus grande surveillance afin d'empêcher un désordre aussi horrible que celui qu'on lui avait signalé (1). »

C'est une chose étrange, en vérité, que le silence gardé par les médecins légistes français sur une question qui, nous croyons l'avoir démontré, devait être fort à la mode. Ambroise Paré, sur ce sujet délicat, imitait de Conrart le silence prudent, ou peu s'en faut, et il est vraiment curieux de noter que de Blégny et Devaux semblent ne pas s'être douté un instant que la sodomie pouvait intéresser la médecine légale, et se montrent plus ignorants sur

(1) LEFÈVRE : *Histoire du corps de santé de la marine*, chap. Iᵉʳ.

cette question que telle femme du monde et du
meilleur monde, la princesse Palatine, par exemple. Il nous faut aller dans la patrie des cardinaux
pour nous documenter sur la façon dont le xvii° siècle entendait ces sortes d'expertises, et nous repor-
ter au chapitre de Zacchias intitulé : *Constuprati
pueri signa* (1).

Le stupre ne se commet pas seulement, dit-il, sur
les petites filles, les vierges et les veuves, il est des
hommes très criminels qui abusent de la nature, et
commettent ce grave délit sur des petits garçons.
En ce cas, le juge soumet toujours la victime à
l'examen des chirurgiens.

Ceux-ci pourront relever des signes qui varient
suivant qu'il s'agit d'une défloration récente ou ancienne, d'un coït unique pratiqué avec ou sans
violence, ou d'une habitude invétérée.

La défloration récente, datant de moins d'un
mois, se reconnaît, surtout s'il y a eu plusieurs
coïts, par la présence d'écorchures de l'anus, appelées rhagades, d'autant plus étendues que l'enfant
est plus jeune, et que l'agresseur a un organe plus
volumineux (crassa mentula dotatus). Il peut même y avoir, si la disproportion est trop grande, une
véritable déchirure du rectum. S'il s'agit d'un enfant plus grand, et si l'organe copulateur est de
proportion médiocre, on trouvera une excoriation.
L'inflammation du début se calmera, mais laissera
un prurit parfois indéfini, et des taches de lividité
dues à la fois au traumatisme et à la phlogose con-
sécutive.

(1) Zacchias : *loc. cit.*, lib. IV. tit. II, quæst. V. p. 340.

Si les rapports sexuels sont répétés et fréquents, il s'établira une laxité de l'anus, et un relâchement de la région, qui seront longs à disparaître et permettront de reconnaître les habitudes de pédérastie, même chez un individu qui ne s'y livre plus depuis longtemps.

Un signe encore préférable est la présence de ces excroissances de chair, de ces caroncules, nommées vulgairement des crêtes (cristæ) et que Juvénal appelait marisques.

> Sed podice lævi
> Cæduntur tumidæ, medico ridente, mariscæ (1).

C'est aussi ce que Martial désigne par le nom de figues (fici) :

> Dicemus ficus, quas scimus in arbore exasci
> Dicemus ficos, Cæciliane tuos... (2).

Il ne faut cependant pas confondre ces excroissances avec de simples hémorroïdes. Mais le meilleur de tous les symptômes est la conformation même de l'anus, qui, naturellement irrégulier et plissé à son pourtour, devient plan, lisse et régulier par suite de la compression répétée exercée par le membre du fornicateur ; la laxité peut même être obtenue par l'application de préparations émollientes qui évitent à ceux qui entreprennent l'estimable profession de pathici les douleurs inséparables d'un premier début.

Cependant, il faut toujours se tenir dans une extrême réserve pour l'appréciation de tous ces

(1) MARTIAL : *Epigrammes*, lib. I.
(2) JUVÉNAL : Satire 2.

signes ; l'âcreté des sécrétions, la constipation invétérée et la dureté des matières peuvent enfanter
les raghades, les marisques, le relâchement anal,
l'effacement même des plis, en un mot tout le cor-
tège symptomatique d'une prostitution a postera
venere, de prime abord évidente.

En éliminant les causes pathologiques, en recher-
chant avec soin les concomitants, même ceux qui
ne sont pas du domaine propre de la chirurgie, on
peut, en résumé, arriver assez facilement à affirmer avec certitude que le délit recherché a eu lieu.

Quoi de plus précis, de plus parfaitement exact,
que cette analyse des symptômes, quoi de plus
sage que ces règles de l'expertise, et que pourrait
ajouter à ce chapitre la science contemporaine, si
ce n'est peut-être l'examen de l'inculpé, qui n'a
jamais servi à grand'chose, et l'analyse des taches
qui n'est pas toujours de mise? Une seule chose paraît avoir échappé à l'éminent expert de la cour de
Rote ; c'est la question de transmission des maladies vénériennes ; l'exemple du duc de Vendôme
était là cependant pour lui en rappeler la possibilité ; comme dit Tallemant des Réaux, le ragoût
d'Italie n'allait pas toujours sans quelques inconvénients.

*
* *

Il ne semble pas qu'en France les procès aient
été bien nombreux. Cependant la Chambre de
l'Arsenal eut à juger en 1625 une affaire de pédéras-

tie, où un expert eut à intervenir. Voici la relation de ce procès :

Le 25 mai 1626, messire René Hérault, chevalier, seigneur de Fontaine-Labbé, conseiller du roi en ses Conseils, et général de police, condamne, pour *crimes contre nature* et autres cas énormes, Nicolas Deschauffours a être attaché à un poteau dressé place de Grève à Paris, et à être brûlé vif avec la minute de l'arrêt, à un bûcher qui sera allumé autour dudit poteau ; ce fait, ses cendres jetées et semées au vent, ses biens confisqués au profit du Roi après prélèvement de 3.000 livres d'amende.

La procédure civile révèle que les victimes étaient endormies avec de l'opium mêlé au vin.

Dans son rapport David Taylor, chirurgien juré expert, reçu à Saint-Côme, déclare (après avoir entendu lecture de la plainte) avoir été appelé rue des Mauvais-Garçons, où il a visité Henri Finet, dont l'anus était écorché et qu'il y avait toute apparence qu'il avait été violé et connu charnellement, qu'il avait sur ladite plaie, non jugée dangereuse, mis appareil nécessaire, et a signé son rapport, certifié sincère et véritable.

Le 10 juillet 1625, dans une nouvelle visite, faite avec son confrère Bonnel, Taylor reconnaît que Finet se trouve atteint de la cristalline, tumeur qu'il leur est expressément défendu de panser et médicamenter.

L'arrêt a été rendu en la Chambre de l'Arsenal, constituée par ordonnance royale pour l'expédition des crimes d'empoisonnement, et autres cas énormes.

.·.

Le seigneur de Brantôme, qui était un fin observateur, a fort spirituellement constaté qu'en présence d'un mari homosexuel, la femme, suivant en tout l'exemple de son seigneur et maître, ne tarde pas à faire comme lui : l'un va chercher son modèle dans la Bible et se fait sodomite, l'autre l'empruntera à la littérature grecque et deviendra lesbienne. Aussi trouvons-nous, sous le Grand Roi, l'inversion des femmes dans le même milieu social que celle des hommes. Le tribadisme d'ailleurs est toujours resté localisé dans deux mondes, qu'une première apparence semble séparer par un abîme : les sommets de l'aristocratie et les bas-fonds de la prostitution : l'apparence est trompeuse : en bonne logique ethnographique, ils se ressemblent par un point essentiel, la communauté des stigmates de dégénérescence.

Le peu que nous savons du saphisme au xvii° siècle se rapporte donc aux hautes classes de la société : Le Grand Dauphin avait un amant, Adélaïde de Savoie eut des maîtresses. Les dames d'honneur qui ne cédaient pas aux sollicitations des sémillants et irrésistibles papillons de cour qui se mouraient d'amour pour elles, et tournaient des rondeaux en leur honneur, furent toutes accusées de mœurs grecques ; le fait semble assez exact pour quelques-unes, la princesse de Monaco par exemple ; Christine de Suède se consolait d'une façon analogue de la mort de Monaldeschi ; et Ninon de Lenclos, ne voulant le céder en rien à ses indépassables modèles de l'antiquité païenne, semble avoir voulu prendre pour devise : « Toute la lyre. »

Par contre, ce serait le fait d'un historien peu scrupuleux que d'accueillir comme démontrées les calomnies lancées contre Mme de Maintenon. Tout était bon pour accuser celle que Saint-Simon appelait si galamment la Vieille Guenon, et il n'est pas d'absurdes et malpropres brocards qu'on n'ait décochés à cette femme vieille par tempérament et probablement frigide dont le royal mariage fut la plus énorme et la plus illustre bouffonnerie de son premier époux.

Je ne crois pas qu'aucune affaire de tribadisme ait été portée devant les tribunaux au XVIIe siècle. Ce vice partageait avec les autres perversions sexuelles les peines emportées par la sodomie : c'est-à-dire la mort par le feu. En tout cas aucun médecin légiste ne fait allusion à une procédure de ce genre, où un expert ait eu à intervenir ; aucun ne décrit les signes auxquels on reconnaît l'habitude de la *fricarelle*. D'ailleurs qu'eussent-ils dit, et qu'a-t-on découvert de précis et de scientifique sur cette question peu usuelle de médecine judiciaire ?

.·.

Nous avons déjà eu maintes fois l'occasion de le dire au cours de cette étude : la loi, sous l'ancien régime, s'inspirait moins du désir de défendre la société ou de relever le criminel, que de l'idée catholique du péché et de l'expiation. Or, tous les théologiens sont d'accord sur ce sujet, dans l'échelle de la luxure, le terme le plus élevé de la progression est l'amour de l'homme (créature faite à l'image de Dieu et possédant une âme) pour la bête brute. C'est là un péché inexpiable, en opposition abolue avec les lois divines et l'ordre naturel. Dante ne l'a pas oublié dans ses cercles infernaux :

Les nouveaux venus disaient... Pasiphaé entra dans la vache d'airain pour que le taureau assouvît sa luxure... Pour notre opprobre, nous répétons en nous séparant le nom de celle qui se fit véritablement bête sous l'enveloppe d'une bête.

Si honteusement qualifié, si sévèrement puni que fût ce crime, nous n'en relevons pas moins un certain nombre de cas au XVIIe siècle.

Le 15 décembre 1601, Claudine de Culan, native de Rozay en Brie, accusée et convaincue d'avoir commis « cette brutalité » avec un chien, est pendue estranglée et après brûlée avec le chien (1).

Le 27 octobre 1604, Didier Lengarat, âgé de trente-sept ans, cordonnier à Joinville, est convaincu de bestialité avec une jument (2).

Le 23 août 1609, Pierre Dupin, apothicaire, convaincu de l'accointance d'une vache, est brûlé avec elle, en la ville de Trévols par arrest du Parlement des Dombes (3)

Le mardi 8 mai 1617, Julien Largereux, fils de... fut condamné d'être bruslé vif pour avoir été accusé et convaincu d'avoir abusé d'une quevalle, dont

----

(1) LE BRUN DE LA ROCHETTE : *loc. cit.*, p. 22.

(2) Bibl. nat., mss. suppl. français 10969.

(3) DESMAZES : *op. cit.* et LE BRUN DE LA ROCHETTE : *loc. cit.*, p. 23.

il fut appelant, et le 8 juin, audit an, a esté brûlé sur le... avec la jument (1).

En 1606, un autre individu est brûlé avec une chienne, et un nommé Jean de la Salle avec une ânesse (2).

On le voit, la pénalité était peu variée et très claire : le feu dans tous les cas, pour l'homme et l'animal qui lui avait servi de complice. Et ici, une grave question se pose. Comment le dogme catholique, au nom duquel on agissait, pouvait-il s'accommoder de l'exécution d'une brute irraisonnable, agissant involontairement, et par conséquent à l'abri de toute responsabilité? Les explications données au sujet de cette jurisprudence, d'ailleurs constante, sont curieuses dans leur phraséologie embarrassée : beaucoup de mots, peu de bonnes raisons, flatus vocis. Citons textuellement l'argumentation de Damhouder (3) :

« Pourquoi frappe-t-on de cette peine les animaux eux-mêmes, qui n'ont pas péché et n'ont pas pu pécher contre la loi (qu'ils ne sont pas capables de comprendre) ? Il faut en effet que tout péché soit volontaire, et les bêtes brutes manquent de libre arbitre : c'est pourquoi elles ne sont pas censées coupables de crimes. Mais il faut répondre à cela que les bêtes ne sont pas punies pour avoir commis un péché personnel et apprécié par leur conscience, mais parce que ces bêtes furent les ins-

---

(1) Corre et Aubry : *op. cit.*, p. 465.

(2) Cf. thèse Masson. V. aussi Lacassagne : Criminalité chez les animaux, in *Revue scientifique*, 1882.

(3) *Praxis rerum criminalium*, cap. XCVI, parag. XV, p. 282.

truments à l'aide desquels des hommes ont perpétré la plus abominable des abominations : pour cette raison elles doivent être frappées, elles aussi, d'une mort horrible : il est juste, en effet, que lesdits instruments, j'entends par là les bêtes brutes, soient frappés en même temps que l'homme : *il serait indigne et odieux en effet qu'une telle brute, dénuée de raison, subsistât et continuât de vivre sous les yeux des hommes, quand, à cause d'elle, un homme doué de raison a péri d'une mort misérable.* »

S'il y a là dedans ombre de logique ou de bon sens, les juges avaient raison.

Mais ce n'est pas tout, et le jurisconsulte se pose gravement cette question : Puisque ce qui distingue l'homme de la bête, c'est que l'homme adore Dieu et reçoit le baptême, les infidèles ne sont-ils pas des bêtes, et la fornification avec un Turc ou un Juif n'est-elle pas un cas de bestialité, et celui qui en est coupable ne doit-il pas être purifié par le feu ? En lisant ces lignes d'un des plus savants jurisconsultes d'un des siècles dont l'humanité s'honore le plus, on se croit revenu au plus sombre moment du moyen âge, au moment où Rachel pouvait dire :

> Chrétien, il eut commerce avec une maudite,

et où les cardinaux eussent effectivement répondu :

> Vous qu'unit une horrible alliance,
> Dieu vous a par ma voix rejetés et proscrits.

De fait, la scène ne se passait pas ainsi sous Louis XIV. Il n'y avait pas de tragique cinquième acte avec une chaudière d'huile bouillante, et tout

s'est passé en dissertations philosophiques et juri-
diques. Mais n'est-ce pas déjà assez, n'est-ce pas
déjà trop qu'un Damhouder ait pu discuter la question : *Quatenus Turcas bestias vocemus et congres-
sus cum infidelibus quadantenus sodomiticus est ?*
Jusqu'à quel point les Turcs sont-ils des animaux,
et jusqu'à quel point les rapports sexuels avec les
infidèles sont-ils de la sodomie ?

Zacchias et Valentin nous ont légué le récit de
deux curieuses affaires de bestialité. Celle de Zacchias (1) est particulièrement intéressante et vaut
d'être rapportée avec quelque détail.

En 1635, le 26 décembre, jour de la Saint-Etienne,
une femme de Messine, l'épouse d'un orfèvre, accouchait d'un monstre ayant l'aspect d'un chien ; l'année
précédente elle avait déjà mis au monde un âne. Les
magistrats, à qui le fait fut conté, la soupçonnèrent
véhémentement de fornication bestiale ; on eut recours
à Zacchias pour avoir une consultation sur le sujet
suivant : une femme qui accouche d'un âne et d'un
chien s'est-elle livrée à des animaux, et la conception
peut-elle se produire par la semence d'une espèce animale ? (2) Le mari de l'inculpée est un homme robuste,

(1) ZACCHIAS : *op. cit.*, 3ᵉ partie, consilium XXII, p. 29.
(2) « Rondelet a une plaisante pensée sur la génération
de ces faux germes animés. Il croit que si les femmes engendrent des fœtus qui ressemblent à des lézards, à des
hérissons ou à d'autres pareils animaux, on doit les
interroger pour savoir si elles n'ont point mangé d'her-
bes ou bu d'eau qui conservât la semence de ces animaux. Car il se persuade que les vers, les grenouilles ou
les autres animaux qui s'engendrent quelquefois dans les
boyaux des hommes ne peuvent venir que des semences
qu'ils ont avalées et que la chaleur naturelle a fait éclore
dans leurs corps ; ainsi, que la semence de ces animaux
étant distribuée parmi les sens d'une femme peut être
envoyée à la matrice et y produire une espèce d'animal
semblable à celle dont elle procède. » (Nicolas VENETTE.)

de trente ans environ, ne paraissant pas avoir de raisons spéciales pour faire à sa femme autre chose que des enfants normalement constitués ; elle-même a l'aspect d'une femme saine, mais elle est curieuse et d'une imagination déréglée. Elle rend compte de la monstruosité de ses fœtus par les explications suivantes : pour le premier, elle l'a eu après avoir regardé avec une attention extrême des ânes qui coïtaient dans la rue ; pour le second, comme elle venait de coucher avec son mari, elle vit sous ses fenêtres un chien, et fit remarquer à son mari, comme une chose extraordinaire, que ce chien la regardait fixement. Neuf mois après elle accouchait d'un monstre ressemblant à un chien et qui n'a pas vécu. L'arrière-faix est venu dix jours plus tard. Le produit de la conception a été examiné ; sa tête est très déprimée ; c'est parce que la mère l'a serrée, au moment de l'extraction. (Le juge estime plutôt que c'est parce qu'il avait une face de chien, que les parents lui ont écrasé la tête.) Le sacrum est large et plat, mais sans queue. La peau n'a pas de poils, elle est rouge et très fine, comme celle d'un homme ; la face, eu égard à la position des yeux, fait plutôt penser à un oiseau qu'à un chien ; mais il y a des oreilles de chien, la droite plus longue que la gauche ; il y a deux incisives inférieures, il n'y a pas de mains, mais des pattes de devant ; quant aux membres postérieurs, ils sont constitués par des gaines osseuses, creuses et allongées. Le ventre est gonflé et livide. L'examen des organes internes a été fait rapidement, sans aucun soin (haud curiose) à cause de la puanteur (ob putredinem et nauseabundum fœtorem). Le sexe paraît être *plutôt* féminin (!!!).

En résumé la question posée à l'expert est celle-ci : Le fœtus monstrueux a-t-il été produit par le coït d'une femme et d'un animal, ou bien est-il le résultat de l'imagination maladivement excitée de la femme ?

Après avoir déclaré, dans un long préambule, dont la clarté n'est pas la qualité dominante, qu'il n'y a rien d'impossible à ce que les semences féminine et animale puisse s'unir pour former un produit de conception, Zacchias s'attache à l'examen des causes qui, en dehors du coït bestial, auraient pu produire les fœtus monstrueux.

Et d'abord, dit-il, il ne s'agit pas là d'un défaut de la semence d'un des époux, ou de la mauvaise qualité de sang de la mère ; les renseignements fournis sur eux les représentent comme des individus sains et bien constitués. D'ailleurs, un sang vicieux empêcherait peut-être la fécondation de se produire, il pourrait engendrer à la rigueur une môle, mais non un animal arrivant à terme.

Reste l'imagination : peut-elle, par ses propres forces, engendrer les monstres ? Non, évidemment.

En effet, chacune des facultés a ses fonctions propres et n'agit en aucune façon sur les autres ; la faculté de sentir ne fait pas entendre ; de même l'imagination n'est pas la faculté formatrice. D'autant mieux que s'il y a rapport et parfois concours entre les facultés d'un même ordre, il n'y en a pas entre celles d'un ordre différent ; les facultés de l'âme sont indépendantes absolument des facultés naturelles, et celles-ci des facultés vitales.

D'autre part, quels éléments l'imagination apportera-t-elle à l'enfantement, à la confection du monstre : interviendra-t-elle comme matière constitutive, ou comme instrument modificateur de cette matière ? Comme matière, c'est impossible, puisque les choses imaginées (præsentatio phantasmatum) sont de purs fantômes, intransformables en substances palpables, incapables de servir de support aux propriétés de la matière : couleur, étendue, etc. Dire que l'imagination intervient comme instrument modificateur de la matière d'ailleurs formée n'est pas résoudre le problème, puisque l'instrument n'a pas la propriété d'imprimer ses qualités propres, sa forme, à la matière sur laquelle il agit.

Enfin la collaboration accidentelle de deux forces dont les buts sont naturellement distincts est contraire à la Nature qui n'admet pas de confusion, et ne veut pas qu'une faculté se charge du travail d'une autre.

D'ailleurs il faut pour la formation du produit de la conception une force dont l'action soit continue, et non une faculté qui n'agit que pour un instant, comme fait l'imagination. Celle-ci, suivant l'opinion la plus répandue, agirait sur la semence au moment de la fécondation : il faudrait au contraire qu'elle pût agir sur le sang, pour arriver à modifier les chairs et les os, au point de transformer un fœtus humain en un animal.

Les conclusions sont les suivantes :

Les causes de production des monstres, imagination ou vice des semences, étant éliminées, on peut supposer qu'il y a eu mélange de semences de diverses espèces. Il faut donc, selon moi ,soupçonner la femme dont il s'agit d'un coït abominable, et procéder à la recherche de la vérité, en tenant compte de ces indices. A moins que nous ne disions pour sa défense : 1° que la génération de ces monstres doit être rapportée à la nature du pays, car la Sicile est la terre des monstres (1) ; 2° que ce produit de conception est du genre des môles, et que si la femme a cru entendre aboyer le monstre dont elle était accouchée, c'était purement l'effet de sa terreur. Ce qui confirmerait cette dernière manière de voir, c'est que la môle est produite seulement par l'union de la semence féminine avec le sang provenant de l'utérus, il a pu arriver que la femme, voyant coïter un âne ou un chien, ait eu un spasme, ait conçu, et qu'il en soit résulté les monstres en question. Il faut reconnaître que cette interprétation ne manque pas de difficultés très grandes.

La dernière proposition est un aveu à retenir. Toute la dissertation est d'ailleurs hérissée de ces mêmes difficultés, et si elle peut passer pour un modèle de discussion dans le genre scolastique, —

(1) Les Titans. Il en est parlé dans la réquisition.

particulièrement le passage qui a trait au rôle de l'imagination dans la conception, — elle ne paraît pas inspirée d'une façon absolue par l'esprit de critique scientifique. Il est regrettable que l'on ne connaisse pas l'issue du procès : on peut supposer que les juges ne se sont pas contentés des explications que contient la conclusion du rapport, et que l'idée ingénieuse de faire de la Trinacrie le pays des monstres n'a pas suffi à les attendrir ; il règne dans toute cette histoire une inquiétante odeur de fagot.

*
* *

Le procès rapporté par Valentin (1), pour n'être pas aussi bizarre que celui de Zacchias, n'en est pas moins fort intéressant, en ce sens qu'il s'agit là d'un cas typique d'accusation de bestialité, et que ce rapport nous fait voir comment les médecins légistes du XVII° siècle se comportaient dans les affaires de ce genre. Nous sortons des contes de fées pour entrer dans le domaine de la science pure.

Voici quelle était la réquisition, en date du 6 juin 1692 :

P. H., serviteur de Fabre de Ferrare, est sous le coup d'une accusation de sodomie perpétrée avec une chienne : il avait constamment et absolument nié son crime depuis le début de l'instruction, mais conduit dans la chambre de torture, et sur le point de la subir, il s'est avoué coupable de tout ce dont on l'accusait, et qu'il n'avait pas voulu avouer auparavant, mais il

---

(1) VALENTIN : *Corpus Juris medico-legalis* : Authenticæ m. I. Casus I, p. 255.

s'est écrié, devant les personnes qui en ont déposé
sous serment, qu'il aimait mieux affirmer tout ce qu'on
voudrait plutôt que d'être torturé, bien qu'il ne fût
point coupable. Les indices qui militent contre l'accusé
sont entre autres ceux-ci : il a été vu dans un jardin,
les culottes défaites, seul avec une chienne derrière
laquelle il était à genoux. La vulve de l'animal, examinée aussitôt, a été trouvée comme meurtrie (*elevata
et deturpata*) ce qui s'expliquerait par la violence exercée par l'accusé pendant le coït.

D'autre part, il reste à apprécier les circonstances
suivantes relevées par la défense : 1° l'accusé, à l'heure
où le crime aurait été commis, venait d'acheter pour
15 oboles de liqueur et de vin et était ivre ; 2° pour
cette raison, il était entré dans ce jardin, situé dans
un carrefour, *pro exonerando alvo*, et il y avait vomi
abondamment ; 3° la chienne était arrivée, et *abligu-
rivit et devoravit recrementa alvi una cum vomitu re-
jectis* ; 4° ladite chienne avait été fécondée par un
chien quatre semaines auparavant (suivant des déposi-
tions faites sous serment) ; 5° cet animal était un
molosse dressé pour la chasse et non un chien d'agré-
ment ; 6° c'était d'ailleurs une bête mauvaise et habi-
tuée à mordre ; 7° l'accusé étant à genoux ne pouvait
avoir commis le crime pour lequel il était poursuivi,
puisque la chienne avait au moins une aune de hauteur, et que la distance des genoux de l'inculpé à sa
verge ne dépassait pas une demi-aune ; 8° enfin les
témoins ne peuvent pas affirmer que l'accusé mainte-
nait la chienne contre lui avec les mains ou autrement ; ils peuvent encore moins affirmer qu'ils l'ont
vu introduire sa verge dans la vulve de l'animal.

Par ces raisons, le tribunal estime que l'aveu de
l'accusé ne constitue pas une charge suffisante contre
lui, demande la preuve de la possibilité des faits repro-
chés, et pose à l'expert les questions suivantes :

I. — *Est-il réel et indiscutable que chez les animaux
et chez la chienne en particulier, le fait d'être pleine
empêche de désirer et même de supporter le coït ? Est-*

*il absolument impossible et inadmissible que l'accusé
ait pu connaître charnellement une chienne dans cet
état, et ce crime horrible a-t-il pu être commis malgré
que l'animal soit dangereux et habitué à mordre ?*

*II. — Si les organes génitaux de la chienne parais-
saient tuméfiés et meurtris, cela est-il un signe certain
et infaillible qu'elle venait de coïter ? et cela peut-il
être admis comme une preuve indiscutable contre l'accusé ?*

*III. — Si la hauteur de la chienne est supérieure
d'un quart d'aune à celle de l'accusé, mesurée des
genoux au pubis, est-il vraisemblable, est-il possible
que celui-ci, étant agenouillé, ait pu perpétrer le crime
pour lequel il est poursuivi, surtout si, comme le rap-
portent les témoins entendus à l'instruction, la chienne
n'était pas maintenue par l'accusé, mais était au contraire entièrement libre ?*

Voici maintenant la traduction littérale du rapport (déposé à Leipzig le 10 juin 1692) et intitulé :
Responsum Facultatis Medicæ Lipsiensis.

Trois questions ayant été posées au sujet du fait de
sodomie imputé au nommé P. H., et notre opinion
nous ayant été demandée sur la possibilité de cet acte
horrible et abominable, dans les circonstances données, nous ne pouvons répondre autre chose que ceci :

En ce qui concerne la première question, c'est un
fait constant, selon l'opinion commune, qu'aucune
femelle, qu'aucune chienne, une fois qu'elle a eu son
instinct génital satisfait, au point d'avoir conçu, n'admet un coït ultérieur ; tandis qu'elle ne le refuse
jamais tant qu'elle est soumise à l'aiguillon de Vénus
et qu'elle n'a pas conçu. En outre il n'est pas probable qu'une chienne méchante et disposée à mordre se
soit soumise à une manœuvre de cette nature de la
part d'un homme.

Deuxièmement, la tuméfaction et la meurtrissure
de la vulve ne peuvent jamais, chez une chienne, être

acceptées comme un indice certain et infaillible de coït immédiat ou récent, et ceci ne peut constituer une présomption solidement fondée contre l'accusé, attendu que des phénomènes semblables se produisent chez la plupart des chiennes en chaleur, au point qu'une sérosité est sécrétée par leurs organes génitaux, non seulement après l'intromission, mais pendant tout le temps où elles seraient en état de la subir.

Quant à la troisième question, on ne peut examiner sérieusement si le coït sodomique a été possible pour telle ou telle raison ; car il est inadmissible que l'accusé ait pu satisfaire sa passion, sans tenir la chienne embrassée et immobile.

*
* *

Avant de clore le chapitre relatif aux perversions de l'instinct sexuel, notons l'absence de tout document sur d'autres formes des aberrations du sens génésique (1), actuellement bien connues, mais alors inétudiées. Le sadisme et le fétichisme en particulier ont dû exister au XVII⁰ siècle comme de tout temps. Quant à la nécrophilie, au vampirisme, comme on disait autrefois, mention en a été faite dans le *Praxis rerum criminalium*. Nous y relevons les lignes suivantes :

« Quand j'ai voulu étudier le classement des passions, il m'est venu à la mémoire le souvenir de cette exécrable luxure qui pousse certains hommes à connaître des femmes mortes (quis quidam fœminam cognoscunt mortuam). Je me deman-

(1) Cf. DAMHOUDER : cap. XCVI, n° 30, p. 285. V. aussi EPAULARD : *Vampirisme, Nécrophilie, Nécrosadisme.* thèse, Lyon, 1902.

dais d'abord à quel ordre de passion cela se ratta-
chait le plus naturellement, mais comme cela ne
rentre en réalité dans aucune catégorie, j'ai dé-
cidé de le ranger parmi les crimes de sodomie. »

Le vampirisme emportait donc, comme toutes
les autres perversions, la peine du feu : la viola-
tion de sépulture, même non compliquée de nécrophilie, était d'ailleurs punie de l'exil perpétuel
pour le gentilhomme, de la mort pour le roturier.

CHAPITRE VII

Sorcellerie.

Danser indécemment, festiner ardemment, s'accoupler diaboliquement, sodomiser exécrablement, blasphémer scandaleusement, se venger insidieusement, courir après tous désirs horribles, sales et dénatures brutalement, tenir les crapauds, les vipères, les lézards et toutes sortes de poisons précieusement, aimer un bouc puant ardemment, le caresser amoureusement, s'accointer et s'accoupler avec lui horriblement et impudemment, tel est le sabbat.

De Lancre : *Incrédulité et Mécréance.*

Pour celui qui ne va pas au fond des choses et ne voit de l'histoire que la partie, pour ainsi dire, officielle, celle qui est connue de tous, celle que l'on enseigne, le XVIIe siècle semble l'antithèse du moyen âge ; ces deux époques paraissent constituer les deux pôles opposés de l'histoire ; au moyen âge tout est barbarie et ignorance ; sous Louis XIV, tout est élégance et perfection. Et cependant l'époque médiévale et le grand siècle ont un point commun et non le plus brillant ; la sorcellerie s'est tellement maintenue de l'un à l'autre que l'on a pu dire que le siècle du Roy-Soleil était aussi le règne de Satan.

L'étiologie de la sorcellerie au moyen âge est simple et paraît avoir été complètement élucidée. Le sabbat était alors « la revanche des serfs et la manifestation de leurs mœurs crapuleuses », c'était « la sombre fête de révolte, sinistre orgie des Jacques communiant la nuit dans l'amour et le jour dans la mort (1) ». C'est ainsi qu'au XIIe siècle, à l'époque de la bataille de Courtray, les serfs entonnaient au sabbat ce chant, véritable Marseillaise :

> Nous sommes hommes comme ils sont,
> Tout aussi grand cœur nous avons,
> Tout autant souffrir nous pouvons.

Aussi les plus beaux moments de l'orgie sabbatique sont-ils ceux où la noblesse est éloignée par la guerre, où la main de fer du seigneur n'est plus là pour contenir le paysan. La guerre de cent ans favorisa l'apogée de la sorcellerie.

Mais au XVIIe siècle comment de telles manifestations ont-elles pu se produire ? Pour quelles causes le sabbat existait-il encore ? C'est ce que nous allons essayer d'établir. Mais exposons d'abord les faits.

.*.

En 1609, le Labourd fut le théâtre d'une telle succession d'affaires de sorcellerie, que le Parlement de Bordeaux se décida à constituer une commission extraordinaire composée de trois conseillers qui allèrent sur place interroger les individus, pres-

(1) Cf. MICHELET : *la Sorcière*.

que tous des femmes, accusés de s'être donnés à Satan :

Le plus jeune des commissaires, Lancre, était un homme du monde. Les sorcières entrevirent qu'avec un pareil homme il y avait des moyens de salut... Une mendiante de dix-sept ans, la Murgui (Margarita) qui avait trouvé lucratif de se faire sorcière... se mit avec une compagne (une Lisalda du même âge) à dénoncer toutes les autres. Elle dit tout, décrit tout, avec la vivacité, la violence, l'emphase espagnole, avec cent détails impudiques vrais ou faux. Elle effraya, amusa, empauma les juges, les mena comme des idiots. Ils confièrent à cette fille corrompue, légère, enragée, la charge terrible de chercher sur le corps des filles et garçons l'endroit où Satan aurait mis sa marque. Cet endroit se reconnaissait à ce qu'il était insensible et qu'on pouvait impunément y enfoncer des aiguilles ; un chirurgien martyrisait les vieilles, elle les jeunes. Elle avait pris un tel empire sur Lancre qu'elle lui fait croire que, pendant qu'il dort à Saint-Pé, dans son hôtel, entouré de ses serviteurs et de son escorte, le Diable est entré la nuit dans sa chambre, qu'il a dit la Messe noire, que les sorcières ont été jusque sous les rideaux pour l'empoisonner, mais qu'elles l'ont trouvé bien gardé de Dieu. La Messe noire a été servie par la dame de Lancinena, à qui Satan a fait l'amour dans la chambre même du juge. On entrevoit le but probable de ce misérable conte, la mendiante en veut à la dame, qui était jolie, et qui eût pu, sans cette calomnie, prendre aussi quelque ascendant sur le galant commissaire (1).

C'est au livre de de Lancre, le conseiller chargé de l'instruction du procès, que nous emprunterons ce qui va suivre :

Le démon épaissit l'air et en prend autant qu'il

____

(1) MICHELET : *la Sorcière.*

faut pour cacher le lieu où s'assemblent les sorciers. Ceux-ci lorsque l'heure du sabbat est venue, ne s'endorment point, à cause d'une marque qui a la vertu de les tenir éveillés, quand il faut se trouver au sabbat.

Le diable n'est pas magnifique dans ses équipages et dans les voitures qu'il fournit. Aux uns il donnera un balai, ou un banc, ou un cheval : il suffira aux autres de s'oindre d'une certaine composition et de prononcer certaines paroles pendant cette cérémonie. Ces paroles ne sont pas absolument nécessaires, car tel s'est oint sans les prononcer qui s'est trouvé au sabbat. Il y en a qui n'étant pas curieux de la propreté de leurs habits passent par le tuyau de la cheminée, d'autres par la fenêtre.

Comme il peut arriver qu'une personne ne puisse quitter sa maison pour aller au sabbat, parce que si elle s'en absentait dans de certains temps, il lui en arriverait quelque dommage, le diable attentif, pour prévenir ce désordre, prend soin de former une figure qui représente parfaitement le sorcier : elle reste à la maison, pendant que l'original est au sabbat. Le diable fait parler, agir, marcher la figure : afin qu'on ne puisse pas s'y méprendre.

De petits diables sans bras jettent des sorciers et des sorcières dans le feu et les en retirent sans leur avoir fait souffrir aucun dommage, afin de leur persuader que le feu de l'enfer ne leur fera pas plus de mal et qu'il n'a pas plus de force et d'activité que celui du sabbat : que ce n'est proprement qu'un enfer en peinture.

On voit plusieurs sorciers qui se font un mérite de raconter leurs malices, qu'on écrit ensuite sur des archives. Plus ils se sont signalés par des méchancetés funestes, et des tours diaboliques, et plus ils sont applaudis et regardés avec estime.

Des hallucinés entendaient Beelzébuth leur crier de tenir bon et leur dire que bientôt lui-même il brûlerait les suppôts du Parlement. Les conseillers avaient recours à la géhenne et au chevalet pour obtenir des aveux complets : les monomaniaques, excédés par la douleur, tombaient dans une sorte de ravissement extatique et s'écriaient, en recouvrant, à moitié moulus, la liberté de leurs membres, qu'ils avaient savouré des jouissances inénarrables et qu'ils venaient de jouir de la présence de Satan.

Quelquefois ils cherchaient en vain à proférer des paroles, éprouvant, à la manière des hystériques, une constriction pénible du gosier.

Les enfants prétendaient être transportés en l'air par des femmes métamorphosées en chattes. « Deux mille enfants du Labourd présentés au diable au sabbat par certaines femmes qu'ils nomment par noms et prénoms, dont la plupart ont été exécutées à mort comme sorcières, et les autres en sont à la veille, soutiendront la réalité de ce transport, sans jamais varier (1). »

Un grand nombre de démonolâtres se vantaient d'avoir franchi en un clin d'œil la distance qui sépare Saint-Jean-de-Luz du banc de Terre-Neuve. Il ne leur était pas possible, disaient-elles encore,

(1) DE LANCRE. V. aussi CALMEIL : *loc. cit.*, p. 427 et seq.

d'entrer dans les navires, parce qu'ils étaient bénits : mais elles se posaient sur les mâts et sur les cordages, et de là répandaient à profusion des maléfices sur ceux qui se trouvaient à bord.

Il importait peu au diable, au dire des inculpés, que les sorcières fussent enfermées sous les verroux, que les enfants fussent surveillés dans les sanctuaires des églises ; toujours, assuraient-ils, Satan trouvait le moyen de réunir au sabbat les accusés et les jeunes sujets qu'il destinait à son culte... On engage une inculpée à prendre son vol en présence des conseillers ; elle répond qu'elle ne possède plus de pommade. On l'invite à en rapporter du prochain sabbat ; elle répond que Satan se gardera bien de se prêter à une pareille expérience.

Voici quelques extraits des interrogatoires :

Marie Daguerre, âgée de treize ans, et quelques autres déposent qu'il y a une grande cruche au milieu du sabbat, d'où sort le diable en forme de bouc ; qu'étant sorti il se rend si grand qu'il se rend épouvantable et que, le sabbat fini, il rentre dans la cruche... D'autres disent qu'il est comme un gros tronc d'arbre, sans bras et sans pieds, assis dans une chaire, ayant quelque forme de visage d'homme, grand, affreux... D'autres qu'il est comme un grand bouc, ayant deux cornes devant et deux en arrière. Mais le commun est qu'il a seulement trois cornes et qu'il a quelque espèce de lumière en celle du milieu, de laquelle il a accoutumé au sabbat d'éclairer et de donner du feu et de la lumière même aux sorcières qui tiennent quelques chandelles allumées. Il a au devant son membre tiré et pendant, et le montre toujours long d'une coudée, et une grande queue au derrière et une forme de visage au-dessous, duquel visage il ne profère aucune parole, mais lui sert pour donner à baiser à ceux que bon lui semble, honorant certains sorciers ou certaines sorcières plus les uns que les autres.

Marie, âgée de dix-neuf ans, dépose que la première fois qu'elle lui fut présentée elle le baisa à ce visage de derrière, au-dessous d'une grande queue, qu'elle l'y a baisé par trois fois, qu'il avait ce visage fait comme un museau de bouc. D'autres disent qu'il est en forme d'un grand homme vêtu ténébreusement, tout flamboyant, le visage rouge comme un fer sortant de la fournaise.

Corneille Brolic dit que lorsqu'il lui fut présenté ,il était en forme d'homme, ayant quatre cornes sur la tête et sans bras... Jeanne dit qu'il avait un visage devant, un visage derrière la tête, comme on peint le dieu Janus, ou comme un grand lévrier noir, parfois comme un grand bœuf d'airain couché par terre.

Tous les enfants qui sont menés au sabbat par des sorcières déposent qu'elles leur ont passé simplement la main par le visage ou sur la tête, et la nuit suivante les sorcières ne faillent pas d'aller chez eux les enlever, encore qu'ils soient dans les bras de leurs père, mère, frères ou sœurs, sans que leurs proches se puissent éveiller... Universellement, trois cents enfants disent et prouvent cela de même.

Jeanne Dibasson, âgée de vingt-neuf ans, dit que le sabbat est un vrai paradis, qu'on y goûte des plaisirs dont le charme ne saurait s'exprimer, que ceux qui y vont trouvent le temps si court, à force de contentement, qu'ils n'en peuvent sortir sans un regret merveilleux, et il leur tarde infiniment qu'ils y reviennent.

Marie Aspiculette a vu couper des têtes de crapauds pour faire des poisons. Le poison, qui a la consistance d'onguent, est si violent que pour peu qu'on en mette sur l'habit de quelqu'un, il meurt ou reste maléficié toute sa vie.

Jeannette Abadie a vu le diable sous la forme humaine. Il portait de six à huit cornes sur la tête, il avait une grande queue, une double figure. Je l'ai baisé au derrière : j'ai renié tout ce qu'il y a de sacré au ciel et sur la terre, j'ai vu baptiser des enfants au sabbat. J'ai vu les sorciers se rassembler dans le cimetière de Saint-Jean-de-Luz et procéder à un baptême de crapauds. Ces reptiles étaient habillés de velours noir ou de velours roux ; ils avaient une sonnette au cou, une autre à la patte ; le parrain tenait la tête du crapaud, la marraine les pieds. J'ai abandonné ma virginité au diable ; je redoutais l'accouplement de Satan, parce que son membre fait en écaille me causait une extrême douleur, et que sa semence me paraissait extrêmement froide, je préférais les embrassements d'un mien parent.

Marie..., dix-neuf ans ; les organes sexuels du diable sont en écaille, longs de la moitié d'une aune, de médiocre grosseur fort rudes, tortus, comme piquants et d'un rouge obscur.

Marie Maugrane, quinze ans, a vu les organes du diable mi-partie, moitié de chair, et moitié de fer, tout du long. Il fait crier les sorcières comme femmes qui sont en mal d'enfants.

Petri de Linarre a vu son membre qui est en corne, ou pour le moins en a l'apparence.

Marguerite..., seize ans. Ses parties sexuelles sont visibles pour tout le monde, et en tout semblables à celles d'un cheval (1).

---

(1) « Le début du sabbat, la fécondation simulée de la sorcière par Satan (jadis par Priape) était suivi d'un autre jeu, un lavabo, une froide purification (pour glacer et stériliser) qu'elle recevait non sans grimaces de frisson, d'horripilation. Comédie à la Pourceaugnac où la sorcière se substituait ordinairement une agréable figure : la reine du sabbat, jeune et jolie mariée... Ce qui était plus sérieux, une comédie probablement réelle... c'était une mystification odieuse, barbare : on tâchait d'attirer quelque imprudent mari que l'on grisait du funeste breuvage (datura et belladone), de sorte qu'enchanté, il perdait le mouvement, la voix, mais non la faculté de voir. Sa femme, autrement enchantée de breuvages érotiques, tristement absente d'elle-même, apparaissait dans un déplorable état de nature, se laissant patiemment caresser sous les yeux indignés de celui qui n'en pouvait mais. » (La Sorcière.)

La très longue enquête de de Lancre aboutit à
un nombre relativement restreint de condamnations. Plusieurs sorcières furent brûlées. Chose à
retenir, de l'autre côté des Pyrénées, une enquête
parallèle était menée par l'Inquisition, et se termi-
nait presque en même temps par l'auto-da-fé de
Logrono. On relève dans l'instruction espagnole
les mêmes faits étranges que dans celle du Labourd : « Au sabbat on mange des enfants en
hachis et, pour second plat, des sorcières déter-
rées. Les crapauds dansent, parlent, se plaignent
amoureusement de leurs maîtresses, les font gronder par le diable. Celui-ci reconduit les sorcières,
en les éclairant avec le bras d'un enfant mort sans
baptême. »

En 1611, survient une autre affaire de sorcellerie qui surexcite la curiosité publique, plus encore
que celle du Labourd. Gauffridi, prêtre des Accou-
les à Marseille, était l'amant d'une jeune fille
noble, Madeleine de Mandol. Celle-ci se réfugie
aux ursulines d'Aix, où son amant la poursuit :
pour la séduire, il lui avait fait croire qu'il était
le *Prince des magiciens*. La démonopathie se ré-
pand dans le couvent des ursulines. La sœur Louise
Capeau accuse Gauffridi de sorcellerie. Un conflit
de juridiction éclate entre l'évêque de Marseille et
l'Inquisition. L'affaire est portée devant le Parlement d'Aix qui confia l'instruction aux domini-
cains Dompt et Michaëlis. Louise, provençale énergique, ardente, dicte l'instruction et mène le procès ; un véritable duel de dénonciations a lieu entre
elle et Madeleine, blonde, faible enfant, folle probablement. Le procès-verbal de l'interrogatoire de

Madeleine par l'inquisiteur Michaëlis nous a été conservé. Et c'est un grand bonheur ; car jamais l'imagination la plus fleurie n'eût pu reconstituer un pareil monument de crédulité prétentieuse et de naïveté bête. Enumérons seulement, d'après l'auteur de ce réquisitoire tristement funambulesque, les motifs qui l'ont déterminé à affirmer la possession de Madeleine.

Tout d'abord elle comprend le latin ; il est vrai qu'elle répond en français, mais, ajoute l'auteur, chacun sait que les diables qui possèdent les femmes répondent rarement en latin. Secondement, en mettant la main sur sa tête, on sentait grouiller à l'intérieur du crâne une infinité d'insectes. Troisièmement quand on l'exhortait à renoncer au diable, dès qu'elle commençait à prononcer cette renonciation, le diable la prenait par le dedans du gosier, et elle demeurait comme morte. Quatrièmement elle voyait ce qui ne s'offrait point à sa vue. Elle nommait des religieux qui venaient dans l'église avant qu'ils n'y fussent entrés. Enfin elle parlait doctement des Ordres d'Anges, donnant cent détails sur la vie privée de Beelzébuth, d'Asmodée, de Lucifer, de Léviathan, elle nommait par leur nom le bon et le mauvais ange de chacune des personnes présentes. Les inquisiteurs admiraient bouche bée. Ils eussent été fort empêchés certainement de la contredire, il n'était guère en leur pouvoir de démontrer qu'elle se trompait en désignant tel esprit par tel nom. Aussi la crurent-ils en toutes choses. C'est de sa bouche que sortit l'irrévocable arrêt de mort qui devait frapper son amant.

Gauffridi, convaincu de sorcellerie, est brûlé le 30 avril 1612. « Prions Dieu, dit en finissant le P. Michaëlis, que le tout soit à sa gloire et à celle de son Eglise. »

Quant à Madeleine de Mandol, remise en liberté, malgré les accusations de Louise, elle n'en était pas quitte avec l'Inquisition. Elle devait, quarante ans plus tard, jouer le premier rôle dans une nouvelle affaire de sorcellerie, dont j'emprunte le récit à l'auteur anonyme des *Causes célèbres* (1), me contentant d'abréger quelque peu cette narration écrite dans un style piquant et qui ne manque point de saveur :

Le 6 février 1653, sur la réquisition du sieur Déserte, Procureur du Roi à la sénéchaussée de Marseille, qui avait appris que Magdeleine Hodoul, fille de Jean Hodoul, étoit maléficiée, le sieur Beausset, lieutenant général en cette juridiction, se transporta chez le sieur Hodoul où il reçut la plainte de sa fille. Elle lui exposa qu'en Octobre dernier, son père lui commanda de porter du blé dans sa campagne. Elle rencontra dans son chemin une femme qui cueilloit des olives sur les arbres, qui murmuroit des paroles qu'elle ne prononçoit pas distinctement : c'étoit une petite conversation infernale qu'elle avoit avec elle-même. Magdeleine Hodoul poursuivit son chemin. En retournant, elle passa devant la chappelle de Notre-Dame de Grâce qui étoit dedans la Bastide de Madeleine de Mandol. Comme elle voulut prendre de

(1) *Les causes célèbres et intéressantes avec les jugements qui les ont décidées.* t. XI. p. 220. Paris. Théodore le Gras. 1752.

l'eau bénite dans le bénitier qui est en dehors, elle sentit une main invisible qui la repoussoit : elle vit une fumée noire et épaisse qui remplissoit la chapelle ; elle éprouva en même temps une extrême lassitude dans ses membres, comme si elle eût été toute meurtrie de coups. En passant devant la chapelle, elle vit la même femme qu'elle avoit entendue murmurer : elle filoit sa quenouille à la porte de la chapelle. Elle rencontra son père qui vit qu'elle avoit beaucoup de peine à se traîner. Dès qu'elle fut de retour elle se mit au lit, d'où elle n'étoit pas sortie lorsqu'elle rendit sa plainte. Elle ne pouvoit prendre que des bouillons qu'elle vomissoit dès qu'elle les avoit avalés. Elle perdit la parole aux Fêtes de Noël. Elle imitoit les cris des bêtes, de l'ours, du chien, du chat ; et elle témoignoit avoir des visions : elle avoit de fréquentes convulsions, symptômes favoris du démon, et par lesquels il semble distinguer ceux dans lesquels il habite. On la crut à l'agonie, on lui donna l'Extrême Onction. Magdeleine Hodoul ne témoignoit avoir aucune complaisance pour le démon, puisqu'elle disoit courageusement : « Si tu dis que je suis à toi, tu en as menti, car je suis fille de Dieu ». Mais le démon qui n'est pas sensible au démenti, parce qu'il doit y être fait, continuoit d'agiter Magdeleine Hodoul. Un jour qu'elle eut une grande envie de vomir, elle demanda de l'eau. Quand elle en eut pris, elle vomit des pelotons de la grosseur d'une noix, composés de diverses matières, comme du poil, étoupe, laine et plumes, épingles, graisse, paille, cire blanche, cigales, des pieds d'oie, des ailes d'oiseaux, des plumes à écrire : elle a vomi plus de quinze fois de pareilles matières. Son bras gauche était tourné de sorte qu'on voyait dessus ce qui devait être dessous. Pour faire une pareille opération, sans estropier Magdeleine, il faut que le démon soit habile anatomiste et habile artiste. Deux jours avant la fête de la Purification, elle vomit encore du poil, et d'autres matières, parmi lesquelles il y avoit un rouleau de papiers, où on lut ce mot : Arabie, et on sentit dans la chambre une odeur de soufre très puante : car le caractère du démon est de ne pas respecter les nez humains.

Le procureur du roi décréta Madeleine de Mandol de prise de corps. Celle-ci épouvantée, s'évada, et vint à Aix, où elle s'adressa aux religieux de la Trinité. Pour les mettre dans ses intérêts, elle leur donna sa chapelle de Notre-Dame de Grâce, par acte passé devant notaire.

Pendant ce temps les médecins Gazanery et Beau examinaient Magdeleine Hodoul, et adressaient au procureur un long rapport dont voici les conclusions : « Le tout, par Nous bien considéré et mûrement examiné, certifions et attestons que la maladie dont ladite Magdeleine Hodoul se trouve atteinte n'est point naturelle ni formée par cause ordinaire ; et que les corps étranges qu'elle a vomis ne peuvent être avalés, engendrés, ni regorgés d'un corps naturellement ; ains par voye de charme, sortilège et maléfice. Telle est la vérité selon Dieu et conscience, et nous réservant 6 livres chacun pour nos vacations. Fait à Marseille ce 6 février 1653. »

Madeleine de Mandol fut arrêtée chez les religieux de la Trinité, et interrogée par l'évêque de Marseille, puis par le Parlement à Aix. Elle se défendit admirablement, montrant que depuis la mort de Gauffridi elle avait mené la vie d'une sainte. On interrogea alors le démon qui possédait Magdeleine Hodoul : « Qui t'a introduit dans le corps de cette fille ? demanda l'évêque. — C'est Madeleine de Mandol. — Comment la connais-tu ? — Je suis son mari. — Me connais-tu ? — Tu es l'évêque de Marseille. — Quel cas fais-tu de ma dignité ? — Elle est très grande puisque tu représentes ton maître et le mien. — Sçais-tu parler latin ! — Je sçais toutes sortes de langues, mais Dieu ne me permet pas de les parler. »

Le sieur Gazanery, médecin de la malade, fut ouï, il déposa que la maladie n'était pas naturelle, que depuis trois mois elle n'avait retenu aucun des aliments qu'elle avait pris, et que cependant son embonpoint n'était pas diminué, et que, depuis que le démon avait désemparé le pied de la malade elle amaigrissait, ce qui prouve qu'il était la cause de son embonpoint. Un autre témoin prétendit que Madeleine de Mandol avait été grosse et s'était fait avorter. On l'accusa d'avoir profané des hosties, d'avoir été en même temps à Avignon et à Marseille, d'avoir ensorcelé un enfant.

Elle nia tout, et n'en fut pas moins condamnée, sans qu'aucune preuve sérieuse ait été relevée contre elle. Elle subit la détention perpétuelle dans un couvent.

En 1613, a lieu l'épidémie de *Laïra* à Amou, près de Dax. C'est encore de Lancre qui est chargé de l'instruction : « C'est chose monstrueuse de voir parfois à l'église, en cette petite paroisse d'Amou, plus de quarante personnes, lesquelles toutes à la fois aboyent comme chiens, faisant dans la maison de Dieu un concert et une musique si déplaisante qu'on ne peut même demeurer en prière ; elles aboyent comme les chiens font la nuit lorsque la lune est en son plein, laquelle, je ne sais comment, remplit alors leur cerveau de plus de mauvaises humeurs. Cette musique se renouvelle à l'entrée de chaque sorcière qui a donné parfois ce mal à plusieurs ; si bien que son entrée dans l'église en fait *layra*, qui veut dire aboyer, une infinité, lesquelles commencent à crier dès qu'elle entre (1). »

C'est en 1613 également que le couvent de Sainte-Brigitte à Lille devint le théâtre de scènes de démonopathie. La sœur Marie de Sains, accusée d'avoir adoré le diable, avoue : « J'ai agi sur les filles de la communauté à l'aide d'un maléfice qui porte le trouble dans les facultés de l'esprit, et détourne de la méditation ; j'ai apporté du sabbat des idoles de cire qui provoquent les religieuses à la luxure ; je me suis concertée avec le diable pour causer l'épouvante qui a régné dans le couvent ; j'ai donné à une sœur un maléfice qui lui a inspiré le dégoût pour sa vocation, qui la forçait à pousser des cris en lui causant de l'oppression (2). » « Elle reconnut aussi et confessa qu'elle avait occis plusieurs petits enfants et qu'elle les avait ouverts tout vifs afin de les sacrifier au diable, qu'elle en avait plusieurs

---

(1) DE LANCRE : *loc. cit.*, p. 358.

(2) LENORMAND : *Histoire de ce qui s'est passé sur l'exorcisme de trois filles possédées ès pays de Flandres* (Paris, 1623), p. 20.

égorgés, mangé le cœur vif à plusieurs... disant :
j'en ai chiqueté aucun aussi menu que sel ; à aucun
ai-je écrasé le cerveau contre une muraille aussi
ai-je écorché la peau d'aucun (1). » Elle donne les
renseignements suivants sur le sabbat : « Nous
avons tous communié à la manière des huguenots,
et le prince du sabbat faisait la personne du minis-
tre. On fit la procession et sodomiæ scelus perpe-
tratum fuit ; ter cum principe hoc horrendum peccatum commisi. — Etiam confessa est majori gau-
dio affectam fuisse quando cum diabolo, modo dia-
bolico cohabitasset, quam quando humano vel alio
modo stuprum fecisset. » Elle cite à ce sujet un sermon d'Asmodée : « Hodie conventum sodomiæ cele-
bramus, Lucifero opus est gratissimum, vos hortor
ut officio fungamini, etiamque singulis incitetis.
Prenez exemple de moi qui suis le prince de la
concupiscence ; et si vous accomplissez souvent
cette œuvre, vous aurez la récompense en ce monde, en l'autre la vie éternelle (2). »

Sœur Marie de Sains et plusieurs de ses compa-
gnes furent condamnées à la prison perpétuelle.

En 1615, le Parlement de Paris fait poursuivre
vingt et un démonolâtres du Berry et de la Sologne.

(1) *Ibid.*, p. 24.

(2) Programme du sabbat : *Lundi et mardi.* Via solita
coitus.

Jeudi. — Sodomiæ conventus. In illo die omnes homines
vel mulieres impudicitiæ peccatum extra vas naturale
admittunt, et inter se variis horridisque modis promis-
cuunt, mulier cum muliere, vir cum viro.

Samedi. — Belluarum conventus. In illa die, cum variis
belluis sicut canibus, felibus, porcis, hircis, pennatisque
serpentibus cohabitant.

(Cf. MOREAU DE TOURS : *Aberrations du sens génésique,*
p. 49.)

Plusieurs sont étranglés ou brûlés. Relevons dans la procédure les interrogatoires suivants :

Névillon, soixante-dix-sept ans : « La réunion avait lieu dans une maison, les assistants étaient masqués, et au nombre de deux cents à peu près. Non loin de la cheminée était un homme noir sans tête : il y avait aussi là un bouc et deux chèvres noires à grands poils. Du côté opposé à la cheminée, un second homme noir feuilletait un livre dont le papier offrait diverses couleurs ; il tenait en main un calice d'étain crasseux, montrait une hostie noire et marmottait entre ses dents des paroles inintelligibles... J'ai vu un diable faire l'*asperges* avec de l'urine et faire de l'épaule un geste ridicule, en disant : *asperges diaboli.* »

Gentil Leclerc : « La patène du sabbat ressemble à une vieille tuile, l'eau bénite dont il est fait usage est jaune comme de l'urine, la croix de la chasuble n'a que trois branches, le pain et le calice sont tout noirs, le diable tourne le dos à l'autel, pour dire la messe, il marmotte certains mots qu'il lit dans un livre dont les couvertures sont chargées de poils. On ne mange au sabbat que de la grenouille et de l'anguille. Les sorciers ne manquent jamais de s'accoupler entre eux sans distinction de sexe ; j'ai eu commerce avec des hommes ; j'ai vu les marionnettes ou diables familiers que nourrissent certains sorciers. »

De 1628 à 1630 la démonopathie sévit chez les bénédictines de Madrid, au couvent de Sainte-Placide. Vingt-cinq religieuses sur trente sont atteintes, y compris l'abbesse fondatrice dona Thérèse de Sylva. Le confesseur François Garcia multiplie les exorcismes, il apporte le Saint-Sacrement dans la salle de travail de la communauté, et fait faire les prières des quarante heures. Les phénomènes de possession redoublent, et l'Inquisition fait arrêter Garcia comme *hérétique illuminé* ; il est condamné à la prison perpétuelle. Les religieuses sont dispersées dans d'autres couvents.

Nous arrivons enfin à la plus importante affaire de sorcellerie du XVIIe siècle : la démonopathie du couvent de Loudun. Les signes de possession relevés chez les ursulines furent attribués à la connivence qu'un prêtre de la ville nommé Urbain Grandier avait avec les puissances de l'enfer. Depuis l'année 1620, Urbain Grandier, curé de l'église Saint-Pierre et chanoine de Sainte-Croix, avait presque constamment tenus fixés sur sa personne l'attention et les regards de ses concitoyens. Education brillante, distinction d'esprit et de talent, avantages physiques, éclat des manières, mœurs faciles et galantes, procès scandaleux, inimitiés passionnées, alternatives de revers et de fortune, rien n'avait manqué à l'existence, tour à tour enviée et tourmentée, de cet homme véritablement superbe.

Une enquête fut ordonnée : nous relevons dans le livre de de la Ménarday (1) un certain nombre de constatations qui furent faites :

Telle religieuse provoque les exorcistes par des gestes lascifs, par des postures obscènes, par un débordement de paroles sales et ordurières. Telle autre, couchée sur le ventre, les bras tordus sur le dos, les jambes relevées vers l'occiput, défie de la sorte le prêtre qui la poursuit avec le Saint-Sacrement. Je vis qu'étant renversées en arrière la tête leur venait aux talons et elles marchaient ainsi avec une vitesse surprenante et fort longtemps. J'en vis une qui étant relevée, se frappait la poitrine et les épaules avec sa

____

(1) DE LA MÉNARDAY : *Examen et discussion critique de l'histoire des diables de Loudun.*

tête, mais d'une si grande vitesse et si rudement qu'il n'y a au monde personne, pour agile qu'il soit, qui puisse rien faire qui en approche. Quant à leurs cris, c'étaient des hurlements de damnés, de loups enragés, de bêtes horribles. On ne saurait imaginer de quelle force elles criaient. Il n'y avait rien en cela, non plus que dans tout le reste, qui fût humain.

Souvent la langue des energumènes pendait au dehors ; mais la noirceur, la tuméfaction et la dureté de cet organe disparaissaient aussitôt qu'il était rentré dans la cavité buccale.

Un jour, elles se distinguaient par leur souplesse. Dans leurs assouplissemnets elles devenaient maniables comme une lame de plomb, en sorte qu'on leur pliait le corps en tous sens, en devant, en arrière, sur les côtés jusqu'à ce que leur tête touchât par terre ; et elles restaient dans la pose où on les laissait jusqu'à ce qu'on changeât leurs attitudes (1).

Presque toujours l'arrivée d'un exorciste suffisait pour bouleverser de nouveau le système nerveux de ces infortunées. A peine Satan était-il conjuré que l'on n'entendait plus que blasphèmes et imprécations. Alors les ursulines se levaient, passaient les pieds par-dessus la tête, écartaient les jambes au point de s'asseoir sur le périnée, cherchaient à arracher le ciboire de la main des prêtres, et au grand scandale des mœurs, voulaient se livrer sur elles-mêmes à des attouchements contraires à la pudeur et à la religion.

Une jeune religieuse s'imagina ouïr des accents plaintifs, des gémissements partant d'un dortoir. Bientôt elle vit entrer dans sa cellule un cadavre flamboyant qu'elle estima sortir du purgatoire,

(1) *Ibid.*, p. 479.

soit qu'il montât au ciel, ou qu'il vînt réclamer l'assistance de ses prières.

L'hallucinée court à son bénitier, asperge le spectre d'eau bénite, et s'imagine entendre bruire le liquide comme bruit l'eau qui tombe sur un métal rougi à blanc. Il lui sembla aussi que sa main était brûlée par le contact de la vapeur.

On lit dans une lettre de la supérieure (Mᵐᵉ de Belfiel) : « Pendant l'espace d'une demi-heure ce malheureux diable (Béhémot) se présenta à moi sous une forme hideuse et épouvantable, avec une grande gueule, jetant feu et flamme tant par la bouche que par les yeux. Il avait de grandes griffes qu'il étendait sur ma tête en me disant que j'étais condamnée de Dieu aux flammes éternelles et qu'il attendait mon âme à sortir pour l'emporter aux enfers. »

Un témoin oculaire écrit : « La sœur Agnès parut un peu troublée et éprouva des tressaillements qui furent attribués à la présence du démon Asmodée, l'un des quatre qui la possédaient. On l'exorcisa sur l'heure, et Asmodée ne tarda guère à faire paraître sa plus haute rage, secouant diverses fois la fille en avant et arrière, et la faisant battre comme un marteau avec une si grande vitesse que les dents lui craquaient et que son gosier rendait un bruit forcé. Dans ces agitations, son visage devint tout à fait méconnaissable, son regard furieux, sa langue prodigieusement grosse et pendante en bas hors de sa bouche, livide et sèche à tel point que le défaut d'humeur la faisait paraître toute velue ; ... un autre démon, Béhérit, fit un visage riant et agréable.

« Le démon Asmodée, étant adjuré d'adorer le Saint-Sacrement, dit d'abord qu'il voulait être lui-même adoré, mais enfin il obéit, prosternant son corps en terre. Après diverses autres contenances, la sœur Agnès porta un pied par le derrière de la tête jusqu'au front, en sorte que les orteils touchaient quasi le nez. L'exorciste lui ayant commandé de baiser le ciboire et de dire quel était celui qu'elle avait adoré, le démon, après avoir fait beaucoup de difficultés, obéit au premier commandement mais refusa d'obéir au second... La fille, revenant à elle, dit qu'elle se ressouvenait de certaines choses qui s'étaient faites, mais pas de tout ; et qu'elle avait ouï les réponses qui étaient sorties de sa bouche, comme si une autre les eût proférées (1). »

Urbain Grandier avait la preuve que les exorcistes étaient d'accord avec le commissaire extraordinaire Laubardemont et avec les religieuses pour le perdre. Il semble même que Richelieu, inspiré en cela par l'éminence grise, le Père Joseph, capucin comme les exorcistes, n'ait pas ignoré le complot. L'archevêque de Bordeaux, Sourdis, et le bailli de Loudun soutenaient Grandier. La haine poussa ses ennemis à des maladresses terribles. Les démons furent à diverses reprises convaincus de mensonge. Il est hors de doute qu'une immonde et bouffonne tragédie se jouait au couvent des ursulines, et la machination en fut plus d'une fois mise à jour. Au commencement de mai 1634, l'un

____

(1) *Cruels effets de la vengeance du cardinal de Richelieu, ou histoire des diables* (sans nom d'auteur), édition de 1716, p. 227.

des diables de la supérieure, qui en avait alors sept, promit de l'enlever de deux pieds de haut : lorsqu'il voulut faire cette entreprise, un spectateur, dans le temps qu'on croyait la supérieure en l'air, leva le bas de sa robe et fit voir qu'elle tenait à la terre par le bout d'un de ses pieds. Le démon Béhérit entreprit d'effacer la honte de son confrère. Il promit solennellement d'enlever la calotte de Laubardemont et de la tenir suspendue en l'air pendant un *miserere*. Des gens soupçonneux firent avorter ce dessein : ils remarquèrent qu'il était tard, qu'on allait allumer les cierges, que ce temps serait favorable à l'illusion : ils allèrent, ayant eu vent de quelque chose, sur la voûte de l'église, au-dessus de l'endroit où Laubardemont était placé. Ils découvrirent le machiniste qui préparait la pièce, et qui abandonna dès qu'il les vit, son ouvrage, remportant un petit hameçon et le crin auquel il était attaché. Il devait laisser couler ce hameçon par un trou fait exprès : le commissaire en feignant d'ajuster sa calotte l'aurait accrochée : pendant un *Miserere* on l'eût soulevée par le fil : après quoi on l'aurait laissé tomber à terre.

Un autre jour le comte de Lude attiré par les récits que l'on faisait à la cour des étranges mystères du couvent des ursulines, vint assister à une séance d'exorcisme et déclara posséder des reliques dont l'authenticité lui paraissait douteuse. Le P. Tranquille lui affirma que nul moyen de vérification n'était plus sûr que de les appliquer à une possédée : si elles étaient véritables, le démon ne pouvait manquer d'en ressentir les effets. Les exorcistes les prirent et les mirent sur la tête de la prieure, après lui avoir fait un signe qu'elle entendit fort bien, et que le comte remarqua. Elle fit des cris horribles et des contorsions épouvantables, on aurait dit qu'elle était dévorée par un feu invisible, tant ses tourments étaient extraordinaires et ses agitations violentes. Au fort de son accès, on lui ôta le reliquaire. Elle parut aussi froide et aussi tranquille qu'elle l'était avant l'application des reliques. L'exorciste se tourna alors vers le comte et lui dit : « Je ne crois pas, Monsieur, que vous doutiez maintenant de la vérité de vos reliques. — Non plus, répartit le comte, que de la vérité de la possession. » Tout le monde souhaita de voir les reliques : on ouvrit la boîte : on n'y trouva que des plumes et du poil. L'exorciste confus et étonné, dit au comte : « Ah ! Monsieur ! pourquoi vous moquez-vous de nous ? — Ah ! mon Père ! répliqua le comte, pourquoi vous moquez-vous de Dieu et du monde ? »

Il faudrait citer encore les innombrables bévues des démons interrogés qui prennent le Pirée pour un nom d'homme, confondent l'un avec l'autre deux médecins nouvellement arrivés à Loudun, et voulant réaliser le miracle du polyglottisme sans étude, s'embrouillent dans le grec, ne comprennent pas l'hébreu, et commettent en latin des solécismes dont rougirait un élève de sixième. « Quem adoras ? demande l'exorciste à la supérieure. — Jesus Christus, répond-elle. — Voilà un diable qui n'est pas congru », s'écrie quelqu'un dans l'assistance. Et comme le P. Lactance essaie de repêcher Béhérit, et d'effacer le désastreux effet de cette

réponse peu grammaticale en lui demandant :
« Quis est iste quem adoras ? » le pauvre diable
perd pied et s'écrie en déclinant hors de propos :
« Jesu Christe. »

La démonopathie ne resta pas localisée au couvent. Les habitants de la ville de Loudun furent
atteints à leur tour : puis les religieuses des cloîtres voisins, celles de Chinon en particulier. On
sait la fin tragique de cette affaire : après un procès
mouvementé, Urbain Grandier succomba aux calomnies de ses détracteurs, de Mignon, l'aumônier
des ursulines, de Laubardemont qui présidait le
tribunal. A la question extraordinaire on lui fit
subir le supplice des brodequins. « Le premier
coup de maillet lui brisa les jambes, il poussa un
tel cri que le bourreau recula ; le moine Lactance,
qui l'assistait, lui dit de faire son devoir jusqu'au
bout. Le bourreau se remit à la besogne ; on entendait les os craquer, Grandier s'évanouit ; revenu
à lui, il déclara qu'il n'était pas coupable de magie.
Le bourreau, les larmes aux yeux, lui montra alors
quatre coins qu'il allait être obligé d'enfoncer.
« Mon ami, lui dit Grandier, vous pouvez en mettre un fagot. » Huit coins furent placés. L'exécuteur n'en avait plus et dut aller en chercher. Laubardemont qui surveillait l'opération lui dit d'en
mettre deux autres : le bourreau ne put y parvenir,
les jambes du supplicié étaient broyées et des esquilles d'os sortaient de toutes parts. On coucha
Grandier sur de la paille. A quatre heures on le
conduisit sur une charrette devant l'église de Saint-
Pierre (1) où il fut brûlé, bien qu'on lui eût promis

(1) DELACROIX : *les Procès de sorcellerie au XVIIe siècle.*

de l'étrangler avant d'allumer le bûcher. »
(Août 1634.)

Chose à retenir, la plupart de ceux qui avaient
été directement mêlés à l'affaire furent atteints
de démonopathie : le lieutenant civil Chauvet, les
exorcistes comme le P. Lactance, le P. Surin, le
P. Tranquille et le P. Lucas, sans compter ce
P. Barré qui fut rendu responsable de l'extension
de la démonopathie à Chinon, et fut interdit et
séquestré. Le chirurgien expert lui-même, un certain Mannouri, qui s'était montré particulièrement dur pour les accusés, mourut fou en croyant
voir apparaître le spectre d'Urbain Grandier.

L'affaire de Louviers est le digne pendant de
celle de Loudun (1642). Là aussi il s'agit de religieuses, au nombre de dix-huit, dont la possession
par le démon fut établie après enquête. Là encore
on rendit responsable et on brûla un prêtre : le
curé Boullé.

L'instruction relève des faits analogues à ceux
des procès que nous avons déjà cités : « Un jour,
un faux ange fit voir à la sœur Marie du Saint-
Esprit... un gros et vilain diable de forme terrible,
de même qu'un homme qui a la tête d'un éléphant
dont la trompe était de feu, qui élançait avec une
puanteur intolérable, et ce monstre, rugissant en
lion, criait à la fille : « Çà, çà, tu es à moi, l'ange
du Seigneur t'a abandonnée, et m'a commandé
de t'engloutir (1). »

(1) *Discours historique et théologique de la possession
des religieuses dites de Sainte-Elisabeth, à Louviers*, par
Esprit DE BOSROGER, capucin, Rouen, 1752, in-4°, p. 156.

Dagon fit grimper une sœur, par le moyen de quelques vieux bois, sur une muraille de dix pieds de hauteur, et l'ayant menée sur ladite muraille en un lieu où il n'y avait plus moyen de descendre n'y ayant ni échelle ni autre chose pour cela : après que longtemps plusieurs filles eurent prié la possédée de s'avancer sur le mur vers un lieu où elle pourrait revenir à elle sans péril, et qu'un exorciste qui était accouru lui en eut fait commandement et, pour mieux forcer le démon, eut aussi commencé à genoux à dire le chapelet, Dagon s'écria en grande furie : « Diantre, si tu ne cesses le chapelet, je te jetterai cette chienne à bas », et aussitôt lui laissant voir le péril où elle était, il lui en donna un grand effroi et la fit tomber du haut de cette muraille sur des pierres et des tuiles qui étaient là, et cependant elle fut tellement préservée qu'elle n'eut aucune lésion ni blessures en tout son corps, mais seulement pour quelque temps un peu d'effroi et d'étourdissement (1).

Il nous reste à parler d'une affaire de sorcellerie d'un genre tout différent. Il ne s'agit plus de la possession des nonnes, mais de la croyance au démon et du culte que lui rendaient les personnages compromis dans l'affaire des Poisons. Les clients de la Voisin étaient tous en effet plus ou moins sorciers ou affiliés aux sorciers. La plupart assistaient aux messes noires. Plusieurs prêtres furent condamnés à mort, pour avoir commis ce sacrilège. Tel cet abbé Guibourg (2) qui se prétendait bâtard de Montmorency ; il vivait en concubinage avec la Chanfrain, dont il eut plusieurs enfants : ceux-ci furent tous égorgés pendant des messes noires. Au moment de l'élévation, on tuait

(1) *Ibid.*, p. 242.
(2) V. LEGUÉ : *Médecins et Empoisonneurs*, p. 162.

en effet un enfant dont on offrait le sacrifice à
Satan (1). L'abbé Lemeignan, vicaire de Saint-
Eustache, fut enfermé à la citadelle de Salces pour
des faits analogues. L'abbé Mariette, vicaire de
Saint-Séverin, alla finir ses jours dans la prison de
Besançon. L'abbé Cotton fut exécuté en place de
Grève, ainsi que l'abbé Tournet « pour impiété et
sacrilège et avoir dit une messe sur le ventre d'une
jeune fille alors âgée de quatorze à quinze ans,
pendant laquelle messe il la connut charnellement ».

Le cérémonial de la messe noire est indiqué dans
le texte suivant : « Quotiescumque altare osculan-
dum erat, Presbyter osculabatur corpus, hostiam-
que consecrabat super pudenda, quibus hostiæ
portiunculam inserebat. Missa tandem peracta,
Presbyter mulierem inibat, et manibus suis in
calice mersis pudenda sua et muliebria lavabat. »

La fière Montespan elle-même accepta de subir
cette prostitution pseudo-sacrée. La Reynie adressa
à Louvois le texte de l'invocation prononcée à
l'offertoire de la messe dite sur elle : « Je, Fran-
çoise-Athénaïs de Mortemart, marquise de Montespan, demande l'amitié du roy et celle de Mon-
seigneur le Dauphin, et qu'elle me soit continuée ;
que la reine soit stérile ; que le roy quitte son lit et
sa table pour moy et mes parents ; que mes serviteurs et domestiques lui soient agréables. Chérie et
respectée des grands seigneurs, que je puisse être
appelée aux conseils du roy et savoir ce qui s'y
passe, et que cette amitié redoublant plus que par

____

(1) V. note de la Reynie adressée à Louvois.

le passé, le roy quitte et ne regarde Fontanges, et
que la reine estant répudiée, je puisse épouser le
roy (1). »

Au moment de l'élévation, Guibourg égorgeait
un enfant en prononçant ces paroles : « Astaroth,
Asmodée, princes de l'amitié, je vous conjure d'accepter le sacrifice que je vous présente de cet
enfant pour les choses que je vous demande. »

La Voisin se vantait d'avoir immolé ainsi un
nombre considérable d'enfants.

Cette lugubre cérémonie semble avoir été réservée, d'ailleurs, aux clients influents et riches. Il
n'est pas douteux que la Voisin, dont l'intelligence
était souple et les talents variés, se contentait, la
plupart du temps, de sortilèges moins dramati-
ques, et où le sang ne coulait point. Rivière, avocat
au Parlement (2), affirme de la façon la plus formelle que l'habile mégère se livrait couramment
à d'inoffensives jongleries, qui pour rentrer dans
le cadre modeste de la magie blanche, n'en étaient
pas moins fort bien rétribuées. C'est ainsi qu'elle
vendait à un bourgeois poltron, inquiet des œillades adressées à sa légitime épouse par quelque
dameret bien en point, une épée enchantée plus
infaillible que celle d'Amadis des Gaules, et contre
laquelle se devait briser la lame du plus fier gentilhomme. Elle avait eu soin d'aposter au coin de la
rue un spadassin à la mine truculente et farouche, qui assaillit avec grand tintamarre matamo-
resque le bourgeois qui franchissait à peine le seuil

(1) Bibliot. nat., fonds fr. 3608.
(2) In *Causes célèbres*, t. VI, édit. de 1750, p. 305.

de la pythonisse. Après un assaut héroïque où le tranche-montagne eut soin de multiplier avec une scurrilité bouffonne des coups terribles qui ne portaient point, le bourgeois laissa étendu sur le pavé du roi un faux cadavre qui n'attendait que son départ pour détaler. Lorsque, quelques jours plus tard, ledit mercier, se croyant invincible depuis cette mémorable victoire, et plus fier que Cid, s'en vint attaquer le galant de sa dame, il n'en fut pas moins fort navré et déconfit : de quoi la Voisin s'excusa, disant avoir vendu précisément à ce gentilhomme une épée non moins enchantée, et mieux maniée probablement .

Elle avait organisé chez elle un véritable théâtre d'illusion où se jouait fréquemment avec les trucs, machines, herses mobiles et jeux de glace, la scène bien connue de l'apparition de la duchesse de Guise, au premier acte d'*Henri III et sa cour* de Dumas. Nombreux furent les amants qui grâce à elle virent apparaître en un miroir magique la dame de leur pensée, et plus heureux que Saint-Mégrin, lequel mourut étouffé à l'aide d'un mouchoir aux armes de sa maîtresse, ne la virent pas seulement en effigie ; car la Voisin avait l'âme sensible à l'endroit des amours tendres, encore qu'elles fussent illicites, et ne laissait pas arrêter l'élan de son bon cœur par de vains préjugés. Elle s'entremettait comme duègne en Espagne, estimant que tout métier est bon qui nourrit son homme.

Elle eut cependant parfois quelques mécomptes : la magie rencontrait des incrédules : le maréchal de Luxembourg demanda un jour à voir le diable.

Une apparition cornue sortit du plancher, avec un grand concours de tonnerre et de flamme, le tout exhalant la plus nauséabonde odeur de soufre. Mais le maréchal, qui était quelque peu diable lui-même, ayant plus empoisonné et pillé à lui tout seul que Beelzébuth et Astaroth réunis, se défia de quelque supercherie, et d'abondant mettant la lame au poing, chargea le pauvre diable, qui jeta bas son masque cornu à barbe de bouc, et son manteau rouge, pour demander grâce de la vie, et préféra repasser la trappe par quoi il était entré que de sentir insérer entre ses cartilages costaux la rapière du maréchal. Gubetta, le fidèle serviteur de Mme Lucrezia Borgia, disait que M. de Valentinois en savait plus long que le diable. La Voisin dut estimer en son for intérieur que le duc de Luxembourg pouvait bien prendre rang à côté du célèbre aventurier. En tout cas, elle savait mieux que personne qu'il ne lui cédait en rien, pour le maniement des ragoûts à l'arsenic.

*
* *

Nous avons vu que dans chacun des grands procès de sorcellerie que nous venons d'exposer sommairement, les magistrats s'étaient faits accompagner de médecins experts. La lecture des mémoires laissés par ces derniers va jeter, comme il est facile de s'en convaincre, un jour singulier sur ces affaires de prime abord si mystérieuses.

Une première question se pose. Les médecins croyaient-ils à la possession diabolique ?

Si nous consultons Devaux, au chapitre intitulé

Manie démoniaque, nous trouvons l'opinion suivante :

« On donne ordinairement dans deux excès, le premier de se livrer à l'illusion du vulgaire qui a beaucoup de penchant à s'imaginer que le démon a quelque part dans toutes les maladies ; le second, de croire que le pouvoir du démon est trop limité pour nous causer des maladies. Ceux qui donnent dans ce second excès se fondent sur ce principe que Notre-Seigneur Jésus-Christ a détruit l'empire du démon : en sorte que les choses extraordinaires que l'on croit être les œuvres du démon ne sont que les productions de ceux qui veulent nous surprendre par des causes purement humaines (1).

« Pour nous, l'autorité de l'Ecriture sainte, la créance de l'Eglise catholique, les peines civiles et canoniques contre ceux qui sont assez malheureux pour se livrer volontairement au démon en faisant des pactes, et l'expérience journalière des maléfices qui résultent de ces abominables conventions nous portent à croire que Dieu permet quelquefois, mais plus rarement qu'on ne le pense, que le démon tourmente les hommes en leurs personnes ou en leurs biens, quelquefois pour punir les crimes, et quelquefois pour éprouver leur fidélité comme il arriva au saint homme Job, ou pour d'autres motifs, lesquels, quoi qu'ils nous soient inconnus, n'en sont pas moins justes et moins légitimes. »

C'est à Sennert que Devaux emprunte la symptomatologie de la manie démoniaque :

---

(1) Cf. Jean BECKER : *Le Monde enchanté par le diable.*

I. — Dans ces sortes de maladies, les médecins les plus habiles sont toujours fort embarrassés à trouver un système qui en explique les phénomènes d'une manière qui satisfasse ceux qui sont d'humeur à ne se contenter que d'une philosophie solide et bien suivie : quelquefois les médecins emploient beaucoup de remèdes pour guérir ces maux ; il arrive cependant que loin d'être surmontés, ils n'en deviennent, au contraire, que plus rebelles et plus fâcheux.

II. — Les maladies qui proviennent d'un maléfice paraissent tout d'un coup dans leur vigueur, sans qu'aucune cause extérieure ou intérieure y ait pu concourir et les malades sont d'abord attaqués des symptômes les plus violents.

III. — Les malades sont travaillés d'accidents tout à fait extraordinaires, et qui surprennent les médecins, lesquels n'en observent jamais de pareils dans leur pratique ordinaire. Ils se plaignent de sentir des douleurs très vives, tantôt d'un côté, tantôt d'un autre ; plusieurs deviennent tout à coup exténués sans cause manifeste, et plusieurs souffrent des convulsions terribles en diverses parties.

A ces signes, Devaux en joint quelques autres qui ne paraissent pas dus à une observation bien scientifique : en lavant un possédé avec de la décoction de verveine, la décoction se remplit de poils, d'autant plus nombreux que le maléfice est plus grave. En outre, les possédés parlent des langues qu'ils n'ont pas apprises, font des prédictions, révèlent les pensées et les actions les plus cachées et les plus secrètes, vomissent des aiguilles, des morceaux de fer, des balles de plomb, des plumes, des poils, de la poudre à canon, des animaux vivants, des insectes venimeux et beaucoup d'autres choses qui ne peuvent être produites dans le corps humain selon l'ordre naturel.

La conclusion de Devaux est qu'il faut avoir recours à la fois aux exorcismes et *aux remèdes* (vomitifs, purgatifs énergiques, alexithères). Certains malades sur lesquels les exorcismes n'ont pas agi guérissent par la médication. « *Ce qui doit nous apprendre qu'après avoir imploré le secours du ciel, il ne faut pas négliger les remèdes naturels.* » Il ne faut d'ailleurs joindre aux médicaments aucune parole ni cérémonie superstitieuse « afin que la gloire de la guérison, si Dieu permet qu'elle arrive ou par lui-même ou par les causes secondes, soit toute rapportée à son vrai principe ».

Ces conclusions si sensées n'ont pas été admises par l'unanimité des médecins. C'est ainsi qu'on lit dans François Ranchin : « L'expérience de chaque jour atteste que les démons concourent souvent à la génération de chaque maladie, médiatement par les magiciens ou immédiatement par eux-mêmes... D'abord les magiciens et les lamies nuisent-ils ? Il n'est pas permis d'en douter... Ils peuvent remuer les éléments, faire les tempêtes, bouleverser les esprits humains, empêcher l'usage de la raison, ôter la vie, donner tous genres de maladies, ravager et ruiner pitoyablement tous les biens de la fortune (1). »

C'était aussi l'avis de ce Jean de Lampérière qui

(1) François RANCHIN : *Opuscules médicaux*, 1627.

affirme la possession des religieuses de Saint-Amand qui furent guéries par son successeur en quelques jours, et de Magnard son neveu, qui, consulté dans le procès des nonnes de Louviers, déclara qu'elles étaient possédées, ou que nul ne l'avait jamais été. Ses rapports qui convainquirent les juges furent la cause de plusieurs exécutions.

Mais ce sont là des exceptions rares : l'immense majorité des médecins du XVIIe siècle se montre ennemie des exécutions et défend les malades contre les magistrats et les bourreaux.

La question la plus souvent posée à l'expert est celle-ci : L'inculpé porte-t-il la marque du diable ? Celle-ci consistait en un point insensible situé dans une région quelconque du corps. La forme en est variable : elle peut avoir l'aspect d'un lièvre, d'une araignée, d'un rat, d'un cheval, plus souvent d'une patte de crapaud, de grenouille ou de lézard, ou d'une tête de chat noir. Zacchias (1) est d'avis qu'une pareille recherche est purement ridicule. Fallope rappelle que l'insensibilité peut être le résultat de la gangrène, du froid, d'une irrigation d'eau salée chaude, ainsi que l'avait déjà remarqué Ovide :

Flumen habent Cicones, quod potum saxæ reddit
Viscera, quod tactis inducit marmora rebus.

Et cependant dans toutes les affaires retentissantes de sorcellerie la recherche de la marque diabolique ne manquait pas d'être pratiquée. « On revêt l'accusé, sorcier ou sorcière, d'une chemise neuve,

(1) ZACCHIAS : *loc. cit.*, lib. VII, tit. IV, p. 325.

dont le prix est quelquefois relevé dans les états de frais de justice. On lui bande les yeux, puis rasé partout le corps, pour qu'il ne reste aucun refuge à l'esprit malin, il est étendu sur une grande table. Pour aller plus vite, on brûle quelquefois les parties velues avec une chandelle. Un chirurgien, assisté d'un magistrat instructeur, fouille profondément les chairs avec une aiguille, dont la longueur est indiquée dans les procès-verbaux. S'il découvre un endroit insensible, c'est la marque du diable.

« A défaut de médecin, dans les petites localités, l'exécuteur des hautes œuvres, les personnes viles, le tondeur de chien, l'écureur d'égouts, autorisés par brevet, peuvent faire l'opération et donnent leur avis. Occasion d'ignobles railleries, d'attouchements obscènes, de criminelles tentatives. De Spée, dont la véracité n'est pas douteuse, raconte d'odieux attentats commis à ce sujet. La marque du diable, d'où le scalpel ne pouvait tirer une goutte de sang, rendait le sujet insensible, il ne poussait aucune plainte, quelquefois même il riait au milieu des supplices ; c'était le charme de taciturnité (1). »

De Lancre donne des détails curieux sur cette recherche de la marque diabolique : « Le chirurgien devint bientôt *merveilleusement suffisant et entendu*. Si la sorcière a une douzaine ou plus de petits seings en son corps, on la pique partout presque aussi profondément qu'en la marque, si bien qu'elle est parfois toute sanglante. » De leur côté les prévenues, comme cela arrive parfois aux mono-

(1) DELACROIX : *la Sorcellerie au XVII* siècle.*

maniaques, s'écorchaient quelquefois la peau : on arguait de là qu'elles prenaient à tâche de faire disparaître les marques du démon : « Le diable leur avait appris à se gratter si outrageusement, que parfois leurs épaules semblaient des épaules de suppliciés qui viennent de subir le fouet ou des escourgées violentes. Mais tout cela n'empêchait pas qu'on ne découvrît visiblement la marque (1). »

Des faits analogues se passent en 1615 dans l'affaire de démonopathie de Sainte-Solange (Berry).Le barbier Estienne Robinet, après avoir rasé la tête et rogné les ongles, enfonce sur le crâne « entre le coronal et l'os pétrus, une aiguille sans qu'il le sentît. » Le nommé Meingnet avoue avoir été au sabbat après qu'on a trouvé sur lui la place insensible, l'empreinte du doigt de Satan. La femme Perrin nie énergiquement, ripostant que cette place insensible provient chez elle d'une blessure qu'elle s'était faite autrefois à la tête.

Lorsque Magdeleine de Mandol de la Palud, qui avait été la maîtresse de Gauffridi, fut arrêtée une seconde fois, en 1653, sous l'inculpation de sorcellerie, elle fut examinée par deux médecins, Mérindol et Martelly, et deux chirurgiens, Antoine Chais et Raimond Mulety, qui recherchèrent sur elle la marque du diable. Voici le résultat de leur examen :

« On avait fait changer les habits et vêtements que ladite de la Palud avait sur elle, fait raser tous les poils de son corps, et laver aux endroits nécessaires : lui avons fait couvrir et bander les yeux, et

(1) De Lancre : *loc. cit.*, p. 189.

visiter exactement toutes les parties externes et
apparentes de son corps : lequel avons trouvé assez
entier selon son âge, et tacheté d'une grande quantité de marques : sur lequel nombre en avons
remarqué trois plus grandes et plus considérables
que toutes les autres : l'une est dessous l'aisselle
droite à côté du tétin, de la grandeur d'une grosse
lentille de couleur roussâtre ; l'autre au-dessous du
nombril, tirant au côté droit, de couleur aussi roussâtre et de la grandeur environ d'un petit denier,
montrant être une vieille cicatrice un peu enfon-
cée : toutes lesquelles marques tant grandes que
petites, avons très soigneusement piquées par
diverses aiguilles, que nous avions préparées et
disposées pour ce sujet, ayant parcouru toutes les
parties qui peuvent être vues, jusqu'à celles qui
doivent être cachées, et piqué tous les endroits que
nous avons estimé être nécessaires ; faisant même
semblant de la piquer à un endroit, pour nous parfaitement éclaircir de l'autre, réitérant par diverses fois lesdites piqûres, mais à toutes généralement, elle nous a donné témoignage de ressenti-
ment, faisant plainte et portant ses mains à l'endroit où nous avions piqué, et pour être ce que
dessus véritable avons fait et signé le présent rapport, selon Dieu et nos consciences (1).

Une autre question souvent posée aux experts
était la suivante : telle sorcière est-elle enceinte
des œuvres du démon ? en d'autres termes le coït
des incubes est-il fécondant ? Disons à la gloire des
médecins que leur réponse a été invariablement

(1) Aix, 17 mai 1653. Cité in *Causes célèbres*, loc. cit., t.
XI. p. 255.

négative. Zacchias fait observer que les démons
ne peuvent être poussés par la recherche de la
volupté ou par le désir de la reproduction : En effet
les diables qui sont des esprits n'ont pas de sperme, et n'ont pas besoin de se voir revivre dans des
enfants puisqu'ils sont immortels. Cette opinion a
été défendue par Codronchio et par Fortunato
Fidelis (1), qui basent leur argumentation sur ces
vers du Tasse (*Hierusalem*, cant. 13, st. 4) :

> Qui s'adunan le streghe e il suo vago
> Consciascuna di lor notturno viene,
> Vien soprai nembi, echi d'un fero drago
> E chi forma d'un Hirco informe tiene,
> Consiglio infame, che fallace imago
> Suol alletar di desiato bene
> A celebrar con pompe immonde e fozze
> I profani conuiti, e l'impie nozze.

La conclusion de Zacchias est formelle : Les femmes qui disent avoir conçu grâce au diable, ou
sont trompées par le diable ou se moquent de ceux
qui les écoutent.

Ceci est d'autant plus remarquable que les magistrats étaient fermement convaincus de l'existence des grossesses diaboliques. Ils n'hésitaient
pas à mettre dans leurs dossiers d'instruction des
phrases comme les suivantes : « Sœur Madeleine
de la Croix a été pendant trente ans mariée en secret avec un ange tombé ; ils se sont livrés à toutes
sortes d'abominations, ils ne respectent même pas

(1) ZACCHIAS : lib. VII, tit. I, quæst. VII, p. 545. CODRON-
CHIO, lib. tertio, *De morbo venen*, Fortunato FIDELIS, lib.
III,*relat*. cap. ult. MERCURIUS, in lib. *cui titul la Commare*,
II, cap. XXXIX, etc. Torquato TASSO, cant. 13, st. 4.

les heures d'office. Le malin faisait remplacer
Madeleine au chœur par un autre démon complaisant, qui prenait absolument son costume, sa forme et sa voix. » Ou encore : « Il est sans doute que
le démon, qui est un pur esprit, n'ait pas en soi
le principe de la génération ; il peut toutefois la
procurer et transporter d'ailleurs dans un sujet
capable ce qui est la cause de la fécondité, en conservant sa chaleur et empêchant que les esprits ne
se dissipent ; et s'il ne le fait que rarement, c'est
que son dessein n'est pas la multiplication des
hommes, mais celle de leurs crimes et de leurs im-
puretés (1). »

Cette supériorité des médecins sur les magistrats éclate dans tous les procès de sorcellerie. On
va voir par les exemples suivants les efforts faits
par les experts pour sauver les inculpés ; on verra
qu'ils y parvinrent quelquefois.

Au moment de l'affaire de Louviers, un chirurgien de Paris, Yvelin, fut commis à l'expertise :
« Du premier jour il vit le compérage et une conversation qu'il avait eue avec le pénitencier
d'Evreux, en entrant à la ville, lui fut redite
(comme chose révélée) par le diable de la sœur
Anne. Chaque fois, il vint avec la foule au jardin
du couvent. La mise en scène est fort saisissante.
Les ombres de la nuit, les torches, les lumières
vacillantes et fumeuses, produisaient des effets
qu'on n'avait pas eus à Loudun. La méthode en
était simple, du reste ; une des possédées disait :

(1) D'AUTUN ; *l'Incrédulité savante et la Crédulité igno-
rante, au sujet des magiciens et des sorciers*, Lyon, 1671,
in-4°, p. 174.

« On trouvera un charme à tel point du jardin. »
On creusait et on trouvait. Par malheur un ami
d'Yvelin ne bougeait des côtés de l'actrice principale, la sœur Anne. Au bord même d'un trou que
l'on venait d'ouvrir, il serre sa main et la rouvrant
y trouve le charme (un petit fil noir) qu'elle allait
jeter dans la terre. Les exorcistes, pénitencier, prêtres et capucins qui étaient là furent couverts de
confusion. L'intrépide Yvelin, de son autorité,
commença une enquête et vit le fond du fond. Sur
cinquante-deux religieuses, il y en avait, dit-il, six
possédées qui eussent mérité correction. Dix-sept
autres, les charmées, étaient des victimes, un trou-
peau de filles agitées du mal des cloîtres.

« Il le formule avec précision ; elles sont réglées,
mais hystériques gonflées d'orages à la matrice,
lunatiques surtout et dévoyées d'esprit... Elles
prédisent, d'accord, mais ce qui n'arrive pas. Elles
traduisent, d'accord, mais elles ne comprennent
pas (exemple : *ex parte virginis* veut dire le départ
de la Vierge). Elles savent le grec devant le peuple
de Louviers, mais ne le parlent plus devant les
docteurs de Paris. Elles font des sauts, des tours
les plus faciles, montent à un gros tronc d'arbre où
monterait un enfant de trois ans. Bref, ce qu'elles
font de terrible et vraiment contre la nature, c'est
de dire des choses sales, qu'un homme ne dirait
pas.

« Yvelin eut contre lui les experts de Rouen. La
Cour ne le soutenait pas. Il s'obstina dans une bro-
chure qui restera. Il accepte ce grand duel de la
science contre le clergé, déclare, comme Wyer au
XVIᵉ siècle, que le vrai juge en ces choses n'est pas

le prêtre mais l'homme de science. A grand'peine il trouva quelqu'un qui osât imprimer, mais personne qui voulût vendre. Alors, ce jeune homme héroïque se fit, en plein soleil, distributeur du petit livre. Il se posta au lieu le plus passager de Paris, au Pont-Neuf, aux pieds d'Henri IV, donna son factum aux passants. On trouva à la fin le procès-verbal de la honteuse fraude, le magistrat prenant dans la main des diables femmes la pièce sans réplique qui constatait leur infamie (1). »

Les Drs Grangeron et François Bayle jouèrent un rôle analogue, quoique moins romanesque, dans l'affaire des démonolâtres de Toulouse (1681). Nous extrayons de leur rapport le très remarquable passage suivant :

Ce qui paraît au premier abord extraordinaire dans cette histoire, c'est que plusieurs personnes sont atteintes du même mal dans un petit lieu ; mais il est important de rappeler qu'une... certaine Clusette fut la première atteinte de ces accidents, qu'elle attira tout le monde après elle par ses extravagances, que tous, grands et petits, la suivirent partout... qu'on ne parlait plus d'autre chose dans le village... On ne saurait s'empêcher de bâiller sans se faire quelque contrainte quand on voit bâiller les autres, et il y a des personnes qui ne sauraient du tout s'en empêcher, quelquefois même la seule pensée du bâillement nous force à bâiller. Quand on voit un homme faire de grands efforts pour tirer, pousser ou enlever quelque corps qui fait beaucoup de résistance, on a de la peine à ne pas se mettre dans la posture la plus commode à faire cet effort... On ne saurait entendre chanter certains airs sans se sentir poussé à certains mouvements ; ceux qui sont accoutumés à danser,

(1) MICHELET : *la Sorcière*, p. 300.

s'ils les écoutent avec attention, en marquent du moins la cadence par quelque mouvement du corps, s'ils ne se font violence. Ces exemples nous convainquent que certaines impressions sont nécessairement suivies de certains mouvements du corps... Ces vérités établies, si l'on se représente une foule de gens de tout âge et de tout sexe qui courent après la nommée Clusette pour voir ses extravagances, l'on n'aura pas de peine à comprendre que ces folies doivent avoir une funeste impression sur le cerveau de ces personnes qui n'avaient jamais rien vu de pareil ni même d'approchant, principalement dans le cerveau des plus jeunes. Si l'on fait en même temps réflexion que tous les spectateurs de ces folies, ou la plupart, étaient prévenus des opinions des sorciers et du sortilège, on reconnaîtra la nécessité qu'il y a que les gens aient attribué au diable des effets qu'ils regardaient comme des prodiges... d'autant mieux que l'on sait que c'est la coutume de cette sorte de gens de regarder le diable comme l'auteur de tout ce qui est extraordinaire et tout ensemble terrible ou dangereux ou pernicieux à quelqu'un. Si toutefois on considère bien les accidents de Clusette dans l'église, on trouvera qu'elle n'eut rien au delà de ce que l'on voit ordinairement dans les paroxysmes épileptiques.

Un médecin lyonnais, de Rhodes, ne s'est pas montré moins perspicace que Grangeon et Bayle, dans la recherche des causes réelles de la démonopathie : « Il y a quelques années, raconte de Rhodes, j'allai voir à Milleri, village à trois lieues de Lyon, une prétendue possédée qui, par des mots barbares, par ses contorsions et ses grimaces, avait imposé à quantité d'habiles gens. Je lui fis boire du vin émétique : en peu de temps cette malheureuse vomit une infinité de démons jaunes et verts, qui faisaient cette prétendue possession, et qui, n'osant plus revenir, la laissèrent en liberté. Je crois que si on faisait prendre de cette liqueur aux cinquante dévotes de la paroisse de Chambon, en Forezt, proche de Saint-Etienne, dont l'une aboie, les autres bêlent, hennissent, hurlent, braient et contrefont les cris de cent animaux divers, on les guérirait de leur manie causée par un prétendu sortilège (1). »

C'est également à de Rhodes qu'on eut recours dans le procès de Marie Volet, accusée de sorcellerie : on répétait que le démon la maltraitait toutes les nuits, à coups de fouet et à coups de bâton, chaque matin on apercevait sur son corps de nouvelles marques de contusions. Rhodes jugea qu'elle était sujette aux convulsions et déclara que le démon était accusé à faux, qu'il était innocent, que le mal caduc était seul coupable.

L'opinion des médecins du XVII° siècle sur la possession et la sorcellerie est excellemment résumée dans une pièce qui est un des monuments de l'expertise médico-légale de cette époque. Nous voulons parler de la *consultation donnée par la Faculté de médecine de Montpellier au clergé de Nîmes, au sujet de l'extension à cette ville de l'épidémie de démonopathie de Loudun.*

Les questions posées étaient les suivantes :

1° Le pli, courbement et remuement du corps, la tête touchant quelquefois la plante des pieds, avec d'autres contorsions et postures étranges ;

2° La vélocité de mouvement de la tête par devant et par derrière portant contre le dos et la poitrine ;

______

(1) De Rhodes : *Lettres sur les maladies auxquelles les eaux minérales artificielles sont propres,* p. 22.

3° L'enflure subite de la langue, de la gorge et du visage, et le subit changement de couleur ;

4° Le sentiment stupide et étourdi, ou la privation de sentiment jusqu'à être pincé sans se plaindre, sans remuer et même sans changer de couleur ;

5° L'immobilité de tout le corps, arrivant à de prétendues possédées par le commandement de leurs exorcistes pendant et au milieu de leurs plus fortes agitations ;

6° Le jappement ou clameur, semblable à celle d'un chien, qui se fait dans la poitrine plutôt que dans la gorge ;

7° Le regard fixe sur quelque objet, sans mouvement d'œil d'aucun côté ; des réponses faites en français à quelques questions faites en latin, le vomissement de choses rendues telles qu'on les avait avalées, des piqûres de la lancette faites sur diverses parties du corps, sans qu'il en sorte du sang,

Sont-ils un signe certain de possession ?

CONSULTATION (résumée).

I. — Les mimes et sauteurs font des mouvements si étranges et se plient et replient de tant de façons, que l'on doit croire qu'il n'y a sorte de posture dans laquelle les hommes et les femmes ne se puissent rendre capables par une sérieuse étude ou un long exercice, pouvant même faire des extensions extraordinaires et écarquillements de jambes, de cuisses et autres parties du corps à cause de l'extension des nerfs, muscles et tendons par longue expérience et habitude ; partant, telles opérations ne se font que par la force de la nature... L'enflure de la gorge peut procéder du souffle retenu, et celle des autres parties des vapeurs mélancoliques qu'on voit souvent voyager par toutes les parties du corps.

II. — Le jeune Lacédémonien qui se laissa ronger le foie par un renard qu'il avait dérobé, sans faire semblant de le sentir, et ceux qui se faisaient fustiger devant l'autel de Diane jusqu'à la mort sans froncer le sourcil, montrent que la résolution peut bien faire souffrir des piqûres d'épingle sans crier, étant d'ailleurs certain que dans le corps humain il se rencontre en quelques personnes de certaines petites parties de chair qui sont sans sentiment, quoique les autres parties qui sont à l'entour soient sensibles, ce qui arrive le plus souvent par quelque maladie qui a précédé.

III. — Les mouvements des parties du corps étant volontaires, il est naturel aux personnes bien disposées de se mouvoir ou de ne se mouvoir pas, selon leur volonté ; partant, la suspension du mouvement n'est pas un effet diabolique, si, en cette immobilité, il n'y a pas privation entière de sentiment.

IV. — L'industrie humaine est si souple à contrefaire toutes sortes de sons que l'on voit tous les jours des personnes façonnées à exprimer parfaitement le son, le cri et le chant de toutes sortes d'animaux et à les contrefaire sans remuer les lèvres qu'imperceptiblement.

Il s'en trouve même plusieurs qui forment des paroles et des voix dans l'estomac, qui semblent plutôt venir d'ailleurs que de la personne qui les forme de la sorte et l'on appelle ces gens-là engastriloques ; un tel effet est naturel....

V. — Il est certain que d'entendre et de parler des langues que l'on n'a pas apprises sont choses surnaturelles et qui pourraient faire croire qu'elles sont faites par le ministère du diable ou de quelque autre cause supérieure ; mais de répondre à quelques questions seulement, cela est entièrement suspect, parce qu'un long exercice, ou des personnes avec lesquelles on est d'intelligence peuvent contribuer à de telles réponses.

VI. — Del Rio, Bodin et autres auteurs disent que par sortilège les sorciers font quelquefois vomir des clous, des épingles et autres choses étranges par l'œuvre du diable ; ainsi sur les vrais possédés, le diable peut faire de même. Mais de vomir des choses comme on les a avalées, cela est naturel, se trouvant des personnes qui ont l'estomac faible et qui gardent pendant plusieurs heures ce qu'elles ont avalé, puis le rendent comme elles l'ont pris.

VII. — La difficulté de faire sortir du sang par une piqûre superficielle et étroite s'explique par la prépondérance du tempérament mélancolique qui augmente la consistance des humeurs.

En résumé, à toutes les questions posées, les experts ont répondu négativement ; pour eux, tout ce que les exorcistes ont attribué au démon peut s'expliquer par des causes naturelles.

.·.

Cet exposé du rôle des médecins et de leurs opinions va, en jetant un jour tout nouveau sur ces obscures affaires de sorcellerie, nous permettre de répondre à la question que nous posions en commençant : le sabbat était-il réel ?

Chose étrange, la plupart des auteurs qui ont traité ce sujet, et parmi eux se trouvent des historiens éminents, ont répondu affirmativement. Michelet parle des danses du sabbat dans le Labourd; des amendes qu'on infligeait aux absents. Delacroix hésite : la masse des témoignages, la conviction des sorciers qui affirment jusque dans le supplice, jusque dans la mort, l'ébranle. D'ailleurs tous les contemporains ne sont-ils pas unanimes ? Qui, au XVII⁰ siècle, doute de la réalité de la possession et du sabbat ? Tous, magistrats, littérateurs, savants, sont d'accord : les sorciers se réunissent la nuit et célèbrent le culte diabolique.

Mais l'opinion contraire peut être soutenue par un faisceau de preuves que nous allons exposer.

Et d'abord, faut-il voir dans la fréquence des affections cutanées une cause de la démonopathie ou des troubles nerveux qui en sont l'origine. La genèse de la pseudo-possession par le prurit a été soutenue. Il est certain que chez les classes riches, l'habitude de fréquenter les étuves, d'aller à la *Maison du baigneur* était fort répandue au XIV°, au XV° et au XVI° siècle (1), et qu'il ne faut pas prendre à la lettre la phrase connue de Michelet : « La guerre que le moyen âge déclara à la chair et à la propreté devait porter son fruit. Plus d'une sainte est vantée pour ne s'être jamais lavé même les mains, combien moins le reste ! La nudité d'un moment eût été un grand péché... Nul bain

(1) M. le D' Drivon et M. le D' Tournier dans la critique qu'ils ont faite de mon *XVII° siècle médico-judiciaire*, l'un dans le *Lyon médical* et l'autre dans les *Archives d'anthropologie criminelle* ont cité un certain nombre de textes prouvant que l'usage des bains était répandu à l'époque dont nous parlons. Le voyageur Lesage, traversant le Dauphiné, à la Tour-du-Pin, en 1512, entrant dans la cuisine « trouva l'hôtesse qui se baignait dans une cuve baignoire encourbinée. On la voyait nue, sans nul affaloir (linge) jusqu'au ventre, et avait devant elle une petite table où elle sortissait les platz pour ses hôtes. » On lit dans les *Cent nouvelles du roi Louis XI*, à propos d'un bourgeois qui attend une femme : « Il fait tirer les bains, chauffer les estuves... avant de souper se boutèrent au bain. » (1° nouvelle), et plus loin : « M°° eut volonté de soy baigner et fit tirer les bains et chauffer les estuves en son hostel à part. » (3° nouv.). Au sujet du lavage des mains avant le repas, on cite d'Assoucy : « La cérémonie de laver les mains et de prendre ses places, est plus longue d'un tiers que le dîner. », et pour un autre lavage local : « La maréchale de Luxembourg ne se servait que d'eau bénite pour sa toilette intime pour prévenir les tentations. » (Bachaumont). Cf. *Lyon médical*, 1° juin 1902, n° 22, et *Archives d'anthropologie criminelle* de juillet 1902.

pendant mille ans... Percival, Tristan, Yseult
ne se lavaient jamais. » Il y a là une forte
dose d'exagération. Mais il n'en reste pas
moins qu'au XVIIᵉ siècle la crasse était encore extrêmement répandue, on pourrait presque dire bien
portée. Louis XIV se lavait, paraît-il, deux ou trois
fois par semaine, avec de l'alcool, et seulement le
milieu du visage. L'introduction dans les mœurs
de l'usage des pommades et des fards importés
d'Italie par les Médicis avaient rendu plus rares
encore qu'au siècle précédent les soins de propreté. Que devait-ce être dans le peuple ! Il est
permis de croire que la plèbe ne se lavait
que lorsqu'elle tombait dans l'eau ou les jours
de pluie : il est certain que nombre de pay-
sans ont porté un seul et même habit de laine depuis leur puberté jusqu'à la mort. Est-on en droit,
après cela, de conclure à une relation de cause à
effet entre les démangeaisons d'origine dermo-
pathique et les phénomènes nerveux de la possession ? Cette opinion qui a été soutenue ne semble pas jouir actuellement d'une faveur marquée.
Nous exposons le problème sans prétendre le résoudre d'autant que nous avons des argumentations
meilleures à opposer aux partisans du sabbat.

Moins sujette à discussion est l'autre cause :
le mal des cloîtres. On a pu voir par l'exposé que
nous avons fait des principales affaires de sorcellerie du XVIIᵉ siècle que presque tous les faits de
possession ont été constatés dans les couvents. Or,
dans quelles conditions vivaient les femmes soumises au régime de la claustration ? Sous Henri IV
et Louis XIII, la licence y était fort grande, s'il

faut en croire les mémorialistes. Pierre de Lestoile parle de nonnes courant les rues aux bras des gentilshommes « fardées, masquées et poudrées, s'embrassant en pleine rue et se léchant le morveau ». Sous Louis XIV, changement complet : les cloîtres se ferment, la règle devient rigoureuse : « La réaction catholique qui avait commencé par une haute ambition espagnole d'extase, impossible alors, qui avait follement bâti force couvents de carmélites, feuillantines et capucines, s'était vue bientôt au bout de ses forces. Les filles qu'on mettait là si durement pour s'en défaire mouraient tout de suite et par ces morts si promptes, accusaient horriblement l'inhumanité des familles. Ce qui les tuait, ce n'était pas la mortification, mais l'ennui, le désespoir. Après le premier moment de ferveur, *la terrible maladie des cloîtres* (décrite dès le v° siècle par Cassien), l'ennui tendre qui égare en d'indéfinissables langueurs, les minait rapidement. *D'autres étaient comme furieuses,* le sang trop fort les étouffait. Une religieuse, pour mourir décemment sans laisser trop de remords à ses proches, doit y mettre environ dix ans, c'est la vie moyenne des cloîtres... Le célibat était alors plus difficile qu'au moyen âge, les jeûnes, les saignées monastiques ayant diminué. Beaucoup mouraient de cette vie cruellement inactive et de pléthore nerveuse. Elles ne cachaient guère leur martyre... On lit dans un registre d'une Inquisition d'Italie, cet aveu d'une religieuse : « De grâce, sainte Vierge, donne-moi quelqu'un avec qui je puisse pécher. » Embarras réel pour le directeur qui, quel que fût son âge, était un vrai péril. On sait l'histoire d'un certain couvent russe : un homme qui y entra n'en sortit pas vivant... Elles croyaient communément qu'un saint ne peut que sanctifier et qu'un être pur purifie. Le peuple les appelait en riant les sanctifiées. »

Il est incompréhensible qu'après avoir écrit ces lignes, Michelet n'ait pas nettement conclu dans le sens de l'identité de la possession et de l'hystérie, et de la non-existence du sabbat. Les médecins du XVIIe siècle, eux, n'hésitaient pas. Pour eux les 6.500 diables de la petite Madeleine de Gaufridi, les légions qui se battaient dans le corps des nonnes exaspérées de Loudun et de Louviers, étaient des *orages physiques*. « Si Eole fait trembler la terre, dit Yvelin, pourquoi pas le corps d'une fille ? » Le chirurgien de la Cardière dit sèchement : « Rien autre chose qu'une suffocation de matrice. »

Dès lors, tout devient clair, si l'on songe surtout à la facile propagation des maladies mentales dans un milieu préparé pour la contagion. On ne s'étonne plus que des milliers d'individus de tout âge, de toute condition, de toute nationalité, aient été atteints. Ce délire infectieux, c'est une *folie contagieuse*, une sorte de mimétisme social entraînant les masses, selon l'excellente définition de Bayle : « L'esprit est sujet aux maladies épidémiques comme le corps ; il n'y a qu'à commencer sous de favorables auspices, et lorsque la matière est bien préparée. Qu'il s'élève alors un hérésiarque ou un fanatique dont l'imagination contagieuse et les passions véhémentes sachent bien se faire valoir, ils infatueront en peu de temps tout un pays, ou pour le moins un grand nombre de personnes. En d'autres lieux, ou en d'autres temps ils ne sauraient gagner des disciples... La différence entre ces maladies et la peste ou la petite vérole qu'il y a c'est que celles-ci sont incomparablement plus fréquentes (1). »

Malebranche cite un exemple tout à fait typique de l'éclosion et de la genèse d'une épidémie de possession : « Un pâtre dans sa bergerie, dit-il, raconte après souper, à sa femme et à ses enfants, les aventures du sabbat. Comme il est persuadé lui-même qu'il y a été, que son imagination est modérement échauffée par les vapeurs du vin, il ne manque pas d'en parler d'une manière vive et forte. Son éloquence naturelle étant donc accompagnée de la disposition où est toute sa famille, pour entendre parler d'un sujet aussi nouveau et aussi effrayant ; il est très vraisemblable que des imaginations aussi faibles que le sont celles des femmes et des enfants demeurent persuadées. C'est un mari, c'est un père qui parle de ce qu'il a vu, de ce qu'il a fait ; on l'aime, on le respecte : pourquoi ne le croirait-on pas ? le pâtre répète donc son histoire en différents jours : l'imagination de la mère, celle des enfants, en reçoit peu à peu des traces plus profondes. Ils s'y accoutument enfin. La curiosité les prend d'y aller. Ils se frottent, ils se couchent, leur imagination s'échauffe encore de cette disposition de leur cœur ; et les traces que le pâtre avait ouvertes dans le cerveau s'ouvrent assez pour faire juger dans le som-

____

(1) BAYLE : *Dictionnaire critique*, article Abdère. V. aussi FOURNIAL : *la Psychologie des foules*, thèse de Lyon.

meil, comme présentes, toutes les choses dont il
leur avait fait la description. Ils se lèvent, ils s'en-
tredemandent et ils s'entredisent ce qu'ils ont vu,
ils se fortifient de cette sorte mutuellement. Les
traces de leur cerveau, aidées de celui qui a l'imagination la plus forte, ne manquent pas de régler
en peu de nuits l'histoire du sabbat. Voilà donc
les sorciers achevés que le pâtre a faits, et ils en
feront un jour beaucoup d'autres, si, ayant l'imagination forte et vive, la crainte ne les retient pas
de faire de pareilles histoires. »

Et d'ailleurs il ne faut pas oublier que parmi les
prétendues possédées, il n'y avait pas seulement
des hystériques, il y avait aussi, et en grand nombre, des simulatrices. Qu'on se souvienne de la
découverte d'Yvelin. Un jour, à Ingolstadt, au
moment de l'exécution des sorciers, on vit apparaître les prétendues victimes du sabbat bien et
dûment vivantes. On ne peut donc que conclure
avec Malebranche : « Les vrais sorciers sont aussi
rares que les sorciers par imagination sont com-
muns. Dans les lieux où l'on brûle les sorciers,
on ne voit autre chose, parce qu'on croit véritablement qu'ils le sont. Que l'on cesse de les punir et
qu'on les traite comme des fous, l'on verra qu'avec
le temps ils ne seront plus sorciers (1). »

Nous conclurons donc : pas de sabbat, pas de
possession ; trois choses : le prurit, l'hystérie ou la
simulation.

D'ailleurs le XVII° siècle est le dernier siècle de
la sorcellerie. C'est un des meilleurs titres de Louis

---

(1) MALEBRANCHE : *Recherches sur la vérité*, livre III,
ch. VI.

le Grand à la reconnaissance de la postérité que d'avoir tenu tête aux Parlements et d'avoir arrêté malgré eux les poursuites pour fait de sorcellerie. C'est sur son ordre qu'en 1672 on vida les prisons des sorciers qu'y entassait encore le Parlement de Rouen. Celui-ci réclama, mais en vain. Quelque temps après Louis XIV supprimait le tribunal de l'Inquisition en Franche-Comté. Enfin l'ordonnance de 1682 vint supprimer d'une façon définitive la procédure des affaires de sorcellerie.

Mais il ne faut pas oublier que le mérite de cette sage réforme revient, en France, pour la plus grande partie, aux experts. Yvelin, Grangeon, de Rhodes, Bayle ont, par leurs écrits et leur active propagande, sauvé la vie à des milliers d'infortunés que guettaient les bûchers de l'Inquisition et des Parlements.

CHAPITRE VIII

Attentats contre le produit
de la conception.

———

Nunquam magis periclitatur fama medici
Quam sibi agitur de graviditate determinanda (1).

         Van Swieten.

Les enfants sont,.... les inconvénients du mariage
et les accidents de la galanterie.

         A. Dumas fils : *Denise*.

Si nous avons placé en épigraphe la célèbre
phrase par laquelle Fernand de Thauzette résume
en un axiome, chef-d'œuvre à la fois de concision
et d'immoralité, son opinion sur le bonheur d'être
père, c'est qu'il n'est pas de formule qui exprime
mieux, à notre avis, la mentalité de l'avorteur. Ce
personnage, un des plus vivants et des plus réels
qu'ait crayonnés l'immortel auteur de *Francillon* et
du *Demi-Monde*, est précisément dans la situation
d'esprit de beaucoup de mères coupables, de pères
malgré eux, et sa façon d'entendre la paternité

(1) La réputation du médecin ne court jamais plus de
risques que lorsqu'il s'agit de porter le diagnostic de
grossesse.

si lestement, si cyniquement exprimée laisse entrevoir qu'il n'a pour les faiseuses d'anges, nulle réprobation, à peine, peut-être, cette nuance de mépris qu'ont pour les coquins à gages qui les servent, les coquins bien nés qui les emploient.

Or à aucune époque peut-être de l'histoire, le métier d'avorteur ne fut plus florissant, et le nombre des attentats contre le produit de la conception plus grand qu'aux XVI° et XVII° siècles. Non pas que la fécondité fût alors exceptionnelle, ou l'immoralité plus répandue : le Bas-Empire et la Rome des Césars ont certes poussé bien plus loin le mépris de la vie humaine et l'oubli des devoirs les plus sacrés : mais l'époque dont nous parlons était victime d'une législation outrancière et cruelle qui pour prévenir un désordre, multiplia des crimes qu'elle ne sut pas, ou ne put pas réprimer.

C'est en 1556 que fut édictée la loi à laquelle nous faisons allusion. L'*Edit d'Henri II* punissait le récel de grossesse ou la célation de part avec une sévérité impitoyable qui nous paraît aujourd'hui la dernière des iniquités. Contrairement à la plupart des ordonnances royales, dont la durée était en général assez éphémère et qui tombaient rapidement en désuétude si elles n'étaient renouvelées l'édit d'Henri II n'a pas cessé sous Louis XIII et sous Louis XIV d'être appliqué avec la dernière rigueur. En voici le texte :

Parce que plusieurs femmes ayant conçu enfans par les moyens déshonnêtes ou autrement, persuadées par mauvais vouloir et conseil, déguisent, occultent et cachent leur grossesse, sans en rien découvrir et dé-

clarer et avenant le temps de leur part et délivrance
de leur fruit, occultement s'en délivrent, puis le suffo-
quent, meurtrissent, et autrement suppriment, sans
leur avoir fait impartir le Saint Sacrement de Baptême ; ce fait, les jettent par lieux secrets immondes
ou enfouissent en terre profane, les privant par tels
moyens de la sépulture coutumière des chrétiens...
Disons, statuons, voulons, ordonnons, et nous plaît,
que toute femme qui se trouvera duement atteinte et
convaincue, d'avoir célé, couvert et occulté, tant sa
grossesse que son enfantement, sans avoir déclaré
l'un ou l'autre, et avoir pris de l'un ou de l'autre
témoignage suffisant, même de la vie ou mort de son
enfant, lors de l'issue de son ventre, et après se trouve
l'enfant avoir été privé, tant du Saint Sacrement de
Baptême que de sépulture publique et accoutumée,
soit telle femme tenue et réputée avoir homicidé son
enfant, et pour réparation, punie de mort et dernier
supplice, et de telle rigueur que la qualité particulière
du cas le méritera.

Une pareille sévérité peut surprendre : « Il convient toutefois de ne pas s'imaginer *a priori* que
le zèle des magistrats à appliquer la loi s'inspirait
uniquement des intérêts généraux : sans doute
on s'inquiète du nombre d'enfants qui disparais-
sent dans l'ombre, au grand détriment de la population et de la force vitale du pays, mais on a surtout un objectif d'ordre religieux. On se préoc-
cupe beaucoup plus de la suppression d'un catholique que de celle d'un citoyen. La question du
baptême domine en cette affaire. C'est en pleine
époque de lutte religieuse qu'apparaît l'édit
d'Henri II (1). »

« Quand une fille ou femme a déclaré sa gros-

(1) CORRE et AUBRY : *loc. cit.*, p. 467.

sesse, il n'est pas permis au procureur du roi, ni aux juges de poursuivre criminellement la fille ou femme grosse, ni ses parents, faute de déceller celui qui l'a engrossée... La grossesse recelée n'est sujette aux peines des ordonnances que quand l'enfant qui en provient est *privé du baptême et de la sépulture*. Mais lorsque l'enfant périt même par accident, sans avoir reçu le baptême, la mère qui n'a point déclaré sa grossesse est punie de mort ; de sorte que la pudeur et la honte, les accidents même ne l'excusent jamais. » (FERRIÈRES).

Quoi qu'il en soit, le clergé joua toujours un grand rôle dans la police de cette criminalité ; la surveillance et la dénonciation étaient organisées par l'Eglise, à tel point qu'en 1680, une ordonnance interdisait à ceux de la religion prétendue réformée d'exercer la profession d'accoucheur ou de sage-femme.

Pendant les dernières années de son règne, Louis XIV, sous l'influence de son confesseur, dit-on, et ce confesseur appartenait à la Compagnie de Jésus, ordonna que l'on fît au prône, chaque dimanche et dans chaque paroisse, la lecture de l'édit d'Henri II.

Le résultat fatal, inéluctable d'une telle répression n'avait pas tardé à se faire sentir. Au lieu de dissimuler leur grossesse, les femmes n'avaient plus qu'une idée, en arrêter le cours, c'est-à-dire se faire avorter. Jamais peut-être les avortements n'ont été aussi nombreux ni aussi impunis qu'après l'édit d'Henri II (1). Le mépris qui accablait les filles-mères, la crainte du supplice si elles essayaient de se débarrasser de leur enfant, la fréquence des naissances illégitimes, en un temps où la guerre civile était l'état normal, et où d'ailleurs la prostitution était beaucoup plus libre que de nos jours, tout cela contribuait à multiplier les attentats contre le fœtus non viable ; sans compter une cause, la plus puissante peut-être de toutes, et sur laquelle nous insisterons à cause de son importance et de son étrangeté, la croyance à la possibilité d'avorter sans péché avant que le fœtus n'ait reçu une âme immortelle.

Sous Louis XIV, les avortements ne cessent d'être fréquents. L'exemple d'ailleurs vient de haut. Nous lisons dans le journal de Richelieu : « Mme Bellières a dit au sieur cardinal, en grandissime secret, comment la reine (Anne d'Autriche) avait été grosse dernièrement, et qu'elle s'était blessée, que la cause de cet accident était un emplâtre qu'on lui avait donné pensant faire bien. Depuis, Patrocle (écuyer de la reine) m'en a dit autant, et le médecin ensuite (2). » Richelieu laissa ce triste secret arriver au roi, pensant ne pouvoir s'affermir sur une meilleure base que sur le mépris de la reine.

En 1665, une demoiselle de la cour, séduite par le duc de Vitry, était morte d'un avortement. La sage-femme à qui la malheureuse avait eu recours

<hr>

(1) V. les mémoires du temps, LESTOILE, D'AUBIGNÉ, etc.
(2) *Journal de Richelieu*, p. 41.

fut pendue ; à ce sujet les vicaires généraux allèrent se plaindre au premier président que, depuis un an, six cents femmes, de compte fait, se sont confessées d'avoir tué ou étouffé leur fruit (1).

Pendant l'affaire des Poisons, de nombreux faits de ce genre furent relevés contre les sorciers. La Lepère s'avoua coupable de dix mille avortements. La Bosse, dans l'interrogatoire subi à Vincennes le 12 mars 1679, reconnut avoir conseillé à diverses reprises des potions à la sabine, dans ce but. Nous lisons dans l'interrogatoire de question de la Voisin (19 septembre 1680), « Ce secret s'exécutait par le moyen d'une petite seringue au bout de laquelle il y avait un fer creux fort délié, et au bout duquel était un bouton avec plusieurs trous ; et mettait la Lepère de l'eau dans la seringue après l'avoir fait tiédir au feu, et dans l'eau une matière blanche (2). » Il s'agit évidemment du décollement de l'œuf après perforation des membranes.

On croyait fermement à l'efficacité des breuvages abortifs : breuvages dont l'innocuité absolue ne fait aujourd'hui de doute pour personne : et sur le simple soupçon d'en avoir pris ou donné, on pouvait fort bien être envoyé à la potence. En voici un exemple :

Le procureur du roi à Brest reçoit une dénonciation où il est dit que la nommée Marguerite Floch, âgée de dix-neuf ans, est grosse du fait de Jacques Kevaudry, le fils de son maître, et que celui-ci lui a fait prendre un philtre « pour lui faire couler son

(1) *Lettres de Guy Patin.*
(2) NASS : thèse, p. 29, note.

fruit ». On opère une descente. Kevaudry s'est enfui, mais on arrête son père et sa mère. Ceux-ci prétendent que « la fille Floch étant malade d'une rétention de ses règles à la suite d'un chaud-froid et se plaignant de douleurs, on lui avoit donné une demi-drachme de romarin en poudre sur la soupe.» Sur cette simple indication, Jacques Kevaudry, contumace, est pendu en effigie ; son père et sa mère sont condamnés à payer solidairement avec lui 150 livres d'amendes au roi, et 150 livres d'aumône aux pauvres de l'hôpital général.

A l'examen des sages-femmes, celles-ci faisaient serment de ne jamais pratiquer d'avortement ; cette profession était d'ailleurs très décriée : « *car le public savait trop bien à quoi s'en tenir sur le genre d'opérations qu'elles pratiquaient* ; le métier était d'ailleurs peu lucratif, aussi la plupart se mêlaient d'empoisonnement. » On se souvenait encore à cette époque que l'étymologie du terme sage-femme n'est point femme sage, mais bien le bas latin *saga* qui signifie sorcière ou plus simplement avorteuse.

Citons à ce propos les conseils donnés par la célèbre accoucheuse Louise Bourgeois, dans ses *Instructions à ma fille*.

« Il ne faut pas que vous adhériez à une seule méchanceté comme le font les damnés qui donnent des remèdes pour faire avorter ; ce n'est pas assez de refuser d'enseigner ni de donner remède, mais vous êtes tenue de vous deffier et prendre garde de vous laisser tromper par des cauteleuses personnes qui finement vous proposent des maladies de filles ou de femmes qu'ils diront fort honnêtes. »

La fréquence de l'avortement est toute naturelle dans un siècle qui, par nécessité sociale, recherchait avant tout la stérilité. « La bonne bourgeoisie qui a acheté une terre noble, ou une charge qui anoblit, a grand intérêt à faire un aîné ou un fils unique qui ait tout, et fasse un gros mariage. On touche là aux pensées secrètes qui vont déterminer les mœurs du siècle. Pendant que la terre devient stérile, que la subsistance va toujours tarissant, l'homme aussi veut être stérile (1). » L'avortement n'est qu'un moyen rentrant dans la série des procédés de stérilisation.

．

Depuis l'édit d'Henri II (1556) la peine de mort était appliquée à l'avorteuse, comme à la femme qui a occulté sa grossesse. On frappait de la même peine l'*encis* ou *ancis*, c'est-à-dire les coups et blessures donnés à une femme enceinte et ayant amené l'avortement. Cette jurisprudence est rappelée par les édits confirmatifs d'Henri III en 1580, et de Louis XIV en 1707.

Un chirurgien ou une matrone était toujours appelé à donner son avis sur le fait de l'avortement et sur l'âge et la viabilité du produit de conception expulsé avant le temps.

Au point de vue civil, le fœtus abortif était ré-

_____

(1) MICHELET : *Histoire de France*, t. III.

puté non existant, il ne pouvait ni hériter, ni recevoir entre vifs. Ce terme de fœtus abortif s'appliquait à tout produit de conception venu au monde par accident ou par crime à six mois ou au-dessous. L'enfant né au sixième mois et ayant vécu quelques heures et même quelques jours était assimilé au mort-né, selon Barthole.

L'avortement proprement dit se reconnaissait aux signes suivants : pour un avortement au-dessous de quatre mois, l'expertise était considérée comme fort difficile ; cependant, si le crime était récent, on constatait de la douleur et de l'inflammation dans les organes génitaux et au niveau des reins, de la fièvre et des vomissements ; la pâleur du visage s'accompagnait des marques appelées envies ; les seins avaient parfois un début d'engorgement lacté ; enfin la menstruation était extrêmement abondante et prolongée, constituée par un sang plus vermeil qu'à l'ordinaire.

Si l'avortement se fait plus près du terme, après quatre mois, les signes tendent à se rapprocher de ceux d'un accouchement récent.

Mais la question la plus importante et la plus constamment posée à l'expert était celle-ci : le fœtus tué par l'avortement possédait-il déjà une âme raisonnable ?

Ce problème de l'animation est un de ceux qui ont le plus vivement passionné les médecins et les philosophes du moyen âge, de la renaissance et du xvii° siècle. Nous allons en exposer les éléments et l'origine avec quelque détail.

.·.

On sait que la Bible a été traduite officiellement, pour l'usage du monde catholique, en deux formes différentes ; ces deux versions s'appellent l'une la Vulgate, l'autre la version des Septante. L'une et l'autre fourmillent de contre-sens et à chaque instant sont en opposition formelle soit entre elles, soit avec le texte hébreu.

Le passage dont il s'agit est le verset 22 du chapitre XXI de l'Exode.

Or on lit dans la Vulgate :

Si rixati fuerint duo viri, et percusserit quis mulierem prægnantem et abortivum quidem fecerit, sed ipsa vixerit subjacebit damno, quantum maritus mulieris expetiverit et arbiti judicaverint. Si autem mors ejus fuerit subsecuta, reddet animam pro anima (1).

Et dans les Septante.

Si litigabunt duo viri et percusserint mulierem prægnantem et exierit infans ejus, nundum formatus, *detrimentum patietur, quantum indixerit vir mulieris* (2).

On s'explique maintenant comment les uns ont vu dans l'avortement un crime unique, compor-

____

(1) Si deux hommes se sont battus et que l'un ait frappé une femme enceinte et soit ainsi cause qu'elle ait avorté, sans que d'ailleurs elle en soit morte, il paiera l'amende réclamée par le mari de cette femme, suivant le jugement des arbitres, mais si elle en meurt, il donnera vie pour vie.

(2) Si deux hommes se disputent et frappent une femme enceinte, et qu'il en résulte l'avortement d'un fœtus *non encore formé* (ou plutôt animé), il faudra payer l'indemnité que demandera le mari de la femme.

tant une pénalité constante, et comment les autres, tenant compte de l'interpolation *nundum formatus*, ont distingué dans l'avortement deux cas possibles : l'ablation du fœtus masse de chair, et l'assassinat du fœtus, déjà homme, parce que déjà animé.

C'est ainsi que les auteurs sacrés qui se sont basés sur la Vulgate ont toujours considéré l'avortement comme un homicide. Tertullien disait : « *Homo est qui futurus est* », formule célèbre qui résume parfaitement la question et pose le principe de la pénalité, et qui fut adoptée par saint Augustin, saint Basile, saint Césaire.

Citons aussi Athénagore parmi les auteurs qui ont suivi la version de la Vulgate. Nous lisons, en effet, dans l'apologie adressée à Marc-Aurèle à propos des sacrifices humains : « Nous qui nommons homicides et coupables devant Dieu les femmes qui se font avorter, immolerons-nous des hommes ? Nous ne pouvons à la fois respecter la vie dans le sein de la mère, et croire qu'elle y est déjà précieuse devant Dieu, et immoler l'enfant quand il est né. »

Les partisans de la version des Septante avaient l'avantage de se rencontrer sur ce terrain avec les principaux auteurs de l'antiquité païenne. Ici Aristote et Moïse se donnent la main, et l'on conçoit de quel poids devait être cette double autorité à une époque comme le XVIIe siècle où les citations avaient plus de valeur que l'expérience.

On lit dans la *Politique* (1) d'Aristote : « S'il est

______

(1) *Politique*, tome II. p. 199.

nécessaire d'arrêter l'excès de la population et que les institutions et les mœurs s'opposent à l'exposition des nouveau-nés, le magistrat fixera aux époux le nombre de leurs enfants. Si la mère vient à concevoir au delà du nombre fixé, elle sera tenue de se faire avorter *avant que le fœtus soit animé*. Ce serait un crime d'attenter à son existence lorsqu'il a reçu le souffle de la vie. »

Un grand nombre de théologiens sont aristotéliciens à ce point de vue, non pas en ce qui concerne l'obligation d'avorter, mais en ce sens qu'ils admettent l'animation comme postérieure à la conception. Et d'Aguesseau (1) est fort loin de la vérité quand il dit : « Nous pouvons joindre à saint Basile l'autorité de tous les canons, de tous les conciles qui l'ont précédé ou suivi... ils ne font aucune mention de cette prétendue distinction et prononcent en général les mêmes peines. »

Ce qui est beaucoup plus exact, ce qui est indiscutable, c'est que les partisans de l'animation *post conceptum* s'entendaient fort peu sur la date à laquelle se produit l'adjonction de l'âme raisonnable à la matière jusqu'alors purement animale.

Les premiers partisans de cette théorie, c'est-à-dire les philosophes grecs, admettaient que l'âme apparaît seulement au moment de la naissance. Tels : Platon, Asclépiade, Protagoras. C'était laisser le champ libre aux avorteuses qui, d'ailleurs, ne s'en privaient pas (2).

Aristote disait que l'âme est infusée au corps le

---

(1) D'Aguesseau : *Recherches sur l'état des personnes*.

(2) Saint Thomas : *Somme théologique*, 3ᵉ partie, dist. 3, 9, 5, art. 2.

quarantième jour pour les garçons, le quatre-vingtième ou quatre-vingt-dixième pour les filles.

Au XVII° siècle, les philosophes, les théologiens, les physiologistes continuent à errer dans cette intrication et à raisonner, j'allais dire déraisonner, en de longs volumes, sur un sujet où la lumière ne pouvait guère apparaître puisque, abandonnant le domaine de l'expérience, on ne quittait la métaphysique que pour l'exégèse.

Jérôme Florentin, en 1658, dans sa *Dissertation sur les hommes douteux et le baptême des avortons*, dit : « Le germe possède probablement une âme dès le commencement, c'est-à-dire immédiatement après la conception. L'on doit donc administrer le baptême au germe, ne fût-il pas plus gros qu'un grain d'orge (1). »

Thomas Tienus, médecin du duc de Bavière et professeur de médecine à Louvain, proteste contre l'animation au quarantième jour, la plus généralement admise, et la place au troisième jour (2).

Parmi les juristes, les uns fixaient l'animation à sept jours, les autres à quarante jours pour les hommes, quatre-vingts pour les femmes ; la plupart à quarante jours quel que soit le sexe ; un petit nombre adoptaient les chiffres d'Hippocrate : trente jours pour les hommes, quarante-deux jours pour les femmes (3).

(1) Corre et Aubry : *loc. cit.*, p. 483.
(2) Th. Tienus : *De formatione fœti*, 1640, quæst. X, concl. XI.
(3) Sur cette question de l'animation Cf. Louis Poisson : *Enseignement théologique et quelques interventions chirurgicales* (in *Journal de médecine de l'Ouest*, série 2, année 7, tome XVII, 1883) et l'excellent travail de Galliot (thèse de Lyon, 1884).

Zacchias semble avoir varié dans sa manière de voir sur cette question si discutée : il admettait d'abord l'animation au 60° jour (1), et il distinguait alors deux degrés dans la culpabilité de l'avorteur, suivant que l'attentat contre le fœtus était perpétré avant ou après l'animation. « L'opinion la plus répandue, dit-il, semble être que celui qui a détruit un fœtus non encore animé doit être puni d'une peine extraordinaire, mais que celui qui a tué un fœtus animé, doit subir le dernier supplice. »

Zacchias donne les raisons suivantes en faveur de la différenciation de la peine suivant que l'avortement précède ou suit l'animation : 1° celui qui frappe un fœtus animé prive une âme du baptême, et lui enlève ainsi à la fois la vie éternelle et la vie terrestre ; 2° un fœtus animé et un enfant déjà né sont de même nature, puisque c'est l'âme qui constitue la valeur de l'homme, et le différencie de l'animal ; l'avortement devient donc un homicide ; 3° plus on est près du terme, plus l'avortement est grave pour la mère.

Puis, quand il s'agit de choisir un terme, un chiffre, une date précise, Zacchias est fort embarrassé; il flotte entre Platon qui fixe l'animation à la naissance et Martial qui n'avait point tellement tort de dire :

Hoc quod tu digitis, Pontica, perdis, homo est (2). et très arbitrairement il conclut : « Il n'y a peut-être pas un terme commun à tous, de l'achèvement du

(1) ZACCHIAS : *loc. cit.*, lib. I, tit. II, quæst. IX, p. 51.
(2) Ce que tu perds avec la main, Ponticus, c'est un homme (Martial : *in Ponticum mastupratorem*).

fœtus et de son animation. Cependant, choisissons une moyenne : au-dessus de soixante jours pour les fœtus, homme ou femme, doivent être considérés comme animés. »

*
* *

Lorsque la tentative d'avortement n'avait pu aboutir ou lorsqu'elle n'avait osé l'essayer, la fille-mère avait encore, avant de recourir à l'infanticide, crime trop semblable au meurtre pour ne pas répugner profondément, une possibilité de se débarrasser de son enfant : c'était l'exposition. Cet acte, qui conciliait les intérêts de la femme avec un semblant de pitié difficile à arracher d'un cœur maternel, était au XVIIe siècle d'une fréquence inouïe. Ce n'est pas le lieu de rappeler ici l'œuvre entreprise par Vincent de Paul : nous ne pouvons que saluer en passant cette grande figure, dont l'Eglise a fait un saint et que la science vénère à l'égal des plus nobles esprits qui ont rendu glorieux le siècle de Louis XIV. Pour rester sur le terrain médico-judiciaire, nous rappellerons que, par un compromis tacite, les juges, impitoyables pour l'avortement et l'infanticide, recherchaient avec un zèle fort atténué les coupables d'exposition.

*
* *

La fréquence de l'exposition qui était, on le voit, passée dans les mœurs, devait faire de l'infanticide un crime rare, presque inutile. Et cependant di-

vers procès sont venus montrer l'inanité de ce rai-
sonnement *a priori*. Au cours de l'affaire des Poisons, on découvrit que la Voisin et la Lepère
s'étaient fait une véritable spécialité de l'infanticide par l'opium. A la fin du règne de Louis XIV,
en 1713, on trouva, en nettoyant un égout de Ren-
nes, quatre-vingts cadavres d'enfants nouveau-
nés (1).

Nous empruntons à Corre et Aubry le résumé
d'une très curieuse affaire d'infanticide.

Une fille de vingt-trois ans, de basse condition,
fauta très banalement avec un gentilhomme. Sa mère,
de connivence avec ce dernier, prend toutes les pré-
cautions pour dissimuler grossesse et accouchement.
Comme on a jasé, comme le recteur a même envoyé
une femme experte aux renseignements, on va au
devant des accusations. Quelque temps après la mise
au monde très clandestine d'un enfant que l'on a tué,
on croit très fort de faire simuler à la fille un accouchement, et l'on s'arrange de façon à ce qu'une pra-
ticienne, appelée à la hâte, la trouve assise contre
son lit, tachée de sang, un enfant mort entre ses
jambes..., le même que l'on a tué et qui sera aussi
mort en tombant sur le sol. Cette finasserie macabre
échoue devant les suspicions d'une matrone non bre-
vetée, mais très suffisamment sagace. La procédure
s'est déroulée à Lamballe en 1711. Elle est instruite
contre la fille Jacquemine Fauchier, sa mère Jacquemine Tardier, et le sieur Bourgneuf-Baillif, escuyer,
père de l'enfant, tous trois auteurs ou complices par-
ticipants dans l'attentat.

Le « procureur postulant » François Plestan, avocat
en la Cour, fait une descente sur les lieux, voit le petit
cadavre sur le sol de la maison ; quelques personnes

____

(1) DUPUY : *la Bretagne au XVIII* siècle*. Les Prisons,
p. 25.

lui font remarquer « un endroit labouré de frais où
le cadavre avoit esté enterré, lequel cadavre nous
avons ordonné esire renterre dans la terre dudit clos,
ce qui fait a esté, attendu que plusieurs personnes
nous ont déclaré qu'il n'avoit esté baptisé. »

Capitale est la déposition de la veuve Thomasse
Panez, âgée de cinquante ans.

« Dépose avoir vu ladite Fauchier grosse depuis
quelque temps, qu'on disoit estre par bruit commun
du fait du sieur de Bourneuf-Baillif. Hier au soir
Jacquemine Tardier, mère de ladite Fauchier, vint
quérir la parlante en sa demeure et la prier de des-
sendre à ladite maison de Jamet ; disant ladite Tardier, que sa fille ladite Fauchier était malade d'accou-
cher, à quoy la déposante condessandant venir en
compagnie de ladite Tardier audit lieu de Jamet, elle
y trouva ladite Fauchier assise sur un banc, et le
corps d'un enfant nouvellement né dans la place de
ladite maison, qui estoit mort et sans aucun mouvement, et ayant demandé à ladite Fauchier le sujet de
ses peines, elle répartit qu'elle estoit morte, et sur
cela la déposante l'ayant visitée, elle remarqua que
cette enfant n'étoit pas née du moment qu'on l'avoit
appelée, et remarqua aussy les parties du corps de
cette femme saiches et qui ne marquoient pas qu'elle
fust accouchée du même jour et moment ; et ayant
demandé de la chandelle, pour voir encore le cadavre
de cet enfant, elle remarqua à la lumière qu'il avoit
trois trous dans une coste et même le crasne de la
tête enfoncé, et elle le croist né il y a quelques jours. »

Un autre témoin, Annette Glart, âgée de cinquante
ans, a assisté au prétendu acouchement : « elle trouva
ladite Fauchier debout au pied de son lit, criant et
faisant des contorsions, réclamant l'aide de la déposante. Dans ces conjonctures ladite Fauchier laissa
tomber le corps d'un enfant mort de dessous ses
jupes, en disant : « Ah ! il est mort ! » En s'approchant
elle remarqua très bien les lésions du crâne et des
costes. »

Relevons dans le rapport des médecins les passages

suivants : « Nous avons visité le cadavre d'une petite fille nouvellement née depuis les trois à quatre jours, bien formée et venue à terme, qui avoit été enterrée et devenue à corruption, estant toute noyre, livide et tumefflez, de plus, nous lui avons remarqué le crasne tout disloqué et brisé en plusieurs parts sans aucune continuité ; et le cerveau, dure et pie-mère tout crevassé et pétrit avecque les esquilles dudit crâne... ; et enfin, voulant nous assurer cy cet enfant avoit eu vie et expiré ou inspiré l'air, nous avons fait ouverture de la poytrine et section d'un des lobes du poulmon, que nous avons submergé au fond de l'eau, mais qui, sur-le-champ, est revenu à flot, dont nous avons inféré qu'elle avoit eu air en naissant et qu'elle a estez mutillez, vulnerez et blessez par mains viollantes et instruments poygnants comme broches, crochets et semblables, dont s'est ensuivy la mort. »

La sentence du 6 novembre condamne la fille Fauchier, sa mère et le sieur Baillif au gibet, le dernier par contumace.

*
* *

Le plus important auxiliaire de la justice dans les affaires de célation de part qu'elles fussent ou non compliqués d'avortement ou d'infanticide, était le médecin expert, ou plutôt la matrone qui en faisait généralement fonction. C'était à elle d'établir si la femme était ou avait été enceinte, et son rapport constituait en définitive la pièce principale et comme le pivot du procès. Il ne paraîtra donc pas hors de propos d'exposer ici d'une façon succincte, les signes sur lesquels ces honorables commères prétendaient tabler leurs affirmations. Aussi bien ce chapitre n'est-il pas un des moins curieux de la criminologie et de la médecine judiciaire du XVIIᵉ siècle.

Nous avons vu, à propos des attentats aux mœurs, que les experts du XVIIᵉ siècle n'admettaient pas qu'il y eût des signes positifs et indéniables de la virginité. Il en est de même de la grossesse. On ne distinguait pas comme aujourd'hui des signes de probabilité et des signes de certitude : il est vrai qu'on ignorait l'auscultation et ses résultats si précis et que le toucher n'était pas passé dans la pratique courante.

Nous diviserons avec Devaux (1) les signes qui pouvaient faire supposer qu'une femme est enceinte en signes de la conception, et signes de la grossesse.

Il n'est guère de mise dans l'obstétrique et la médecine judiciaire contemporaines de déclarer qu'une femme est grosse uniquement parce que le coït s'est passé dans telles ou telles conditions. Les matrones et les experts du XVIIᵉ siècle se sont au contraire attachés à l'étude de ces symptômes quelque peu hors la science, et voici, résumé par Devaux, le fruit de leurs recherches.

La conception se produit lorsque :

1° La décharge est faite par l'homme et la femme en même temps, au moyen de quoi ils ont tous deux ressenti un plaisir extraordinaire et sont restés l'un et l'autre comme dans une extase mutuelle ;

2° La semence est si bien retenue qu'il ne s'en est échappé que très peu hors de la matrice ;

(1) DEVAUX : *loc. cit.*, p. 428.

3° La matrice se resserre aussitôt et la verge de l'homme sort du vagin plus sèche qu'à l'ordinaire ;

4° La femme ressent un petit frissonnement, une légère douleur au nombril et un petit brouillement du ventre qui procède du resserrement de la matrice pour y retenir la matière qui y avait été reçue ;

5° Enfin, l'on est plus sûr de la conception lorsque la femme s'étant aperçue des signes que je viens de marquer veut bien permettre au chirurgien d'introduire son doigt dans le vagin, au moyen de quoi l'on sent que l'orifice interne de la matrice est exactement fermé, sans dureté et dans une bonne situation.

Il est vrai que Devaux prévient le lecteur que la plupart du temps ces signes sont très équivoques.

Quant aux symptômes de la grossesse elle-même, les experts les divisent en signes des quatre premiers mois, tous douteux, et signes des derniers mois, plus probables.

Dans les quatre premiers mois on note (1) :

1° La pâleur du visage, l'air fatigué, la présence de taches livides ou jaunâtres sur la face (parfois ce sont des taches lenticulaires disséminées), les yeux sont caves, les paupières mollasses, flétries ; le blanc des yeux est trouble, le regard languissant ;

2° Le dégoût de la nourriture, les vomissements, quelquefois exagérés au point d'amener l'avortement ou la syncope. En même temps, l'horreur de certains aliments, de certaines boissons ;

(1) DEVAUX : *loc. cit.*, ZACCHIAS : lib. I, tit. III, quæst. II.

3° Lé caractère change : la femme devient paresseuse, souvent assoupie, chagrine, moins traitable qu'auparavant ; l'inappétence au coït apparaît ; elle ressent fréquemment des *maux de dents et crache beaucoup plus que de coutume* (1).

4° Les règles (Devaux dit les ordinaires) sont supprimées sans cause ;

5° Les mamelles se gonflent, deviennent dures, douloureuses ; le mamelon est plus gros, plus ferme et plus élevé, avec de petits boutons qui le font paraître framboisé ; son cercle est plus grand et plus brun qu'auparavant ;

6° Le nombril est élevé ;

7° Le sang tiré par la saignée est fort mauvais ;

8° Le ventre subit d'abord une dépression occasionnée par l'amaigrissement de tout le corps, plutôt que par le resserrement de la matrice ; après quoi le ventre grossit et s'étend de plus en plus jusqu'au terme de l'accouchement.

Dans les derniers mois apparaissent des signes donnant une certitude plus approximative. Nous les empruntons à Mauriceau :

1° Distension du corps de la matrice qui forme une tumeur dure dans l'hypogastre, et qui cause ensuite l'élévation du ventre, laquelle s'augmente de plus en plus à mesure que le terme s'avance ;

2° Les mouvements de l'enfant, qui se font sentir d'abord vers le quatrième mois. Ce signe est le meilleur de tous, bien qu'il faille se défier du

_____

(1) Il est curieux de noter que ce fait n'a pas cessé d'être considéré comme un signe certain de grossesse, dans les campagnes du moins. Nous avons pu nous assurer par nous-même de l'importance qu'on y attache en Savoie et dans le Haut-Dauphiné.

mouvement de la matrice seule et du mouvement de décidence des môles ;

3° Gonflement des mamelles et apparition du lait.

Ajoutons la déformation de l'utérus, perceptible par le toucher vaginal : « Si la sage-femme le touche et qu'elle rencontre une douce résistance à la matrice et son orifice interne fermé et mollet comme le cul d'une poule ou le museau d'un chien naissant, il n'y a pas lieu de douter que la femme n'ait conçu. » (NICOLAS VENETTE).

On le voit, l'obstétrique fournissait à l'expert des données fort étendues pour le diagnostic de la grossesse. Il semble cependant s'être tenu constamment dans un doute prudent. Devaux rappelle qu'il faut se défier des filles qui ont des raisons pour nier leur grossesse, et des femmes atteintes simultanément d'hydropisie et de suppression des règles. Il ne faut pas non plus perdre de vue qu'il y a chez des femmes d'une parfaite bonne foi de fausses grossesses : « On a vu plusieurs femmes que cette maladie avait tenues pendant plusieurs mois dans l'attente d'un bon accouchement frustées en peu de temps de ces belles espérances par la sortie des eaux ou des vents qui étaient contenus dans la matrice (1). »

Et il conclut en conseillant aux experts de tenir compte, à partir du deuxième mois, de la grosseur du ventre ,avant le deuxième mois des dires de la femme : l'essentiel est le toucher du col.

Quant aux matrones, elles avaient des procédés

(1) BOUCHACOURT : *Contribution hippocratique à l'étude de la grossesse nerveuse ou imaginaire*, Lyon, 1893.

infiniment plus originaux, sinon plus sûrs ; elles recouraient à des expérimentations qui, pour la bizarrerie, ne le cédaient en rien à celles dont elles usaient pour reconnaître la virginité.

C'est ainsi que, d'après Mizaldo, elles recueillaient dans un vase d'airain l'urine de la femme à examiner. Elles mettaient dans cette urine une pointe de fer, pendant une nuit. Si la femme était enceinte, la pointe devenait rouge.

C'est à Fernel (1) qu'elles avaient emprunté la pratique suivante : l'urine était mêlée à du vin ; si elle devenait semblable à de la purée de fèves bouillies, aucun doute n'était possible, la femme était enceinte. Cette même urine gardée trois jours et recouverte d'un morceau de drap se remplissait d'animaux semblables à des poux. Zacchias compare ce système à celui des charlatans qui devinent les pensées intimes et cachées des femmes en examinant leur urine.

Un autre usage avait une origine des plus vénérables, il remontait à Hippocrate (2) : « Si vous voulez savoir si une femme a conçu, faites-lui boire, avant qu'elle n'aille se coucher, de l'hydromel (*aqua mulsa*) ; si elles est enceinte elle aura des tranchées (*alvi tormina patietur*). » On entendait par aqua mulsa un mélange de miel et d'eau, le miel et le vin constituant l'hydromel appelé *mulsum*. Les médecins du XVIIe siècle rejetaient ce moyen comme dangereux, le miel amenant l'apparition des règles, et dans ce cas particulier

---

(1) FERNEL : *Pathol.* lib. VI. cap. XVII.
(2) *Aphorismes*, sect. V. aph. XLII.

l'avortement. Hippocrate avait encore d'autres procédés, tout aussi rationnels, et qui ne semblent pas être tombés en désuétude avant le XVII° siècle : les fumigations (suffitus) par exemple, ou encore l'application sur les yeux de terre rouge. Celle-ci ne chauffait les paupières que si la femme était enceinte.

Quelques-uns, dit Nicolas Venette, après avoir mis dans ses parties naturelles une gousse d'ail, ou fait brûler de la myrrhe, de l'encens ou quelque autre chose aromatique pour lui en faire recevoir la vapeur par le bas, croient qu'elle est grosse, si elle ne ressent point quelque temps après à la bouche ou au nez l'odeur de l'ail ou des choses aromatiques.

N'oublions pas la recette, empruntée à une chimie biologique quelque peu primitive, qui consistait à mettre dans l'eau quelques gouttes du sang de la femme : la chute des gouttes au fond du vase prouvait surabondamment la grossesse.

Les experts se sont vivement élevés contre de telles pratiques : toutes sont trompeuses, déclarent-ils, même et surtout celles qui ont pour but de déterminer le sexe de l'enfant à naître.

Terminons en citant les très sages règles de l'expertise qu'a posées Devaux.

« Riolan, dans son *Anthropographie*, rapporte un funeste exemple dans l'histoire qu'il fait d'une femme qui fut pendue pour des vols et disséquée ensuite dans l'amphithéâtre des écoles de médecine, étant grosse de cinq mois, quoique pourtant le chirurgien et les sages-femmes qui l'avaient visitée avant son exécution ne l'eussent point jugée grosse, ils attribuaient la grosseur de son ventre purement à son embonpoint.

« On peut occasionner des jugements injustes en déférant avec trop de facilité aux plaintes de celles qui se disent grosses quand elles ne le sont pas, pour mieux se venger des personnes dont elles ont reçu des excès assez légers, feignant alors, s'il arrive par hasard qu'elles ayent les menstrues, que c'est une perte de sang causée par les coups qu'elles prétendent avoir reçu sur le ventre : ce qui peut leur faire obtenir une forte provision.

« Le meilleur parti que l'on puisse prendre en ces occasions, pour s'exempter de faire des fautes considérables, sans paraître tout à fait ignorant de ce qu'il semble qu'on devrait sçavoir, c'est de ne point précipiter son jugement et de mettre la chose en suspens en embarrassant son prognostic sous des termes équivoques, et en engageant surtout ces femmes blessées à se faire saigner au plutôt, leur prescrivant un régime exact et un grand repos, tant du corps que de l'esprit, non seulement pendant quelques jours comme on le fait d'ordinaire, mais jusqu'à quinze ou vingt jours, afin de rétablir le calme dans la masse des humeurs, et par là prévenir l'avortement, s'il est possible, lequel dépend souvent moins de la conséquence de leurs blessures que de l'émotion qu'elles souffrent dans le temps qu'on les maltraite, qui suffit pour leur causer un accouchement prématuré. »

ERRATUM

Page 113, ligne 13, lire *tête*, au lieu de fête.

LYON

IMPRIMERIE A. STORCK ET Cⁱᵉ

Rue de la Méditerranée, 3